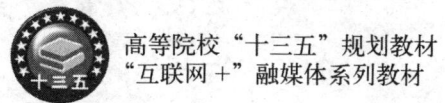

高等院校"十三五"规划教材
"互联网+"融媒体系列教材

# 基础会计

王蕾 赵若辰 / 主编
王婷婷 傅钰 / 副主编

立信会计出版社
LIXIN ACCOUNTING PUBLISHING HOUSE

**图书在版编目(CIP)数据**

基础会计 / 王蕾,赵若辰主编. —上海:立信会计出版社,2021.1
 ISBN 978-7-5429-6640-7

Ⅰ.①基… Ⅱ.①王… ②赵… Ⅲ.①会计学—基本知识 Ⅳ.①F230

中国版本图书馆 CIP 数据核字(2020)第 254021 号

策划编辑　郭　光
责任编辑　郭　光
封面设计　南房间

## 基础会计

Jichu Kuaiji

| | | | | |
|---|---|---|---|---|
| 出版发行 | 立信会计出版社 | | | |
| 地　　址 | 上海市中山西路 2230 号 | 邮政编码 | 200235 | |
| 电　　话 | (021)64411389 | 传　真 | (021)64411325 | |
| 网　　址 | www.lixinaph.com | 电子邮箱 | lixinaph2019@126.com | |
| 网上书店 | http://lixin.jd.com | | http://lxkjcbs.tmall.com | |
| 经　　销 | 各地新华书店 | | | |
| 印　　刷 | 上海天地海设计印刷有限公司 | | | |
| 开　　本 | 787 毫米×1092 毫米　　1/16 | | | |
| 印　　张 | 17 | | | |
| 字　　数 | 382 千字 | | | |
| 版　　次 | 2021 年 1 月第 1 版 | | | |
| 印　　次 | 2021 年 1 月第 1 次 | | | |
| 印　　数 | 1—2 100 | | | |
| 书　　号 | ISBN 978-7-5429-6640-7/F | | | |
| 定　　价 | 49.00 元 | | | |

如有印订差错,请与本社联系调换

# 前　言

　　会计工作是经济管理工作的重要组成部分,经济越发展会计越重要。随着我国社会主义市场经济的迅猛发展,我国的会计理论研究和会计改革也在不断深化。为了规范会计核算工作,提高会计信息质量,融入国际经济大环境,我国于2006年颁布了新的《企业会计准则》,并于近年做了多次的新增和修订工作。随着会计工作规范化和国际化程度的提高,必然对会计人员的知识水平和业务素质提出了更高的要求,也为高等院校会计教学明确了新的目标。

　　作为高等院校会计学专业的专业基础课和非会计经管类专业的公共基础课,基础会计课程的教学目标是让学生掌握会计的基本理论和基本方法,为下一阶段的专业课学习和从事会计专业工作奠定基础。本教材从基础会计课程的教学目标出发,吸收国内同类教材的优点,根据教师的教学实践经验,以会计理论作指导,确定结构体系。

　　本教材以培养应用型人才为宗旨,主要有以下特点。

　　(1) 以循序渐进的认知规律安排教学内容。本教材是会计学专业学生入门的必修课程教材,帮助学生理解会计专业的基本工作内容,并在此基础上掌握基本专业理论知识,培养学生会计核算的基本能力。因此要以会计理论为核心,根据教学需要将结构体系确定为会计概述、会计核算基础、会计要素与会计等式、复式记账、会计凭证、会计账簿、企业主要经济业务的核算、账务处理程序、财产清查和财务报告十章依次阐述。教材易学易理解,注重基础性和实用性。本教材对会计的基本原理、基本技术和基本方法进行了深入浅出、通俗易懂地阐述,利用图解、示例及文字描述等多种方法,使会计各基本理论与方法有机地融合为一体,保证基础理论完整、降低理论理解的难度。

　　(2) 将基本原理阐述与会计实务相结合。对于基础会计的阐述能够体现会计研究的最新成果与发展趋势,以《中华人民共和国会计法》与《企业会计准则》等相关的会计法规和文件为依据,按照我国企业会计的相关核算规定来设置会计科目和进行会计业务处理。本教材充分考虑企业实践中财务会计岗位的常用知识,系统讲解会计理论应用,使学生可以熟练掌握常见经济业务的会计处理,并具有一定的可扩展性。对基本理论阐述明确,针对企业常见经济业务的会计处理,本教材利用例题进行充分详尽的讲解说明,利用大量经济业务练习帮助学生理解掌握会计核算方法。

　　(3) 将理论课程与实训课程充分结合。本教材结合本课程的基础实训内容,对教学结构做了一定的调整,在复式记账原理讲解之后,将会计凭证和会计账簿提至经济业务会计处理之前进行讲授,如此可以将基础会计理论教学与基础会计实训教学充分结合,开设实训课程的时间与理论授课时间相吻合,可以更好地帮助学生理解会计核算的基本程序、方法和基本理论，同时也能为使用本教材的老师提供便利，以便合理地安排理论与实训课程教学。

（4）本教材同时配套立信会计出版社出版的《基础会计实训》（孔令一、迟甜甜主编）、《基础会计学习指导书》（赵若辰、王蕾主编），方便教师教，方便学生学。教师可以向立信会计出版社郭光编辑（QQ360090452）索取相应的样书。

本教材由王蕾、赵若辰担任主编，王婷婷、傅钰担任副主编。孔令一、卜梦洁、刘莹、田聪、李满林、刘燕参与编写。本教材在编写过程中，参考和借鉴了大量相关成果，得到了立信会计出版社郭光编辑的大力支持，在此表示诚挚谢意。由于编者水平有限，本教材还存在着一些不足之处，恳请读者批评指正，以不断提高本教材的质量。

编　者<br>
2021年1月

# 目 录

## 第一章 会计概述 ... 1
- 第一节 会计的产生与发展 ... 1
- 第二节 会计的职能与目标 ... 7
- 第三节 会计学科与会计职业 ... 11
- 第四节 会计规范体系 ... 17
- 课堂结账测试 ... 25

## 第二章 会计核算基础 ... 27
- 第一节 会计基本假设 ... 27
- 第二节 会计基础 ... 31
- 第三节 会计信息质量要求 ... 35
- 第四节 会计核算的程序和方法 ... 39
- 课堂结账测试 ... 45

## 第三章 会计要素与会计等式 ... 47
- 第一节 会计对象 ... 47
- 第二节 会计要素及其确认与计量 ... 49
- 第三节 会计等式 ... 58
- 第四节 会计事项及其对会计等式的影响 ... 62
- 课堂结账测试 ... 71

## 第四章 复式记账 ... 73
- 第一节 会计科目 ... 73
- 第二节 会计账户 ... 79
- 第三节 复式记账方法 ... 82
- 课堂结账测试 ... 97

## 第五章 会计凭证 ... 99
- 第一节 会计凭证概述 ... 99
- 第二节 原始凭证 ... 101
- 第三节 记账凭证 ... 112

课堂结账测试 ································································· 123

## 第六章　会计账簿 ································································· 125
### 第一节　会计账簿概述 ································································· 125
### 第二节　会计账簿的设置与登记 ································································· 128
### 第三节　对账与结账 ································································· 138
　　课堂结账测试 ································································· 147

## 第七章　企业主要经济业务的核算 ································································· 149
### 第一节　企业主要经济业务概述 ································································· 149
### 第二节　筹资业务过程的会计核算 ································································· 151
### 第三节　采购业务过程的会计核算 ································································· 157
### 第四节　生产业务过程的会计核算 ································································· 167
### 第五节　销售业务过程的会计核算 ································································· 178
### 第六节　利润形成与分配业务的会计核算 ································································· 186
　　课堂结账测试 ································································· 197

## 第八章　账务处理程序 ································································· 199
### 第一节　账务处理程序概述 ································································· 199
### 第二节　记账凭证账务处理程序 ································································· 202
### 第三节　汇总记账凭证账务处理程序 ································································· 204
### 第四节　科目汇总表账务处理程序 ································································· 208
　　课堂结账测试 ································································· 215

## 第九章　财产清查 ································································· 217
### 第一节　财产清查概述 ································································· 217
### 第二节　财产清查的内容和方法 ································································· 221
### 第三节　财产清查结果的处理 ································································· 227
　　课堂结账测试 ································································· 235

## 第十章　财务报告 ································································· 237
### 第一节　财务报告概述 ································································· 237
### 第二节　资产负债表 ································································· 241
### 第三节　利润表 ································································· 249
### 第四节　现金流量表 ································································· 256
### 第五节　其他报表 ································································· 259
　　课堂结账测试 ································································· 263

# 第一章 会 计 概 述

> **知识导航**
>
> ```
>                          ┌─ 我国会计的产生与发展
>           会计的产生与发展 ─┼─ 西方会计的产生与发展
>                          └─ 会计概念的基本理论
>
>           会计的职能与目标 ─┬─ 会计的职能
>                          └─ 会计的目标
> 会计概述 ─┤
>                          ┌─ 会计学科
>           会计学科与会计职业 ┼─ 会计工作组织及会计机构
>                          └─ 会计职业
>
>                          ┌─ 会计规范体系概述
>                          ├─ 会计法律规范
>           会计规范体系 ────┼─ 会计核算规范
>                          ├─ 内部会计控制规范
>                          └─ 会计职业道德规范
> ```

**学习目标**

1. 了解会计的产生与发展
2. 了解会计学科及课程体系
3. 熟悉会计机构及会计人员设置
4. 掌握会计的含义、特点及基本职能
5. 掌握会计相关法律法规

## 第一节 会计的产生与发展

会计是为适应生产活动发展的需要而产生的,并随着生产的发展而发展,是生产活动发展到一定阶段的产物,会计从产生到现在经历了一个漫长的发展历程。

## 一、我国会计的产生与发展

会计的历史源远流长,在文字出现之前,我们就用符号、图画记录狩猎的收获。在我国历史上的很长一段时间内,会计主要用来管理国家层次上的财政收入与支出,而民间所用的会计方法一直是比较简单的,直到元朝时,会计在民间的应用才达到相对可观的程度。

在距今10万年到30万年前的旧石器时代,在我国山西朔县峙峪,发现了最早的会计痕迹。在距今1万年左右的新石器时代,原始会计的方式变得丰富起来,有绘图记事和刻画记事两种方式。在距今5 000年左右的原始社会末期,会计方法有了更多的形式,其表现是:"黄钟黍"计量单位的出现、"结绳记事"和"刻契记事"的应用。

黄钟本是一种用竹子制作的乐器,后来黄帝用以作为长度、重量、容量的度量。黄钟的长度规定为中等大小的黍粒90颗的长度,以一粒为一分,十分为一寸,寸、尺、丈之间均是十进制。这些计量单位尽管实质长度略有变化,但名称一直沿用至今。另外,通过黄钟黍,还确定了合、升、斗、斛等体积计量单位。这些计量单位的出现,使会计得以从实物统计向数量统计方向发展。

结绳记事(计数)是被原始先民广泛使用的记录方式之一。文献记载:"上古结绳而治,后世圣人易以书契,百官以治,万民以察"(《易·系辞下》)。其结绳方法,据记载为:"事大,大结其绳;事小,小结其绳;之多少,随物众寡"(《易九家言》),即根据事件的性质、规模或所涉数量的不同结系出不同的绳结。

刻契记事(计数)是以契刻某种物体,通过物体遗留痕迹反映客观经济活动及其数量关系的记录方式,也是被原始先民使用的记录方式之一。按照刻契结果所留痕迹的不同,其记事有两种形式:一种形式为在某种物体上契制品或钻空孔洞,以缺口或孔洞的数目反映客观经济活动的数量关系。另一种形式为在某种物体上契刻抽象符号,以符号反映客观经济活动及其数量关系。

西周时期的会计发展对我国会计制度的成型有不可磨灭的贡献,这一时期的青铜器铭文已经出现"会"和"计"这些形状的字体,而且其含义已基本定型。根据西周的具体情况,"会计"在此时的含义就是既有零星的核算,又有年终的岁总合算。这一时期,会计已经从一种从属的地位独立出来,会计籍书、会计科目、记账符号、会计报告都已出现,只不过形式比较简单,有待后世发展。

西周的官制中专设了"司会"一职,主管朝廷的财政收支。此时,用于记录会计内容的书册越来越多,开始与其他书册分开存放,并且把它专门成为"籍书"(簿书的来源)。同时,西周也规定了国家财政收入的来源,称为"岁入",总共有九项,称为"九赋"。国家的财政支出被称为"岁出",也有九项,即"九式"。"九赋",加上各诸侯王国所献的贡品"九贡",共计十八个收入项目,九个支出项目,就是今天会计科目的原始形态。西周时期的会计报告分"岁会""月要""日成"三种形式。日成汇总十日的情况,是一种旬报;月要是记录一个月的情况,相对于现在的月报;岁会对应于今天的年报。

唐宋时期是我国封建社会发展的高峰,封建经济的繁荣为会计的发展创造了良好的条件。这一时期的中式会计也处于自己的一个高峰。

著名的"四柱结算法"就是在唐代中后期确立。这里的"四柱"指："旧管"（上期结存）、"新收"（本期收入）、"开除"（本期支出）和"实在"（本期结余）。"四柱结算法"把一定时期内财务收支记录，通过"旧管＋新收－开除＝实在"这一平衡公式加以归纳。唐朝史官李吉普所写的《元和国计簿》是我国第一部会计著作，分析了唐朝的财政经济状况。

到了宋代，经济发展更为繁荣，宋朝在中央设"三司"，管理国家的财政大权。宋神宗熙宁七年设立三司，会计司总考天下财赋入出，总理会计核算事务。会计司是我国政府机构首次以会计命名，也是会计作为独立部门存在的第一次尝试。宋代会计账簿的设置已有草账、流水日记账、总账之分。

明朝时期，中式会计基本上沿用唐宋的会计方法，不过此时民间逐渐认识到会计的重要性，运用的范围扩大。这里值得一提的是"龙门账"的出现，这是会计理论的一大突破。龙门账创于明末清初，其账簿分为草流、流水簿、总清簿。草流起原始凭证的作用，流水簿起会计分录的作用，总清簿起总账作用。由于流水簿的来去相等，所以分类过入总清账中的来去也必然相等。期末时，在总清账中，用公式"进－缴＝存－该"验证账面有无问题。如果等式左右两边相等，称为合龙门，否则龙门不合。

清朝是我国封建时代的最后一个王朝，中式会计也发展到相当完善的程度，其表现就是"四脚账"的出现，即每一笔账项既登记"来账"，又登记"去账"，反映同一账项的来龙去脉。清朝末年，中国沦为半殖民地半封建社会，由于西式簿记传入的影响，以新式银行业为先驱的民间会计，开始走上改良会计的道路，出现了《中式改良簿记》。

20世纪30年代，潘序伦与徐永祚之间曾展开一场以"中国会计要不要与国际接轨"为焦点的争论。以徐永祚为代表的"中式簿记改良派"，主张在保存中式簿记核算形式的前提下进行改良，而以潘序伦为代表的改革派认为，会计属于一种科学技术，是不分国界的，也无所谓中西之分，而要看方法科学与否。这场学术争论推动了中国会计事业的发展，有了徐永祚这个标杆，潘序伦也更加注重钻研学术，专注现代会计学在中国的传播和推广。由此，创立了一个闻名中国的会计品牌——立信，并相继创办了中国第一家会计师事务所——立信会计师事务所、创办立信会计专科学校（今上海立信会计金融学院）和立信会计出版社，奠定了中国现代会计学的发展道路，被誉为"中国现代会计之父"。

改革开放的初期，我国在经济工作中贯彻实施"调整、改革、整顿、提高"的八字方针，以实现国民经济的恢复与发展。与此相适应，对"文化大革命"期间遭受严重破坏的会计制度进行了修订与完善，基本建立了与社会主义计划经济体制要求相适应的企业会计制度体系。我国制定实施了《折旧条例》《成本管理条例》《成本核算办法》等，以规范企业固定资产折旧行为、成本管理和核算行为。

1985年经第六届人民代表大会第九次会议审议通过并于同年5月1日起正式实施的《中华人民共和国会计法》（以下简称《会计法》）的颁布，标志着中华人民共和国第一部关于会计工作基本法律性文件的诞生。社会主义市场经济体制的建立，给会计工作提出了一系列新课题，有必要对构成会计法制体系基础的《会计法》进行调整。

随着市场经济的建立与发展,我国于1993年进行了大规模的会计制度改革,发布并实施了《企业会计准则》和《企业会计制度》。同年,第八届人民代表大会第五次会议做出了《关于修改〈中华人民共和国会计法〉的决定》,修改后的《会计法》,实施范围扩大,会计工作地位与作用突出,更适应我国会计自身改革及在具体事务处理上与国际通行惯例相接轨的需要。1999年,第九届人民代表大会十二次会议再次修订了《会计法》,其具体条款的规定更加适合经济发展对会计改革的要求。可以结合图1-1来了解我国会计的发展历程。

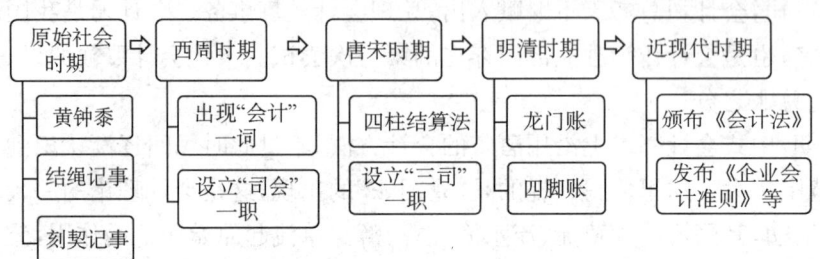

图1-1 我国会计的发展历程

## 二、西方会计的产生与发展

公元前4000年左右,埃及进入奴隶社会,建立了以法老为中心的高度中央集权制的国家,由于古埃及奴隶制度和奴隶经济的发展,官厅会计出现萌芽。古代埃及尽管出现了官厅会计,但并没有出现专司其职的机构人员,而是由一些官吏兼职完成。随着社会的发展,劳动生产力的不断提高,生产活动的结果除了能够补偿劳动耗费之外还有剩余产品。剩余产品与私有制的结合,带来了私人财富的积累,进而导致受托责任会计的产生。会计逐渐从生产职能中分离出来,成为特殊的、专门委托有关当事人从事的一项独立的活动。这时的会计,不仅应保护奴隶主物质财产的安全,还应反映那些受托管理这些财产的人是否认真地履行了他们的职责。所有这些都要求采用较先进、科学的计量与记录方法,从而促使原始计量、记录行为向单式簿记体系演变。

13至15世纪的欧洲,商品货币经济已比较发达,意大利出现了借贷复式簿记。1211年,意大利威尼斯银行已用借贷记账法记账,当时人们把这种记账法称为"威尼斯簿记法"。1494年,意大利数学家卢卡·帕乔利所著《算术、几何、比及比例概要》一书,对复式记账法做了系统的说明,为复式簿记在全世界的广为流传奠定了基础。意大利借贷复式簿记出现后,很快传入荷兰、德国、法国、英国等欧洲发达国家,并在传播过程中逐渐改进和完善。17世纪末到19世纪末,各主要资本主义国家先后经过产业革命后,生产力水平发展到一个新的高度,随着企业规模的不断扩大,股份公司这种新的经济组织形式的出现,企业管理权和所有权发生了分离,产生了查核经理人员的需要。信贷业务的发展,又促进审阅企业偿债能力成为不可缺少的一环。于是,1721年在英国开始出现了以查账为职业的特许或注册会计师。再加之这一时期英国税法、商法、公司法等相关法律的完善和陆续颁布,大大促进了英国会计的发展,成本计算、会计报表分析和审计等新的内容也相继出现。20世纪以后,经历两次世界大战,美国成为世界头号经济强国,美国会计取代英国会计成为世界会计的领头羊。1929至1933年世界经济大危机后,美国迅速颁布《证券法》和《证券交易法》,从而确立了会计与审计在资本证券市场中的法律地位。为了使会计工作规范化,提高会计报表的真实性和可比性,美、英、德、法等西方各国先后研究和制订了会计与审计准则,进一步把会计理论和方法推上一个新的水平。

20世纪50年代以后,由于信息论、控制论、系统论、行为科学、现代数学等引入会计,丰富了会计学的内容,管理会计随之出现。1952年,世界会计学会正式批准使用"管理会计"一词,由此将会计一分为二,形成了以服务于企业外部信息使用者为主要目的的"财务会计"和以服务于企业内部管理为主要目的的"管理会计"两大门类,并被认为是会计发展史上的一个里程碑。会计的学科名称不断增多,如物价变动会计、标准成本会计、跨国公司会计、衍生金融工具会计、国际会计、外币折算会计、环境会计、社会会计、责任会计、行为会计、质量会计、人力资源会计、增值会计、法学会计、伦理会计等。近年来,由于电子技术和高等数学在会计工作中的广泛应用,会计学正在向交叉学科的方向发展。

### 三、会计概念的基本理论

会计在现代经济生活中是不可或缺的,无论是个人还是组织的经济活动都离不开会计,那到底什么是会计呢?

虽然古代就对会计有了一定的认识,但是一方面,由于当时的社会经济发展水平较低,这种认识的深度和广度受到社会经济发展水平的制约;另一方面,当时人们对会计在管理社会经济中的地位、作用认识不足,因而对会计概念的认识还存在一定的片面性。随着社会经济的不断发展,会计的概念也在其漫长、曲折的发展过程中不断丰富它的内涵与外延。

**(一) 有关会计的主要观点**

在会计发展的不同阶段,人们对会计的认识有所不同,主要有会计信息系统论、管理活动论、艺术论、管理工具论及控制系统论等观点,下面我们从两个主要观点来阐明并给出会计的概念。

1. 会计信息系统论

会计信息系统论,就是把会计的本质理解为一个经济信息系统。具体地讲,会计信息系统是指在企业或其他组织范围内,旨在反映和控制企业或组织的各种经济活动,由若干具有内在联系的程序、方法和技术所组成,由会计人员加以管理,用以处理经济数据、提供财务信息和其他有关经济信息的有机整体。

最早提出这个观点的是美国会计学家A.C.利特尔顿,在其1953年出版的《会计理论结构》一书中指出:"会计是一种特殊门类的信息服务""会计的显著目的在于对一个企业的经济活动提供某种有意义的信息"。1966年,美国会计学会在《论会计基本理论》中提出:"会计基本上是一个信息系统"。20世纪70年代以后,由于科学技术的进步和管理理论的发展,该观点在西方发达国家广泛流行。美国的《现代会计手册》(1977年版)中明确指出:"会计是一个信息系统。它向利害攸关的各方传输一家企业或其他个体的富有意义的经济信息。"这种观点传入我国以后,逐步被我国一些会计学者所接受。我国较早接受此观点的为余绪缨教授,他于1980年首先明确提出会计是一个信息系统。随后葛家澍教授加以阐述,他认为:"会计是为提高企业和各单位的经济效益,加强经济管理而建立的以提供财务信息为主的经济信息系统。"

2. 管理活动论

会计管理活动论认为会计的本质是一种经济管理活动,是经济管理的重要组成部分。我国最早提出此观点的是会计学专家杨纪琬教授、阎达五教授,在1980年中国会计学会成立大会上,他们共同发表了题为《开展我国会计理论研究的几点意见——兼论会计学的科学属性》的报告。他们指出:"无论从理论上还是从实践上看,会计不仅仅是管理经济的工具,它本身就具有管理的职能,是人们从事管理的一种活动"。随后,杨纪琬教授、阎达五教授对会计的本质又进行了深入探讨,逐渐形成了较为系统的"会计管理活动论"。阎达五教授于1985年和1987年分别出版了《会计理论专题》和《责任会计的理论和实践》两本专著,标志着会计管理理论初步形成。

(二) 会计的概念

早期的会计只是运用一些简单的计量、记录方法,15世纪末,会计才逐渐从其他学科中独立出来,真正开始划时代的飞跃。由于会计是随着社会经济环境的变化和管理上的要求而不断发展变化的,虽然会计产生已有几千年的历史,但时至今日,对于会计的概念,基于不同的视角而形成不同的认识,尚无一个完整和公认的概念。

我们认为会计是经济管理的重要组成部分,是以提供经济信息、提高经济效益为目的的一种管理活动。它以货币为主要计量单位,采用一系列专门的程序和方法,反映和监督社会再生产过程中的资金运动。

综上所述,我国会计理论界普遍认为:会计是以货币为主要计量单位,运用专门的方法和程序,对一定主体的经济活动进行全面、综合、连续、系统地核算和监督,旨在提供经济信息和提高经济效益的管理控制活动,是经济管理活动的重要组成部分。

(三) 会计的特点

通过对会计定义的理解,其特点主要表现在如下四个方面:

1. 以货币为主要计量单位

对经济组织的经济活动过程进行计量和记录,通常要使用实物、劳动和货币三种计量单位。其中,实物计量单位(如千克、个、件)可以为经济管理提供必需的实物量指标,但无法进行综合计量和记录;劳动计量单位(如工作日、工时)可以为经济管理提供劳动消耗量指标,但现阶段同样不具有综合性;而货币(如元、角、分)作为一般等价物,可以将复杂的不同性质的经济活动加以综合计量和记录。因此,会计以货币作为主要的计量单位。

2. 以合法原始凭证为基本依据

原始凭证是经济活动发生的书面证明,用以记载所发生的经济活动的具体内容与明确经济责任。会计对任何一项经济活动的反映和记录,都必须以合法的凭证为依据。为了保证会计信息的可靠性,对于取得或填制的凭证,必须先审核,以保证其真实性,然后才能作为核算和监督的依据。

**3. 运用专门的会计方法**

会计在长期的发展过程中,形成了设置账户、复式记账、填制和审核凭证、登记账簿、编制会计报表等一套完整的、专门的方法体系,无论是会计信息系统的建立还是会计作为一种经济管理活动,都是以这套方法为手段来对经济活动进行全面地核算和监督。

**4. 对经济活动进行全面、连续、系统和综合的核算和监督**

全面性是指对会计对所发生的经济活动无一遗漏地予以反映;连续性是指会计按照经济活动发生的时间顺序不间断地由始至终地予以反映;系统性是指会计对发生的各种各样的经济活动进行科学的分类别、分层次地予以反映;综合性是指以货币作为统一的计量单位。

## 第二节 会计的职能与目标

### 一、会计的职能

会计职能是指会计在经济管理过程中所具有的功能。作为"过程的控制和观念总结"的会计,具有会计核算和会计监督两项基本职能,还具有预测经济前景、参与经济决策、评价经营业绩等拓展职能,如图1-2所示。

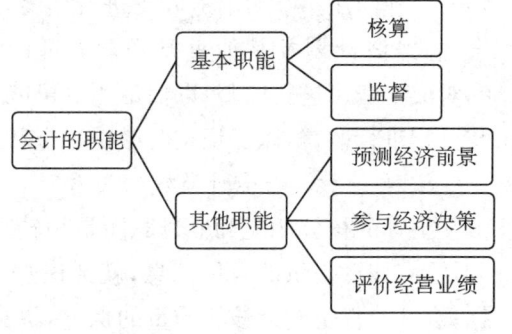

图 1-2 会计的职能分类

**(一)会计的基本职能**

会计的基本职能是核算与监督。

**1. 会计核算职能**

会计的核算职能是指会计以货币为主要计量单位,运用一系列专门的方法,对特定主体的经济活动进行确认、计量、记录和报告。会计核算贯穿于经济活动的全过程,是会计最基本的职能。会计核算是会计工作的基础,它是通过记账、算账和报账来体现的。记账就是把一个特定单位在一定时期内所发生的经济事项,运用一定的程序和方法,在会计凭证、会计账簿上进行记录和反映的过程。算账就是运用一定的程序和专门方法对会计核算对象进行归类和计算的过程。报账是在记账和算账的基础上,通过会计报表的形式,为会计信息使用者提供相关的会计信息。

会计核算贯穿于会计活动的始终,包括事前核算、事中核算和事后核算。事前核算的主要形式是进行预测,参与决策;事中核算的主要形式是在计划执行过程中,通过核算和监督相结合的方法,对经济活动进行控制,使经营过程按照计划或预期的目标进行;事后核算也就是会计工作中记账、算账、报账的总称。

会计核算的内容主要包括:①款项和有价证券的收付。②财物的收发、增减和使用。③债权、债务的发生和结算。④资本、基金的增减。⑤收入、支出、费用、成本的计算。⑥财务成果的计算和处理。⑦需要办理会计手续、进行会计核算的其他事项。

2. 会计监督职能

会计监督职能也称控制职能，是指会计人员在进行会计核算的同时，对特定主体经济业务的真实性、合法性和合理性进行审查的功能。会计监督是通过预测、决策、控制、分析和考评等具体方法，促使经济活动按照既定的要求运行，以达到改善经营或预算管理，维护国家财政制度和财务制度，保护社会主义公共财产，合理使用资金，促进增产节约，提高经济效益的目的。会计监督除货币监督，还有实物监督。

会计监督主要是利用会计资料和信息反馈对经济活动的全过程加以控制和指导，包括事前监督、事中监督和事后监督。事前监督是指对将要发生的经济活动进行会计监督，事中监督是对正在发生的经济活动进行会计监督，事后监督是对已经发生的经济活动进行会计监督。

会计监督的内容，是指从本单位经济效益出发，对经济活动的合理性、合法性、真实性、正确性、有效性进行的全面监督。根据《中华人民共和国会计法》和其他有关会计法规的规定，具体内容包括：①对会计凭证、会计账簿和会计报表等会计资料的进行监督，以保证会计资料的真实、准确、完整、合法。②对各种财产和资金进行监督，以保证财产、资金的安全完整与合理使用。③对财务收支进行监督，以保证财务收支符合财务制度的规定。④对经济合同、经济计划及其他重要经营管理活动进行监督，以保证经济管理活动的科学、合理。⑤对成本费用进行监督，以保证用尽可能少的投入，获得尽可能多的产出。⑥对利润的实现与分配进行监督，以保证按时缴纳税金和进行利润分配。

3. 会计核算与会计监督的关系

会计的核算职能和监督职能是相辅相成、辩证统一的关系。会计核算是会计监督的基础，没有核算提供的各种信息，就无法进行监督，只有正确地核算，监督才有真实可靠的依据；会计监督是会计核算质量的保障，只有核算没有监督，就难以保证核算所提供信息的真实性、可靠性，就不能发挥会计应有的作用。

### (二) 会计的其他职能

1. 预测经济前景

预测经济前景是指根据财务报告等提供的信息，定量或者定性地判断和推测经济活动的发展变化规律，以指导和调节经济活动，提高经济效益。预测经济前景能有效地帮助企业作出正确的判断和选择，需要对各种生产经营方案的各项经营指标进行科学预测。一般是按照企业未来的总目标和经营方针，充分考虑经济规律的作用和经济条件的约束，选择合理的量化模型对历史数据进行科学加工和整理，来预测未来经济活动的发展变化，以减少企业经营管理决策的盲目性。例如，预计和测算产品在一定时期内市场的销售量及变化趋势，进而预测本企业产品未来销售量；预计和测算资金需要量等。

2. 参与经济决策

参与经济决策是指根据财务报告等提供的信息，运用定量分析和定性分析方法，对备选方案进行经济可行性分析，为企业经营管理等提供决策相关的信息。决策的成败关系到企业的未来，事实上，一个正确的决策可以使陷于困境的企业转危为安，而一个错误的决策也可能使一个兴旺的企业走向衰败。决策是以预测为基础的,对实现一定经营目标可供选择的有关方案进行分析比较,权衡利弊得失,从中选择最优方案。例如,企业应该选择生产哪一种新产品;生产经营过程中所需要的材料是自制还是外购;长期投资的投资期限及数额等。

3. 评价经营业绩

评价经营业绩是指利用财务报告等提供的信息,采用适当的方法,对企业一定经营期间的资产运营、经济效益等经营成果,对照相应的评价标准,进行定量及定性对比分析,作出真实、客观、公正的综合评判。企业通过评价各部门的经营责任情况,实行相应的奖惩制度,督促并提高每个个体的效率,实现企业的目标。

## 二、会计的目标

### (一) 关于会计目标的两种观点

会计目标受会计行为主体主观意图(如人们要求提供什么样的会计信息以及如何提供)的影响;同时也受到会计环境的制约。所以会计目标是在特定的外部环境中,从有关方面对会计的需求出发,通过会计系统的有机整合而形成,会计环境决定了会计目标。20世纪70~80年代,西方会计学界关于会计目标的研究,形成了两个代表性的观点,即受托责任观和决策有用观。

1. 受托责任观

受托责任观可以追溯到会计产生之初,作为一种比较流行的学派,得益于公司制的产生和发展。从会计发展的历史看,随着工业革命的完成,以公司制为代表的企业形式开始出现并广泛流行,随之而来的便是企业所有权与经营权分离,委托代理关系也得到了进一步发展,从而形成了以受托责任为目标取向的受托责任观。

2. 决策有用观

决策有用观是在资本市场日渐发达的历史背景下形成的。在此条件下,投资者进行投资需要有大量可靠而相关的会计信息,从传统的关注历史信息转向对未来信息的关注;要求披露的信息量和范围也不断扩大,不仅要求披露财务信息、定量信息和确定信息,还要求更多地披露非财务信息、定性信息和不确定信息,而这些信息的提供总是要借助于会计系统,因此,会计信息的提供必须以服务于决策为目标取向。

### (二) 会计目标的概念

会计目标也称作会计目的,是要求会计工作完成的任务或达到的标准,也称为财务报告的目标。我国《企业会计准则》中对会计核算的目标做了明确规定:会计的目标是向财务报告使用者提供与企业财务状况、经营成果和现金流量等有关的会计信息,反映企业管理层受托责任履行情况,有助于财务报告使用者作出经济决策。

现代会计目标主要包括以下两个方面的内容。

1. 向会计信息使用者提供决策的有用信息

会计作为一项管理活动,要向会计信息使用者提供有助于其作出正确决策的数量化信息,包括经营成果和现金流量信息。会计信息使用者包括外部和内部两个方面,会计信息的外部使用者具体包括投资者（股东）、债权人、政府、客户、社会中介机构；会计信息的内部使用者主要是指企业内部管理层及企业员工。

1）为投资者（股东）提供信息

投资者的利益源于资本收益和股利收益。资本收益是资本市场上企业资本价格上扬的结果，股利收益则是企业将获取的利润按一定的比例分给投资者的现金或实物资产。这决定了投资者需要关注企业的盈利能力、风险水平、经营效率和发展潜力等相关会计信息。会计信息首先应当满足投资者（包括现有的和潜在的）正确进行投资决策的需要，即有助于投资者客观评估企业的盈利能力、风险水平、经营效率和发展潜力，以便对投资方案做出正确的选择。

2）为债权人提供信息

债权人的利益源于持有债权的安全完整性和利息收益。债权的安全完整性主要取决于债务人的经营状况和信誉程度，而利息收益则直接与企业的盈利能力相关。因此，债权人（如银行等金融机构）可以借助会计信息，了解债务人的盈利能力和偿债能力，评价信贷风险，以便做出更正确的信贷决策。

3）为政府提供信息

政府的利益源于企业缴纳的各种税金，这些税金包括与收入相关的流转税、与盈利相关的所得税、与财产金额相关的财产税等，由此可见，国家的利益直接与企业的资产规模、收入水平和盈利能力相关。此外，政府对社会经济的管理监督和宏观调控也有赖于企业的会计信息。所以，会计信息必须满足政府进行宏观经济管理的需要，以保证国家制定出正确的财政政策、税收政策、货币政策、产业政策等宏观经济政策。国家税务机关尤其要重视企业的财务会计信息，因为它是征纳税款的基本依据。

4）为客户提供信息

客户的利益源于企业良好的信用和持续发展。供应商可以从及时收回货款和持续的销售合同中获益，购货人可以通过购进质优价廉的产品受益，而这一切又与企业的盈利能力、偿债能力和营运能力相关。与企业有业务经济往来关系的供货商和购货人可以借助会计信息了解企业的生产经营情况，评价商业风险，以便做出正确的商业决策。

5）为社会中介机构提供信息

随着市场体系的建立和发展，出现了许多关心会计信息的组织和个人，如会计师事务所、评估师事务所、律师事务所、投资咨询服务公司、保险公司、证券公司、证券交易所、股评机构及专业人员、新闻界等，这些中介机构和个人根据其受托的服务对象的需求，从不同的侧面和重点关注企业的会计信息。

6）为企业内部管理层提供信息

企业管理层的利益来源与完成受托责任的好坏相关，而受托责任往往表现为具体的财务指标，如资本增值额、投资报酬率、销售利润率等。投资人希望企业在管理层有效的管理经营下，在激烈的竞争中求得生存和发展，获得预期利润。企业管理层必须根据会计信息评价和预测企业的财务状况和盈利能力，并依据企业的现实情况进行计划调整，以提高管理水平，更好地帮助企业做出有利于企业生存、发展的经营决策，努力实现投资者（股东）的期望目标。

7) 为员工提供信息

员工利益来源于企业支付的工资、奖金和福利。虽然这些利益不完全与企业经济效益有关,但部分仍受企业经济效益的影响,如奖金、福利等。会计信息系统应该为员工提供这些相关信息,以便员工进行就业选择和职业规划。

2. 反映企业管理层受托责任的履行情况

在现代企业中,企业所有权与经营权相分离,企业管理层接受委托人委托,代为经营管理企业及其各项资产,因而负有受托责任。由于委托人的所有者十分关注资本的保值和增值,需要定期了解企业管理层保管和使用资产的情况,决定是否需要调整投资政策,是否需要加强企业内部管理,是否需要更换管理层等。因此,会计的目标应能充分体现反映企业管理层受托责任的履行情况,以有助于委托人的所有者正确评价企业的经营管理责任和资源使用的有效性。

## 第三节 会计学科与会计职业

### 一、会计学科

会计学科也称会计学,是会计学各分支学有机结合。早期的会计学,构成内容比较简单,随着科学领域的扩展和研究的不断深入,特别是电子计算机与数学方法在会计中的应用以及管理科学的发展及其向会计领域的渗透,会计学的内容得到不断的充实,并已初步形成了一个独立的、完整的现代会计学科体系。

1. 会计学科体系

会计学科体系是研究会计理论与业务互相联系、互相制约的科学整体。

(1) 会计学科体系按研究对象分类,主要包括会计基础学科、企业会计学科、政府及非营利组织会计学科、特殊领域会计学科、综合性会计学科。

会计基础学科包括会计工作基础学科、会计行为基础学科、会计方法学科、会计教育学科、会计史学科。会计工作基础学科又包括会计核算原理、电算化会计;会计行为基础学科包括会计哲学、会计伦理学、会计心理学、会计逻辑学、会计行为学等;会计方法学科包括会计方法学、实证会计等;会计教育学科包括会计教育学、会计人才学等;会计史学科包括中西方会计思想史、会计史等。

企业会计学科包括财务会计、成本会计、证券公司会计、金融企业会计、税务会计等。

政府及非营利组织会计学科包括财政总预算会计、行政单位会计、事业单位会计、科研单位会计、军队会计、社团会计等。

特殊领域会计学科包括无形资产会计、物价变动会计、破产会计、期货会计、清算会计、遗产会计、司法会计、人力资源会计等。

综合性会计学科包括社会会计、社会责任会计、环境会计、资源会计、咨询会计等。

(2) 会计学科按形成过程分类,可分为传统会计学科、引进会计学科、新兴会计学科。

传统会计学科包括会计学原理、财务会计、成本会计等;引进会计学科包括电算化会计、税务会计、实证会计、环境会计等;新兴会计学科包括会计哲学、会计逻辑学、会计伦理学、会计方法学、人力资源会计、物价变动会计、衍生金融工具会计等。

(3) 会计学科按研究的空间范围分类,可分为国际会计学科、国内会计学科。

(4) 会计学科按本身的地位、作用分类,可分为重点学科、一般学科和新兴学科。

2. 会计课程体系

会计学科体系研究过程中往往要涉及会计课程体系。从理论上讲,会计学科体系与会计课程体系是既有联系又有区别的两种不同体系的主要表现形式,通过分析会计课程体系能够较好地掌握会计学科体系。

大学会计学专业的课程体系一般由基础课程、专业基础课程与专业核心课程所构成,目前的专业核心课程体系一般围绕基础会计学、中级财务会计学、高级财务会计学这一主线,配以其他的分支课程构成。目前专业核心课程体系构成如图1-3所示。

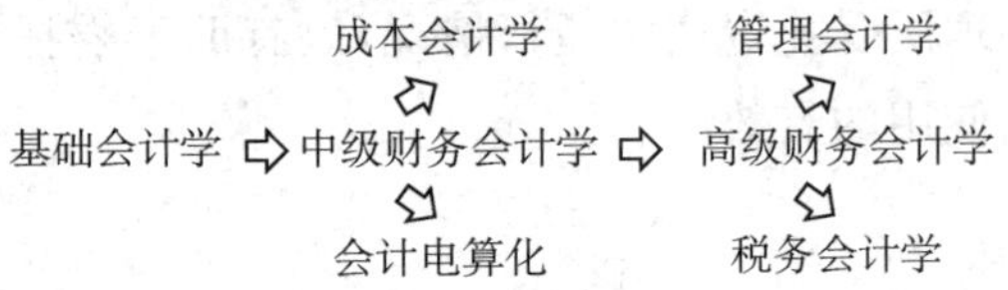

图1-3 会计学专业核心课程体系

(1) 基础会计学又称会计学原理或会计学基础,阐述的是会计的一些原理性知识,即要在具体实践中建立和应用会计这个信息系统所应当具备的一些共性的知识。这一部分知识是人们通过长期实践,从感性到理性的不断总结,找出它们共同的、带有规律性的内容而形成的。基础会计学所阐述的财务会计的基本理论、基本知识和基本程序与方法,是中级会计学与高级会计学的基础。

(2) 中级财务会计学是在学习基础会计学的基础上,掌握企业财务会计的基本理论、基本方法以及企业财务会计的基本循环过程。其主要内容包括:企业财务会计的基本理论框架及主要内容,企业资产、负债、所有者权益、收入、费用和利润六大会计基本要素的确认和计量,企业财务报告的一般规定,资产负债表、利润表、现金流量表和所有者权益变动表以及财务报表附注的编制。

(3) 高级财务会计学是中级财务会计学的后续课程,与会计学专业的其他专业课程相比,高级财务会计学更具有超前性、理论性、技术性等特点,所涉及的其他学科知识很多。中级财务会计学中介绍的是如何编制财务报告等,而高级财务会计学则要针对一些特殊组织的会计问题,如合伙会计、政府和非营利组织会计,以及一些特殊经济业务,如企业破产、遗产与信托会计等问题进行讲解。此外,一些高级财务会计中还会将一些该领域中的前沿问题纳入体系中来,比如人力资源会计、绿色会计(又称环境会计)、社会责任会计等,这也是因为高级财务会计学本身带有一些研究的意味。

(4) 成本会计学是以成本为对象的一门专业会计,主要介绍成本的含义,成本会计的基本内容,工业企业成本核算的一般程序,工业企业产品成本计算的方法,以及各种成本报表的编制和分析方法。成本会计学是一门实用性较强的课程,通过学习,可在了解成本会计的基本理论和基本方法基础上,掌握从事成本会计工作的基本技能。

(5)会计电算化也叫计算机会计,是指以电子计算机为主体的信息技术在会计工作中的应用,具体而言,就是利用会计软件指挥在各种计算机设备替代手工完成或在手工很难完成的会计工作过程。会计电算化是以电子计算机为主的当代电子技术和信息技术应用到会计实务中的简称,是一个应用电子计算机实现的会计信息系统。它实现了数据处理的自动化,使传统的手工会计信息系统发展演变为电算化会计信息系统,这不仅是会计发展的需要,而且是经济和科技对会计工作提出的要求。

(6)管理会计学是指在当代市场经济的条件下,以强化企业内部经营管理,实现最佳经济效益为最终目的,以现代企业经营活动及其价值表现为对象,通过对财务等信息的深加工和再利用,实现对经济过程的预测、决策、规划、控制、责任考核评价等职能的一个会计分支。

(7)税务会计学是建立在会计学、税收学、管理学等基础上的应用型边缘学科,具有学科交叉性强、实践操作性强的特点,是融合税收法规和会计核算于一体的一门专业会计课程。税务会计学主要以税收法规和企业会计准则为依据,系统地阐述税务会计的基本理论、现行各个税种的基本法律规定及我国各主要税种的税款计算、会计处理及纳税申报等。税务会计学既注重对税法和会计理论的阐述,同时又强调如何正确理解和运用最新企业会计准则、会计制度和各项税收法规。

## 二、会计工作组织及会计机构

### (一)会计工作组织

1. 会计工作组织的概念

会计工作组织主要是通过设置会计机构,配备会计人员,制定与执行会计规章制度,实施与改进会计工作的技术手段,管理会计档案,进行会计工作与其他经济管理工作间的协调,形成一个高效运行的会计工作体系。

2. 会计工作组织的意义

科学、合理、有效地组织会计工作,是完成会计目标的前提和重要保证,对充分发挥会计在经济管理中的作用具有重要意义,具体表现为:

(1)有利于保证会计工作的质量,提高会计工作的效率。

(2)有利于协调会计工作与其他经济管理工作的关系,提高企业整体管理水平。

(3)有利于完善企业单位的内部经济责任制。

(4)有利于维护各项财经法规和财经纪律的贯彻执行,保护相关者的经济利益。

### (二)会计机构

会计机构是指各单位办理会计事务的职能部门。根据《会计法》的规定,各单位应当根据会计业务的需要,设置会计机构,或者在有关机构中设置会计人员并指定会计主管人员,不具备设置条件的,应当委托经批准从事会计代理记账业务的中介机构代理记账。

1. 会计机构的设置

为了科学、合理地组织开展会计工作,保证单位正常的经济核算,各单位原则上应设置会计机构。一个单位是否单独设置会计机构,往往取决于以下几个因素:一是单位规模的大小；二是经济业务和财务收支的繁简；三是经营管理的要求。

大、中型企业和具有一定规模的行政事业单位，以及财务收支数额较大、会计业务较多的社会团体和其他经济组织，应单独设置会计机构。规模较小、业务和人员都不多的单位，可以不单独设置会计机构，而将会计业务并入其他机构，或委托中介机构代理记账。不单独设置会计机构的单位应在有关机构中配备会计人员并指定会计主管人员。

2. 会计机构的组织形式

由于会计工作的组织形式不同，会计机构的具体工作范围也有所不同。企业会计工作的组织形式有独立核算和非独立核算、集中核算和非集中核算等几种组织形式。

1）独立核算和非独立核算

独立核算是指对本单位的业务经营过程及其结果进行全面、系统的会计核算。实行独立核算的单位称为独立核算单位，它的特点是具有一定的资金，在银行单独开户，独立经营、计算盈亏，具有完整的账簿系统，定期编制报表。独立核算单位应单独设置会计机构，配备必要的会计人员，如果会计业务不多，也可只设专职会计人员。

非独立核算又称报账制。实行非独立核算的单位称为报账单位，它是由上级拨给一定的备用金和物资，平时进行原始凭证的填制和整理，以及备用金账和实物账的登记，定期将收入、支出向上级报销，由上级汇总，它本身不独立计算盈亏，也不编制报表，如商业企业所属的分销店就属于非独立核算单位。非独立核算单位一般不设置专门的会计机构，但需配备专职会计人员，负责处理日常的会计事务。

2）集中核算与非集中核算

实行独立核算的单位，其记账工作的组织形式可以分为集中核算和非集中核算两种。

集中核算就是将企业的主要会计工作都集中在企业会计机构内进行。企业内部的各部门、各单位一般不进行单独核算，只是对所发生的经济业务进行原始记录，办理原始凭证的取得、填制、审核和汇总工作，并定期将这些资料报送企业会计部门进行总分类核算和明细分类核算。实行集中核算，可以减少核算层次，精简会计人员，但是不便于企业各部门和各单位及时利用核算资料进行日常的考核和分析。

非集中核算又称为分散核算是指企业的内部单位要对本身所发生的经济业务进行比较全面的会计核算，如在工业企业里，车间设置成本明细账，登记本车间发生的生产成本并计算出所完成产品的车间成本，厂部会计部门只根据车间报送的资料进行产品成本的总分类核算。又如在商业企业里，把库存商品的明细核算和某些费用的核算等，分散在各业务部门进行，至于会计报表的编制以及不宜分散核算的工作，如物资供销、现金收支、银行存款收支、对外往来结算等，仍由企业会计部门集中办理。实行非集中核算，使企业内部各部门、各单位能够及时了解本部门、本单位的经济活动情况，有利于及时分析、解决问题，但这种组织形式会增加核算手续和核算层次。

3. 会计工作岗位设置

会计工作岗位是指一个单位会计机构内部根据业务分工而设置的职能岗位。会计工作岗位可以一人一岗、一人多岗或一岗多人。但是，出纳人员不得兼管稽核、会计档案保管和收入、费用、债权债务账目的登记工作。会计工作岗位一般可分为：总会计师、会计机构负责人或者会计主管人员、出纳、财产物资核算、工资核算、成本费用核算、财务成果核算、资金核算、往来结算、总账报表、稽核和档案管理等。开展会计电算化和管理会计的单位，可以根据需要设置相应工作岗位，也可以与其他工作岗位相结合。

在会计机构内部设置会计工作岗位有重要意义：①有利于明确分工和确定岗位职责，建立岗位责任制。②有利于会计人员钻研业务，提高工作效率和质量。③有利于会计工作的程序化和规范化，加强会计基础工作。④有利于强化会计管理职能，提高会计工作的作用。⑤是配备数量适当的会计人员的客观依据之一。

### 三、会计职业

#### （一）会计职业的概念

会计职业一般是指会计从业人员所从事的职业。会计职业由来已久，是一个传统的职业，历史上标志着会计开始作为一种专门职业而存在，可追溯至1854年苏格兰爱丁堡会计师公会的成立。会计职业是随着社会经济的发展而发展，社会经济发展的水平越高，会计工作的内容越丰富，会计工作的领域也就越宽广。

我国的会计人员可以在某一企业或事业单位从事会计工作，也可以在政府的财政部门、税务部门以及国有资产、银行、保险等监管机构从事会计工作。具体职业发展方向后面将进行详细描述。

#### （二）会计人员管理

会计人员通常是指在国家机关、社会团体、企业、事业单位和其他组织中从事财务会计工作的人员，合理地配备会计人员，提高会计人员的综合素质是每个单位做好会计工作的决定性因素，对会计核算系统的运行起着关键的作用。我国的会计法律法规对于会计人员的专业技术职务以及会计人员的职责权限均有明确的规定。

1. 会计人员专业技术职务

会计人员专业技术职务是区别会计人员业务技能的技术等级。企业或单位对于不同的会计岗位，根据要求聘用不同会计专业技术职务的会计人员。我国将会计专业技术职务分为会计员、助理会计师、会计师与高级会计师，其中会计员与助理会计师为初级职务，会计师为中级职务，高级会计师为高级职务。会计各等级专业职务的任职条件除了政治素质和职业道德必须达到规定的条件外，还必须满足相应任职规定的基本条件。

2. 会计人员的职责

会计人员的职责就是认真履行会计的职能，为此可以把会计人员的职责归纳为：①进行会计核算。②实行会计监督。③编制业务计划及财务预算，并考核、分析其执行情况。④制定本单位办理会计事项的具体办法。

#### （三）会计职业的发展方向

我国会计职业的发展目前呈现出一种比较矛盾的局面，社会对基础会计人员的需求已经达到饱和，出现了人员冗余、会计市场供大于求的现象，但是高端会计人才的供给却严重不足,供不应求。究其原因,主要是会计专业的高校毕业生数量庞大,会计专业的大学毕业生数量多,很多毕业生所掌握的业务知识非常不牢固,而考取注册会计师和获得 ACCA 资格证书的毕业生就更是微乎其微了。目前我国会计职业的发展方向主要包括以下几个方面:

1. 企业会计

企业会计是一个以提供财务信息为主的经济信息系统,它以货币为主要计量单位,采用专门的技术方法,对企业的经济活动进行核算与监督,旨在提高企业经济效益的一种管理活动。与政府及非营利组织不同,企业的创立和存在,是以获取利润为基本目的,因此,作为企业管理重要组成部分的企业会计,必然要为企业实现其获取利润的目的服务。企业会计一般分为四个方面:财务会计、成本和管理会计、财务管理、内部审计。

财务会计一般工作内容为登记凭证账簿,编制对外公布的会计报表;财务会计岗位包括记账人员、会计员、主办会计(主管会计)、会计主管、分部会计主管、总会计师。管理会计的工作内容包括成本、费用的计算,预算的制定和执行,部门业绩的考核等;管理会计岗位包括车间记账员、成本会计、预算编制员、预算监督主管、资本预算会计等。财务管理的工作内容包括企业经营资金的筹措,资金运用分析和决策,企业并购和资本运作;财务管理岗位包括现金出纳和银行出纳、财务分析员、信用分析经理、风险控制经理、财务部主管、税务会计主管、财务总监、首席财务官。内部审计的工作内容包括监督企业资金运用状况,制定和监督内部控制系统,评估企业资本;内部审计岗位包括内部审计员、审计项目经理、分部审计专员、审计部经理、内部审计总监、首席审计官。

2. 金融机构会计

金融机构会计是按照会计的基本原理、基本原则和基本方法,以货币为计量单位,对金融机构的经营治理活动进行准确、完整、连续、综合的核算和监督,并对金融机构财务信息进行衡量、加工和传送的专业会计。它有助于信息的使用者在经营治理和其他经济活动中作出合理和有效的决策。金融机构主要包括银行、证券公司、保险公司和其他金融机构等。

银行会计的工作岗位主要有银行会计、财务部门会计人员、信贷部门人员、内部稽核部门人员、信贷推销人员、营业部门人员、财务分析人员、金融产品开发人员、理财顾问等。证券行业和其他金融机构主要包括:证券交易所、证券公司、保险公司、基金管理公司、信托投资公司等。在这些单位担任的会计工作岗位包括会计财务部门会计人员、内部稽核部门人员、保险精算师、证券市场分析人员、委托理财经理、营业部人员、项目评估专家、保险理赔估价人员等。

3. 行政事业单位会计

行政事业单位会计分为行政单位会计与事业单位会计两大体系,是各级行政机关、事业单位和其他类似不以盈利为目标的组织核算、反映和监督单位预算执行及各项业务活动的会计专业,如学校、医院、福利慈善机构等。

4. 会计师事务所会计

会计师事务所是指依法独立承担注册会计师业务的中介服务机构,是由有一定会计专业水平、经考核取得证书的会计师(如中国的注册会计师、美国的执业会计师、英国的特许会计师、日本的公认会计师等)组成的、受当事人委托承办有关审计、会计、咨询、税务等方面业务的组织。中国对从事证券相关业务的会计师事务所和注册会计师实行许可证管理制度。

会计师事务所会计主要工作内容包括：

(1) 鉴证服务。鉴证服务是会计师事务所传统和核心的业务，包括审计、审核、审阅和执行商定程序等业务，具体表现为会计报表审计、盈利预测审核、期中会计报表审阅、特殊目的业务审计等。

(2) 税务代理。税务代理一般包括代理纳税申报、纳税策划、代理客户出庭。

(3) 资产评估。资产评估是指对受托评估的资产价值进行估计和计算。

(4) 会计服务。会计服务是小型事务所的主要业务，包括代理记账、编制会计报表、处理工资单等。

(5) 管理咨询。2002年后，会计师事务所与管理咨询公司分离，管理咨询公司一部分是从会计师事务所分离出来的，一部分是专业的咨询公司。

会计师事务所会计的工作岗位主要有：①见习审计员，主要负责拟定审计方案，起草审计文书；负责审计过程中与相关部门的协调和沟通；根据审计结果及时编制审计分析及建议；审计资料、底稿的归档、保管等基础工作。②项目助理，主要从事具体的审计工作，如外勤收集审计证据、基础数据的分析等较为简单的工作。③项目经理或者资深审计员，主要进行协调和管理工作，并对所负责项目的整个外勤工作负责，包括监督管理和复核项目成员的工作。资深审计员是一个事务所工作的骨干力量，一般要求2至5年的审计工作经验。④部门经理，主要帮助各项目经理计划和管理审计业务，复核项目经理的工作，处理与客户间的关系。一个部门经理往往要同时处理几个项目或者业务。部门经理一般要求5至10年的工作经验。⑤合伙人(主任会计师)，会计师事务所最高层管理者和事务所的所有者。合伙人主要复核审计整体工作，参与重大审计决策。合伙人作为事务所的所有者，对事务所的审计活动和向顾客提供的其他服务承担最终的法律责任。

## 第四节 会计规范体系

### 一、会计规范体系概述

会计，特别是财务会计作为一种主要提供有助于做出经济决策的信息管理活动，对于调整利益关系、维护社会经济秩序具有重要的影响。会计活动的这种社会特性，必然要求其按照一定的规范来进行。

**(一) 会计规范的基本特征**

会计规范是以会计为对象，约定俗成或明文规定的标准与方式，是从事会计职业或进行会计工作所依据的一种客观尺度或标准。会计规范伴随着会计的发展而逐步形成，并且得到不断的改进和完善。会计规范具有以下特征：

(1) 公认性。会计规范作为从事会计职业或进行会计工作所需依据的一种客观标准，应该得到广泛的认同,不论这种认同是自发的还是强制的,也不论这种规范是成文的还是惯例的,离开了公认的基础,也就无所谓规范了。

(2) 倾向性。会计规范对于调整经济利益关系具有直接的影响,为此总是与特定的社会经济制度与社会经济发展水平相联系,不可避免地带有某种倾向性。

(3) 层次性。会计规范自身构成了一个具有一定层次结构的完整约束体系,可以在不同层次上规范会计行为。例如,有国家立法机关以法律形式制定的会计规范,也有国家政府部门以行政法规形式制定的会计规范,还有会计职业界在会计实践中自发形成的会计规范等。

(4) 相对统一性。会计规范体系在一定范围之内是统一的,适用的对象不是针对具体和特定的某一单位、某一企业,而是广泛适用于全国范围内的,不是针对某一具体和特定的业务,而是适用于任何会计行为。

(5) 相对稳定性。会计规范体系的建立和发展是一个动态的演进过程。会计规范体系在一定时期、一定客观环境下是相对稳定的,但并不是一成不变,随着社会政治经济条件的发展变化,一些会计规范可能不再适宜,或变得过时而予以修正甚至放弃,而一些新的会计规范逐渐被建立、被接受。

**(二) 会计规范体系的分类**

会计规范发展至今已经形成为一个具有不同层次结构的完整体系,其中的各种规范相互联系、相互补充、相互影响,发挥着对会计运行过程及其结果进行约束的作用。

从内容看,会计规范可以分为会计工作组织与管理规范、会计人员素质规范、会计信息生成与质量规范以及为会计控制提供标准规范的四类;从来源看,会计规范可以分为在会计实践中自发形成的与人们通过一定形式制定的两类;从用途看,会计规范可以分为会计法律规范、会计核算规范、内部会计控制规范与会计职业道德规范四类。

本书从会计法律规范、会计核算规范、内部会计控制规范与会计职业道德规范四个方面论述。

## 二、会计法律规范

我国的会计法律规范是以《中华人民共和国会计法》为中心、全国统一的会计制度为基础的相对完整的法律规范体系,这一体系包括会计法律、会计行政法规、会计部门规章等,如图1-4所示。

**(一) 会计法律**

法律是由国家最高权力机关——全国人民代表大会及其常务委员会制定的。会计法律是由国家政权以法律形式调整会计关系的行为规范。在会计领域中,属于法律层次的规范主要是指《中华人民共和国会计法》(以下简称《会计法》)、《中华人民共和国注册会计师法》(以下简称《注册会计师法》),除此之外还有《中华人民共和国公司法》(以下简称《公司法》)、《中华人民共和国证券法》(以下简称《证券法》)等。《会计法》是会计规范体系中权威性最高、最具法律效力的规范,是制定其他各层次会计规范的依据,是指导会计工作的最高准则,也是会计工作的基本大法。

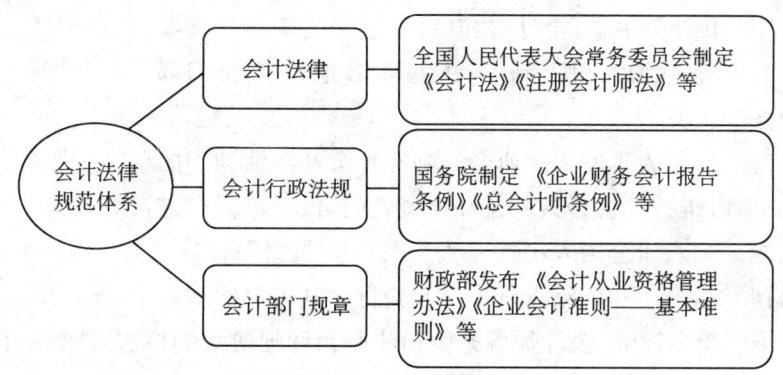

图 1-4　会计法律规范体系

1.《会计法》

中国第一部会计法《会计法》诞生于 1985 年 1 月 21 日,由第六届全国人民代表大会常务委员会第九次会议通过,同年 5 月 1 日起施行。为了适应建立社会主义市场经济的要求,1993 年 12 月 29 日,第八届全国人民代表大会常务委员会第五次会议通过了《关于修改〈中华人民共和国会计法〉的决定》,对《会计法》作了修改。1999 年 10 月 31 日,第九届全国人民代表大会常务委员会第十二次会议根据进一步深化经济体制改革对会计工作提出的新的要求,审议通过了重新修订的《会计法》。重新修订后的《会计法》,自 2000 年 7 月 1 日起施行。其内容可归纳如下:

(1) 各单位必须依法办理会计事务。无论何种单位,在进行独立核算、独立记载经济业务、独立办理会计事务时,都必须依照《会计法》的规定进行。

(2) 各单位必须依法设置会计账簿,并保证其真实、完整。国家机关、社会团体、公司、企业、事业单位和其他组织都必须依法设置会计账簿,并保证其真实、完整。

(3) 单位负责人对本单位的会计工作和会计资料的真实性、完整性负责。《会计法》中的单位负责人是指单位的最高领导者。单位负责人要领导本单位的会计机构、会计人员和其他有关人员认真执行《会计法》,按规定组织好本单位的会计工作,支持本单位的会计机构和会计人员依法独立开展会计工作,并保障会计人员的职权不受侵犯。此外,单位负责人还要保证本单位的会计资料不存在弄虚作假、隐瞒不报等情况。

(4) 会计机构、会计人员依法进行会计核算,实行会计监督。任何单位或者个人不得以任何方式授意、指使、强令会计机构、会计人员伪造、变造会计凭证、会计账簿和其他会计资料,提供虚假财务会计报告。任何单位和个人不得对依法履行职责、抵制违反《会计法》规定行为的会计人员实行打击报复。

(5) 对认真执行《会计法》,忠于职守,坚持原则,取得显著成绩的会计人员,给予精神或物质奖励。

(6) 会计工作的主管机关为各级财政部门,在中央为财政部,在地方为县级以上地方各级人民政府的财政部门。财政部门虽然是会计工作的主管部门,但并不排斥国家其他部门,如国家审计机关、证券监管机构等对会计工作进行管理。

(7) 国务院财政部门根据《会计法》制定并公布关于会计核算、会计监督、会计机构和会计人员以及会计管理工作的准则、制度、办法等,各地方、各部门都不得自搞一套、自行其是。

2.《注册会计师法》

《注册会计师法》是为了发挥注册会计师在社会经济活动中的鉴证和服务作用。加强对注册会计师的管理,维护社会公共利益和投资者的合法权益,促进社会主义市场经济的健康发展制定的法规。第八届全国人民代表大会常务委员会第四次会议于1993年10月31日通过《注册会计师法》,自1994年1月1日起施行。其内容归纳如下:

(1) 规定了注册会计师、会计师事务所和注册会计师协会的概念,注册会计师的管理体制,以及注册会计师和会计师事务所的执业基本原则。

(2) 规定了注册会计师考试制度,注册会计师考试资格,注册会计师的注册及其监督,以及注册会计师的撤销注册等注册会计师的考试和注册问题。

(3) 规定了注册会计师的业务范围,注册会计师业务的基本工作规则,注册会计师回避制度与保密义务,注册会计师审计报告的出具以及对注册会计师的行为限制等注册会计师业务范围和规则。

(4) 规定了会计师事务所的设立和会计师事务所的组织形式,会计师事务所的业务规则等有关会计师事务所问题。

(5) 规定了注册会计师协会的性质,注册会计师协会的章程制定,注册会计师协会会员的权利以及注册会计师协会的职责等有关注册会计师协会问题。

(6) 规定了注册会计师、会计师事务所负有的行政责任、民事责任和刑事责任三种法律责任。

3.《公司法》

《公司法》是为了规范公司的组织和行为,保护公司、股东和债权人的合法权益,维护社会经济秩序,促进社会主义市场经济的发展而制定的法律。

1993年12月29日第八届全国人民代表大会常务委员会第五次会议通过《公司法》,1999年、2004年、2005年、2013年、2018年多次对其修正修订。现行版本根据2018年10月26日第十三届全国人民代表大会常务委员会第六次会议《关于修改〈中华人民共和国公司法〉的决定》第四次修正实施。

4.《证券法》

《证券法》为了规范证券发行和交易行为,保护投资者的合法权益,维护社会经济秩序和社会公共利益,促进社会主义市场经济的发展,制定的法律。

第九届全国人民代表大会常务委员会第六次会议于1998年12月29日修订通过《证券法》,自1999年7月1日起施行。2019年12月28日第十三届全国人民代表大会常务委员会第十五次会议第二次对其修订,于2020年3月1日起施行。

**(二) 会计行政法规**

行政法规是指由我国最高行政机关——国务院制定的。会计行政法规是根据会计法律制定的,是对会计法律的具体化或对某个方面的补充,一般称为条例。

全国性会计行政法规是指由国务院制定发布或由国务院有关部门制定,经国务院批准发布的会计规范性文件,如《企业财务会计报告条例》《总会计师条例》等。地方性会计行政法规是指由有权立法的地方人民代表大会及其常务委员会依据《宪法》和国家法律与法规的规定,根据法律和法规授权以及地方管理的需要制定与发布,仅在本行政区域内实施,在本行政区域内有效的有关会计方面的规范性文件。

1.《企业财务会计报告条例》

《企业财务会计报告条例》是为了规范企业财务会计报告,保证财务会计报告的真实、完整,根据《会计法》制定的条例,自2001年1月1日起施行。企业编制和对外提供财务会计报告,应当遵守本条例。财务会计报告,是指企业对外提供的反映企业某一特定日期财务状况和某一会计期间经营成果、现金流量的文件。

2.《总会计师条例》

《总会计师条例》是为了确定总会计师的职权和地位,发挥总会计师在加强经济管理、提高经济效益中的作用制定的,自1990年12月31日起施行。总会计师是指组织领导本单位的财务管理、成本管理、预算管理、会计核算和会计监督等方面的工作,参与本单位重要经济问题分析和决策的单位行政领导人员。总会计师协助单位主要行政领导人员工作,直接对单位主要行政领导人负责。所以,总会计师不是一种专业技术职务,也不是会计机构的负责人或会计主管人员,而是一种行政职务。

### (三) 会计部门规章

会计部门规章是指国家主管会计工作的行政部门——财政部以及其他相关部委根据法律和国务院的行政法规、决定、命令,在本部门的权限范围内制定的、调整会计工作中某些方面内容的国家统一的会计准则制度和规范性文件,包括国家统一的会计核算制度、会计监督制度、会计机构和会计人员管理制度及会计工作管理制度等,如财政部发布的《会计从业资格管理办法》《企业会计准则——基本准则》等,本书不再对其进行详细描述。

## 三、会计核算规范

会计核算规范是会计信息生成与提供的一项技术标准,是进行会计确认、计量、记录与报告的依据。会计核算规范的质量对于会计信息的质量有直接的影响,因此,会计核算规范的制定与执行受到了普遍的关注。我国的会计核算规范主要是以会计准则为导向,由会计制度和会计政策所构成的。

### (一) 会计准则

会计准则是会计人员从事会计工作必须遵循的基本原则,是会计核算工作的规范;会计准则是指就经济业务的具体会计处理作出规定,以指导和规范企业的会计核算,保证会计信息的质量。按其使用单位的经营性质,会计准则可分为营利组织的会计准则和非营利组织的会计准则。我国会计准则有《企业会计准则》和《政府会计准则》。

会计准则的出现,使会计人员在进行会计核算时有了一个共同遵循的标准,各行各业的会计工作可在同一标准的基础上进行。把握会计准则,应当注意会计准则的四个特征:①规范性。②权威性。③发展性。④理论与实践相融合性。

### (二) 会计制度

会计制度是对商业交易和财务往来在账簿中进行分类、登录、归总,并进行分析、核实和上报结果的制度,是进行会计工作所应遵循的规则、方法、程序的总称。国家统一的会计制度是指国务院财政部门根据《会计法》制定的关于会计核算、会计监督、会计机构和会计人员以及会计工作管理的制度。我国目前施行的会计制度主要有《企业会计制度》《金融企业会计制度》《小企业会计制度》《民间非营利组织会计制度》等。

### (三) 会计政策

会计政策是指企业进行会计核算和编制会计报表时所采用的具体原则、方法和程序。它是按照国家会计规范的要求,从企业的角度,根据本企业的会计环境和经济活动特点来制定并付诸实施的。企业所选择的会计政策,将构成企业会计制度的一个重要方面,我国企业会计人员长期以来习惯于按统一会计制度处理会计业务,即使是现在也很少真正理性地选择会计政策。这种状况必然难以适应未来企业会计发展的要求,因此应当引起企业对会计政策的重视。

## 四、内部会计控制规范

内部会计控制规范是各单位进行内部会计控制所依据的一种标准,是各单位制定和实施一系列内部会计控制方法、措施和程序的依据。内部会计控制是加强单位内部管理的一种重要手段和方法,对于提高会计信息质量、保护资产的安全与完整、确保有关法律法规和规章制度的贯彻执行具有非常重要的作用。

### (一) 内部会计控制的意义

内部会计控制是单位为了提高会计信息质量,保护资产的安全与完整,确保有关法律法规和规章制度以及单位经营管理方针政策的贯彻执行,避免或降低各种风险,提高经营管理效率,实现单位经营管理目标而制定和实施的一系列控制方法、措施和程序。

现代内部会计控制作为一种先进的单位内部管理制度已经普遍被企业所采用,在现代经济生活中发挥着越来越重要的作用。企业内部控制制度的完善与否和执行好坏,直接关系到企业的兴衰成败与生死存亡。完善而又严密的内部控制制度具有十分重要的作用,有利于建立岗位责任制度,有利于保护财产物资的安全完整,有利于形成良好的工作环境和秩序,有利于提高经济效益,有利于单位内部经营管理决策的有效执行和信息的沟通,有利于充分发挥员工的积极性和创造力,有利于建立现代企业制度与完善公司治理结构。

科学有效的内部会计控制制度不仅对单位内部管理有着重要的作用,而且对有效地开展审计工作也具有重要的作用,有利于确定合理的审计程序,提高审计效率,有助于确定审计程序的实施程度,可以保证审计测试的质量。

### (二) 内部会计控制的基本规范

《内部会计控制规范——基本规范》是由财政部于2001年发行的会计制度。其明确了内部会计控制的目标、原则、内容、方法、检查与评价等基本问题,在我国内部会计控制规范体系中居于统驭地位,是我国已经发布的与准备发布的各项具体内部会计控制规范的制定依据。

### 五、会计职业道德规范

会计职业道德是会计诚信的基础,是会计人员在进行会计活动、处理会计关系时所形成的职业规律、职业观念和职业原则等行为规范的总和。由于会计职业的特殊性,会计职业道德规范在会计行为规范中具有十分突出的作用。

**(一) 会计职业道德规范的意义**

会计职业道德规范是一般社会道德规范在会计职业行为活动中的具体体现,由会计职业活动的具体内容、方式、所涉及的权责利关系等所决定。对内而言,它构成引导、制约、调节会计行为的道德准则;对外而言,它代表着整个会计职业界对社会承担的道德责任和义务。因此,会计职业道德规范是会计人员在会计工作中所应自觉遵守的、与会计职业活动相适应的行为规范,也是会计人员在会计工作中形成的正确处理会事务和调整会计人员职权和职责之间关系的行为规范。

在已经建立起法制网络的现代社会,之所以仍然需要会计职业道德规范的原因在于两个方面。一方面,相比会计法律规范,会计职业道德规范具有天然的优势。会计的法律规范通常只限定会计行为应遵守的下限,而会计职业道德规范却能从信念、品行、能力等更为本质和更深的层次来影响并提高会计行为质量。另一方面,在职业分工背景下,良好的会计职业道德规范不仅有利于塑造从业人员的优良品格,增进本职业内部的团队效率,而且所倡导的正直、公允、客观等道德行为观念也有助于在与企业外部集团的合作与交往中减少猜疑与设防,降低谈判、签约、审计等交易成本。

**(二) 会计职业道德规范的基本内容**

从会计职业道德规范的形成来看,会计在其产生伊始就有与之相关的伦理道德要求,伴随着现代会计职业的蓬勃发展,会计职业团体的产生、成熟、壮大以及职业竞争的加剧,制定成文的会计职业道德规范已成为各国会计职业组织自我约束和发展的一项自觉要求。在我国,会计职业道德规范包含的内容比较广泛,主要包括爱岗敬业、诚实守信、廉洁自律、客观公正、坚持准则、提高技能、参与管理及强化服务八个方面。

**(三) 会计职业道德规范的特征**

会计道德是从社会与经济生活之内的会计活动中提炼出来的,会计工作的特征必然对应于会计道德与职业道德的特征。会计职业道德的特征主要体现在以下几个方面:

(1) 内容的一致性。在会计工作已成为社会经济工作的重要组成部分,会计人员的个人利益、职业利益和社会利益是一致的。

(2) 法律的制约性。会计职业道德要求会计人员"应该怎么做",是一种道德意识的内心的信念。会计道德主要通过《会计基础工作规范》等形式和其他规章制度被固定下来,从而也含有"必须这样做"的内在规定性,使会计道德具有一定的法律约束性。

(3) 稳定的连续性。会计道德在内容上与会计工作时间是紧密结合的。在长期的会计工作中,会形成一种比较成熟的职业品质,并且在一个较长时间内这些道德的性质和方向保持不变,如任何社会的会计人员都希望自己正直廉洁,而这一点很少成为其他职业者的标准。会计人员这种行为方向的稳定性决定了会计道德的连续性,这种连续性表现为世代的会计传统、会计习惯和会计风格,正是这种稳定连续性使会计实现由低级向高级、由不完善向完善方面的发展和演进。

(4) 广泛的渗透性。从纵向来看,会计道德随着会计行为贯穿人类社会的始终,渗透到人类社会的各个发展阶段;从横向来看,会计道德渗透到同一历史时期的各个国家和地区,渗透到各个工商企业、行政单位、事业团体以及每一个独立核算单位,对这些单位的会计工作产生重大影响。会计道德还渗透到每个公民,特别是渗透到会计人员的头脑中去,形成他们的会计道德意识,培养他们的会计道德习惯,从而达到规范他们行为的目的。

(5) 经济的实践性。有经济活动的地方,就存在会计道德。会计道德起源于总结与经济实践,又作用于、运用于会计实践。会计道德对于经济实践来说,是保证社会再生产过程有效运行的最有价值和最"经济"的工具。

# 课堂结账测试

班级_____ 姓名_____ 学号_____ 日期_____ 平时分_____

## 一、单项选择题(每小题 4 分,共 40 分)

1. 被誉为"中国现代会计之父"的会计学家是(　　)。
   A. 潘序伦　　　　B. 阎达五　　　　C. 杨纪琬　　　　D. 李天民

2. "会计"一词最早出现的时期是(　　)。
   A. 西周　　　　　B. 明清　　　　　C. 唐宋　　　　　D. 原始

3. 各单位应根据(　　)的需要设置会计机构。
   A. 工商部门　　　　　　　　　　　B. 税务部门
   C. 本行业会计业务　　　　　　　　D. 本单位会计业务

4. 会计的主要计量单位是(　　)。
   A. 实物　　　　　B. 货币　　　　　C. 劳动　　　　　D. 时间

5. 1494 年,意大利数学家卢卡·帕乔利所著《算术、几何及比例概要》一书,对(　　)做了系统的说明,成为会计发展史上的一个里程碑。
   A. 四柱结算法　　B. 复式记账法　　C. 货币计量法　　D. 价值管理法

6. 会计的主要特点之一是(　　)。
   A. 以账簿为基本依据　　　　　　　B. 以凭证为基本依据
   C. 以报表为基本依据　　　　　　　D. 以发票为基本依据

7. 下列各项中,不属于会计专业核心课程的是(　　)。
   A. 基础会计学　　B. 中级财务会计学　　C. 成本会计学　　D. 市场营销

8. 我国的会计法律规范体系是以(　　)为中心构建的。
   A.《会计法》　　　　　　　　　　　B.《企业财务会计报告条例》
   C.《公司法》　　　　　　　　　　　D.《小企业会计准则》

9. 会计预测是根据已有的会计信息和相关资料,对生产经营过程及其发展趋势进行判断、预计和估测,找到财务方面的预定目标,作为下一个会计期间实行经济活动的指标。这属于会计的(　　)职能。
   A. 参与经济决策　B. 会计监督　　　C. 预测经济前景　D. 评价经营业绩

10. 下列有关会计方面的表述中,不正确的是(　　)。
    A. 经济越发展,会计越重要
    B. 会计按其报告对象不同,分为财务会计与管理会计

C. 会计就是记账、算账和报账

D. 会计是以货币为主要计量单位,反映和监督一个单位经济活动的一种经济管理活动

二、多项选择题(每小题4分,共20分)

1. 下列各项中,属于会计基本职能的有(　　)。
   A. 预测　　　　　B. 核算　　　　　C. 决策　　　　　D. 监督
2. 下列各项中,属于会计专业技术资格的有(　　)。
   A. 初级资格　　　B. 中级资格　　　C. 会计从业资格　D. 高级资格
3. 下列各项中,由国务院制定的有(　　)。
   A. 《企业财务会计报告条例》　　　　B. 《总会计师条例》
   C. 《会计法》　　　　　　　　　　　D. 《注册会计师法》
4. 下列各项中,属于会计职业道德规范内容的有(　　)。
   A. 客观公正　　　B. 坚持准则　　　C. 提高技能　　　D. 参与管理
5. 下列各项中,(　　)运用了会计核算专门方法。
   A. 编制会计凭证
   B. 登记现金和银行存款日记账
   C. 编制资产负债表
   D. 聘请注册会计师对报表进行审核

三、判断题(每小题4分,共40分)

1. 独立核算单位会计工作的组织形式,一般有集中核算和非集中核算两种,前者适用于小型企事业单位,后者适用于大中型企事业单位。(　　)
2. 会计工作岗位的设置并非固定模式,企业可以根据自身的需要合并或重新分设。(　　)
3. 由于会计职业具有很大的责任和风险,因此会计人员要学会保护自己并增强职业安全意识。(　　)
4. 会计工作的唯一目标就是向会计信息使用者提供决策有用的信息。(　　)
5. 所有的企业都必须要设置专门的会计机构。(　　)
6. 企业在确定职责分工过程中,应当充分考虑不相容职务相互分离的制衡要求。(　　)
7. 科学有效的内部会计控制制度不仅对单位内部管理有重要的作用,而且对有效地开展审计工作也具有重要的作用。(　　)
8. 投资者、债权人、政府部门、企业管理者都属于企业的外部信息使用者。(　　)
9. 企事业单位任用会计人员应当实行回避原则,会计主管人员的直系亲属不得在本单位会计机构中担任出纳工作。(　　)
10. 会计是随着人们的生产实践和管理上的需要而产生和发展的,先后经历了古代会计、近现代会计和现代会计。(　　)

# 第二章　会计核算基础

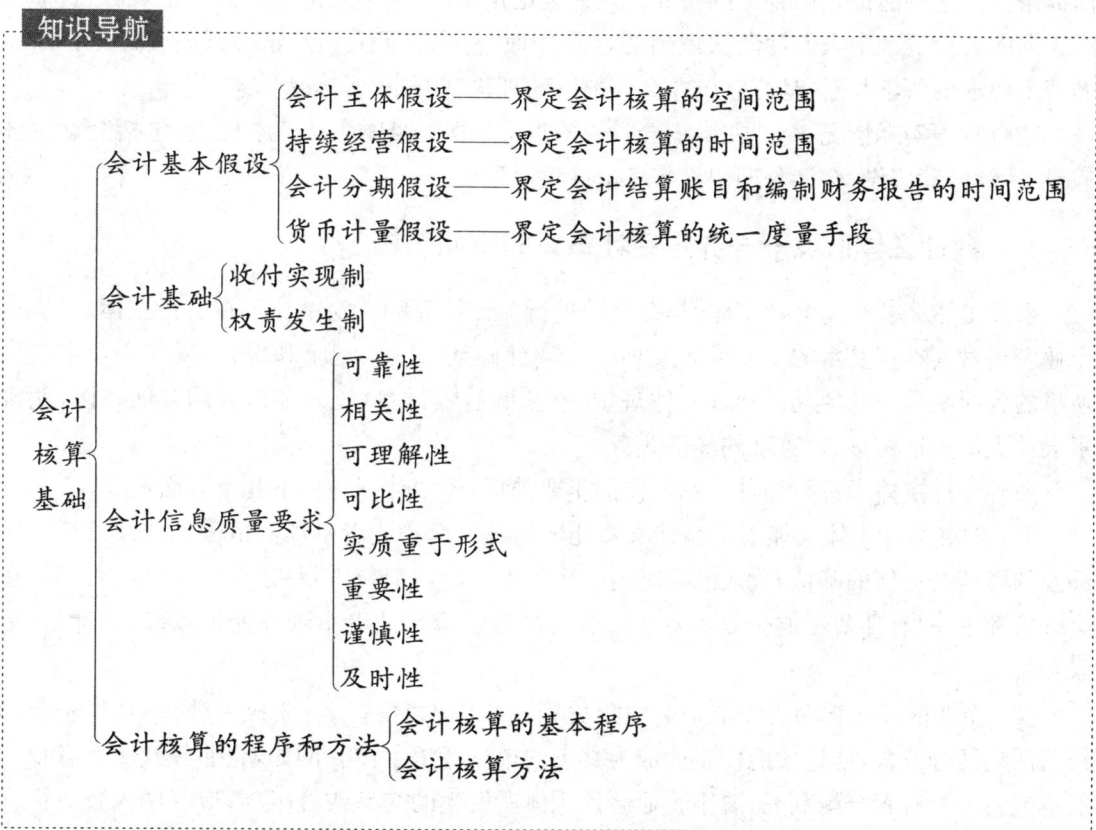

**学习目标**

1. 理解会计四项基本假设
2. 理解收付实现制与权责发生制的概念
3. 熟悉八项会计信息质量要求
4. 熟悉会计核算的基本程序与方法

## 第一节 ｜ 会计基本假设

会计的产生与发展离不开特定的社会经济环境,这种社会经济环境决定了会计管理活动中必然存在着许多变化不定的因素。因此,会计要对企业发生的各种经济活动进行有效的核算和监督,就必须对会计领域中的一些未知因素做出合理的假设,这些假设通常被称作会计假设。会计假设是指对那些未经确切认识或无法正面论证的经济事物和会计现象,根据客观的正常情况或趋势作出的合乎逻辑的推断和假定,在会计实践中长期奉行,无须证明便为人们所接受,是从事会计工作、研究会计问题的前提条件。

会计核算首先要明确的是会计核算的范围以及计量方式,也就是需要建立会计核算的前提条件。这些前提是以合理推断或者人为规定作出的,绝不是毫无根据的主观臆造,而是在长期的会计实践中人们逐渐认识到的普遍公理,它代表了人们对正确开展会计工作所遵循若干要求的科学判断,是建立企业会计准则的理论基石。

结合我国实际情况,企业在组织会计核算时,应遵循四项会计基本假设,包括会计主体假设、持续经营假设、会计分期假设与货币计量假设。

## 一、会计主体假设——界定会计核算的空间范围

会计主体又被称为会计实体,是指会计进行会计核算的特定单位。在会计主体假设下,企业应当对其本身发生的交易或者事项进行会计确认、计量、记录和报告,反映企业本身所从事的各项生产经营活动。会计主体规定了会计确认、计量、记录和报告的空间范围,明确了会计人员为谁核算、核算谁的经济业务。

明确会计主体是进行会计核算工作的重要前提,主要体现在以下几个方面:

(1) 明确会计主体才能划定会计所要处理的各项交易或者事项的范围。会计核算中所涉及的资产与负债的确认,收入的实现与费用的发生等,都是针对特定会计主体而言的。在会计实务中,只有那些影响企业本身经济利益的各项交易或者事项才能加以确认、计量、记录和报告。

(2) 企业的经济活动必须把企业的相关利益主体(如投资者、债权人等)与其他企业的经营活动区分开来,这样才能使企业成为真正的市场竞争主体。例如,企业收到所有者投入资本或者向所有者分配利润,属于企业会计主体所发生的交易或者事项,应当纳入企业会计核算的范围;而企业所有者的交易或者事项则属于所有者主体所发生的,不应纳入该企业会计核算的范围。

(3) 同一笔经济业务对不同的会计主体而言,性质是不同的,因此必须通过区分会计主体明确经济活动的性质。例如,甲企业销售一批产品给乙企业,乙企业并未直接付款。在这个过程中,对甲企业而言,发生的是销售取得的收入以及由于没有立即收款形成的债权;对于乙企业而言,发生的是购货后得到的产品以及由于没有立即付款形成的债务。

会计主体假设要明确会计主体与法律主体并非同一概念。法律主体是法律关系的参加者,即在法律关系中一定权利的享有者和一定义务的承担者;会计主体是进行会计核算的特定对象。两者之间的关系主要反映在以下两个方面:

一是法律主体可以成为会计主体,但会计主体不一定能成为法律主体。例如,独资企业或合伙企业不具有法人资格,不是法律主体,其所拥有或控制的财产和对外所负的债务,在法律上仍为业主或合伙人的财产与债务,但在会计核算中则把其作为独立的会计主体来处

理,把企业的财务收支活动与业主或合伙人的个人财务收支活动严格区分开。

二是会计主体可以由一个法律主体构成,也可以由几个法律主体构成。例如,集团公司可由若干具有法人资格的企业组成,每个具有法人资格的企业可以单独进行核算,但在编制集团公司合并报表时,则把集团公司看作是一个独立的整体(即一个会计主体)来处理,采用特定的方法来处理集团公司所属企业之间的债权、债务以及所属企业之间的购销活动而产生的利润或亏损。

## 二、持续经营假设——界定会计核算的时间范围

持续经营,是指会计主体将按照其现在的目标、方针和形式持续不断地经营下去。即在可以预见的将来,会计主体将不会面临破产清算的情况,其所持有的资产将会按照取得该资产的目的,在正常的生产经营活动过程中被耗用、出售或转让;其所承担的债务也会被按期偿付。

持续经营假设,规定了会计确认、计量、记录和报告的时间范围。持续经营假设与会计主体假设有着密切的联系。持续经营假设是在确定了企业是会计主体之后作出的规定。因此持续经营假设是会计主体假设的引申,因为明确了会计主体,必然要进一步明确会计主体能够存在多久。在持续经营假设下,会计确认、计量和报告应当以企业持续、正常的生产经营活动为前提。

持续经营假设对于会计处理方法的科学确定具有重要意义。如果没有持续经营这一假设,固定资产的投资成本需要一次全部计入产品的生产成本,而不能采用折旧的方法在其使用期间分次分批地计入。在持续经营的情况下,企业收入和费用的发生时间与其货币的收支时间发生分离时,收入是否实现和费用是否发生才可以不局限于将现款是否已收付作为确认的标准,而可以采用权责发生制作为基础确认企业的负债或债权。在未来可以按照规定的条件清偿,债权人才有可能将资金提供给企业。企业的销货款,可以在未来按期收回,企业才有可能将产品赊销给客户等。

但事实上,市场经济条件下的企业必然优胜劣汰,每个企业都存在着经营失败的风险,企业的改组、停业或破产是时常发生的。企业应定期对其持续经营假设做出分析和判断,当有证据证明一个企业已无法履行其所承担的义务时,持续经营这一假设就不再成立,建立在此基础上的有关会计处理方法也就不再适用,并应当在企业财务报告中做出相应披露。一旦企业面临破产、清算或者改组,必须通过一定的法律程序使破产或清算得以批准,这时则要以清算为假设,进行破产清算的会计处理,但在没有获得批准前,不得改变持续经营假设下的会计原则和方法。

## 三、会计分期假设——界定会计结算账目和编制财务报告的时间范围

会计分期,是指将会计主体持续不断的经营活动人为地划分为一个个连续的、长短相同的期间。在会计分期假设下,企业应当划分会计期间,分期结算账目和编制财务报告。

会计分期假设是持续经营假设的一个必要补充,它可以使会计能够及时地满足会计信

息使用者在时间上对会计信息的需求。需要注意的是,企业的经营活动并不会因为会计期间的划分而停止,会计期间的划分与企业的生命也没有必然的联系。

企业的经营活动是连续不断进行的,在时间上具有不间断性。要对连续不断的经营活动过程进行确认、计量、记录和报告,从而提供有用的会计信息,满足企业内外会计信息使用者经营和投资决策的需要,会计首先必须解决企业经营活动从什么时候开始,又到什么时候终止,以便对其财务状况、经营成果和现金流量进行总括反映。显然,在实际工作中,等到企业歇业时一次性地核算盈亏,既是不允许的,也是行不通的。因此就需要将企业持续经营的生产经营活动人为地划分为若干个期间,以便确认某个会计期间的收入、费用和利润,确认某个会计期末的资产、负债和所有者权益,定期编制财务报告。

根据我国《企业会计准则》的规定,会计期间通常分为年度、半年度、季度和月度。年度、半年度、季度和月度均按照公历起讫日期确定,以每年公历1月1日起至12月31日作为一个会计期间,称为会计年度,它是最重要的会计期间;短于一个完整的会计年度的报告期间如半年度、季度和月度等,统称为会计中期。

会计分期假设对于会计程序和方法的确定具有极大的影响。由于会计分期,产生了企业的收入和费用归属于哪个会计期间的问题,进而产生了收付实现制与权责发生制两种会计基础;对于受益期超过一个会计期间的资本性支出,需要在受益的各个会计期间进行分配,而这种分配过程带有一定的主观估计性质;会计分期假设要求企业应当在每个会计期间采用一致的会计方法,这样才有可能比较和分析企业在各个会计期间的财务状况、经营成果与现金流量。

### 四、货币计量假设——界定会计核算的统一度量手段

货币计量,是指会计主体在进行会计确认、计量、记录和报告时以货币作为计量尺度,反映会计主体的经济活动。由于货币是商品的一般等价物,是衡量其他一切有价物价值的共同尺度,是交换的媒介物和价值的储藏物,是债权和债务清算的手段,因此会计通过货币单位来有效地表述企业发生的经济信息。

货币计量这一会计假设包含三方面的含义:

(1) 会计主体所拥有的资产,虽然可以采用不同的计量单位,如实物单位、劳动单位等,都只能从一个侧面反映企业的生产经营情况,无法在量上进行汇总和比较,不便于会计计量和经营管理,如企业库存一吨原煤与一辆货车的价值,如果不采用统一的货币单位计量无法直接加总。在会计工作中,唯有采用货币单位才能全面、连续、系统、综合地记录、汇总、分析和揭示会计主体的财务状况与经营成果,由此反映出货币单位是会计计量的基本单位,其他计量都是辅助性的。

(2) 会计是用货币单位进行计量,实质上是借助于价格来完成的,而价格是在市场的交换中形成的。但在实际经济生活中,存在着一些经济业务没有客观价格的现象,如企业内部资产的转移、以货易货交易、接受捐赠资产等,这时就需要选择合理的计价、评估方法进行货币量化。

（3）会计主体的经济业务涉及多种货币，编制会计凭证、登记账簿和编制报表时，则要采用一定的汇率折算为既定的记账本位币。记账本位币是会计核算中所采用的基本货币单位。我国企业会计准则规定，在我国境内应以人民币作为记账本位币，有外币收支的企业，可以采用某种外币作为记账本位币，但向我国有关方面编报财务报告时，必须折算为人民币来反映。

会计以货币作为统一的计量单位，还有一个附带的假设，即假设货币本身的价值稳定不变。从理论上说，货币作为计量单位，其本身的价值应该恒定，但在实际经济运行中，价格水平是变动的，由此而引起货币本身的价值即购买力发生波动。在通货膨胀时，货币的购买力下降；在通货紧缩时，货币的购买力上升。这说明会计所采用的货币计量单位在货币的购买力波动不大时，是一种合适的计量单位，但在出现明显通货膨胀的情况下，币值稳定不变这一假设就不能成立，需要采用特殊的会计方法，如物价变动会计方法来解决货币本身价值不稳定的问题。

当然，会计核算统一采用货币计量也存在一定的缺陷，例如，企业经营战略、研发能力、市场竞争力等因素会对企业财务状况和经营成果产生重大影响，但这些因素往往难以用货币来计量，而这些信息对于使用者决策又相当重要。为此企业可以在财务报告中补充披露有关非财务信息来弥补上述缺陷。

会计基本假设所包括的内容，具有相互依存、相互补充的关系。会计主体假设界定了会计核算的空间范围，持续经营假设与会计分期假设确立了会计核算的时间长度，而货币计量假设则为会计核算提供了必要手段。没有会计主体假设，就没有持续经营假设；没有持续经营假设，就不会有会计分期假设；没有货币计量假设，就不会有现代会计。

## 第二节　会 计 基 础

由于会计分期假设，出现了不同会计期间，产生了当期与前期、后期的差别。又因为收入和费用在发生时，经常会出现其相关的权责发生期与现款收付期分属于不同会计期间的情况。简单来说，就是会计主体发生交易或者事项的时间与相关货币收支的时间并不完全一致。例如，企业已经收到款项，但销售收入并未实现；或者企业尚未收到款项，但销售收入却已经实现。再如，企业已经支付款项，但并不属于为本期的生产经营活动而发生的费用；或者企业尚未支付款项，但却属于为本期的生产经营活动而发生的费用。

为此在会计核算中必须明确会计基础，即会计以什么为标志作为核算的标准，主要是针对会计人员在进行会计业务处理时，如何界定收入、费用的归属期间作出的一项基础规定。在会计核算中可以将本期权利的获得和义务的发生作为基准来确认本期的收入和费用，也可以将本期款项的收到和支出作为基准来确认本期的收入和费用。

在会计实务中，对于收入和费用的确认、计量、记录和报告的基础一般有收付实现制和权责发生制两种。

## 一、收付实现制

收付实现制也称为现收现付制,是以现款的实际收到或者支付为基准来确认本期的收入或者费用。按照收付实现制,凡在本期收到或者支付的款项,不论其业务是否在本期内发生,均作为本期的收入或者费用;凡在本期内未曾收到或者支付的款项,即使其业务发生于本期,也不作为本期的收入或者费用。

收付实现制会计基础下,在进行会计核算时不必考虑预收收入、预付费用以及应计收入、应计费用问题。会计期末根据账簿记录即可确定本期的收入或者费用,因为实际收到或者支付的款项,均已登记入账。收付实现制结账比较简单,不存在期末对账簿记录进行调整的问题。目前,我国行政单位采用收付实现制,事业单位除经营业务采用权责发生制外,其他大部分业务都采用收付实现制。

【例2-1】 2020年3月某单位发生部分经济业务如表2-1所示,假设该单位采用收付实现制作为会计基础进行核算,试分析各项经济业务的业务发生期、现款收付期以及收付实现制下收入、费用的归属期。

(1) 3月3日销售商品80 000元,款项于当月15日收到。
(2) 3月6日销售商品40 000元,款项于8月11日收到。
(3) 3月9日发生费用9 000元,款项于当日支付。
(4) 3月11日发生费用3 000元,款项于4月11日支付。
(5) 3月14日预收货款50 000元,商品于5月10日发出。
(6) 3月15日预付4月份水电费3 000元。

表2-1　　　　　　　　　收付实现制下收入、费用归属期

| 业务序号 | 业务发生期 | 现款收付期 | 收入、费用的归属期 |
| --- | --- | --- | --- |
| (1) | 3月 | 3月 | 3月 |
| (2) | 3月 | 8月 | 8月 |
| (3) | 3月 | 3月 | 3月 |
| (4) | 3月 | 4月 | 4月 |
| (5) | 5月 | 3月 | 3月 |
| (6) | 4月 | 3月 | 3月 |

收付实现制下收入、费用的确认标准应以款项收付为标志,因此收付实现制下收入、费用的归属期应与现款收付期一致。

例题中,3月3日销售业务于本月发生,现款于本月收到,收付实现制下应确认3月收入。3月6日销售业务于本月发生,款项于8月收到,现款未于当期收到,根据收付实现制收入、费用确认标准,不应确认为3月收入,应于8月确认收入。3月9日费用于本月发生,现

款当日支付,收付实现制下应确认3月费用。3月11日费用于本月发生,款项于4月支付,根据收付实现制收入、费用确认标准,不应确认为3月费用,应于4月确认费用。3月14日预收款项的业务,该单位5月发出商品,销售业务虽然在5月发生,但本月收到款项,收付实现制下,根据现款收付的标准,应确认为3月的收入。3月15日预付款项的业务,该单位提前预付4月水电费,该项费用4月发生,收付实现制下,根据现款收付的标准,应确认为3月的收入。

## 二、权责发生制

权责发生制也称应收应付制,是以权利的取得或者责任的发生为基准来确认本期的收入或者费用。按照权责发生制,凡是本期已经实现的收入或者已经发生的费用,无论款项是否收到或者支付,都应当确认为本期的收入或者费用;凡是不属于本期的收入或者费用,即使款项已在本期收到或者支付,也不应当确认为本期的收入或者费用。

判断、甄别应该计入某一会计期间的收入和费用的经济业务,其标准是对企业经济资源和义务确实产生了影响,而且这种影响是以权利和责任的发生与否为依据来加以判断的。如果权责关系发生于不同期间,就需要在会计期末对一些预收、应收的收入项目和预付、应付的费用项目进行调整,正确划分归属期,以真实、公允地反映企业一定会计期间的财务状况与经营成果。例如,本期销售一批产品,期末款项尚未收到,但已经取得收取这笔销售款项的权利,应将其作为本期收入进行核算;而对本期按合同规定收到的下期货款,由于尚未提供产品,也就尚未取得收取这笔销售款项的权利,不能作为本期收入核算,而只能作为本期的预收账款核算。再如,固定资产尽管在本期尚未报废,不必更新,但其部分价值已在本期消耗掉,应该承担补偿的责任,因而要将这部分价值以折旧的形式计入本期费用。

【例2-2】 假设[例2-1]中该单位采用权责发生制作为会计基础进行核算,如表2-2所示。试分析2020年3月发生的各项经济业务发生期与现款收付期应归属的会计期间以及权责发生制下收入、费用的归属期。

表2-2　　　　　　　权责发生制下的收入、费用的归属期

| 业务序号 | 业务发生期 | 现款收付期 | 收入、费用的归属期 |
| --- | --- | --- | --- |
| (1) | 3月 | 3月 | 3月 |
| (2) | 3月 | 8月 | 3月 |
| (3) | 3月 | 3月 | 3月 |
| (4) | 3月 | 4月 | 3月 |
| (5) | 5月 | 3月 | 5月 |
| (6) | 4月 | 3月 | 4月 |

通过对比表2-1和表2-2可以发现收付实现制下收入、费用的归属期与其现款收付期一致，即确认收入、费用需要考虑现款收入和支出应归属于哪个会计期间；权责发生制下收入、费用的归属期与其业务发生期一致，因此应根据业务实际发生时间确认收入和费用。

【例2-3】 2020年12月某单位发生6笔经济业务，请分别按照收付实现制与权责发生制确认本月收入或费用，如表2-3所示，并计算盈亏。

(1) 销售A产品一批，货款50 000元，本月收到货款。
(2) 销售B产品一批，货款30 000元，本月尚未收到款项。
(3) 预付从本月起应付的1年办公用房租金12 000元。
(4) 根据合同，本月收到甲公司预付C产品的货款100 000元，下月发货。
(5) 计提应由本月承担的银行借款利息3 000元，季末时支付给银行。
(6) 本月收到上月销售给乙公司D产品的销货款1 000元。

**表2-3** 收付实现制和权责发生制下本月收入、费用和利润　　　　　　　单位：元

| 业务内容 | 收付实现制 | | 权责发生制 | |
| --- | --- | --- | --- | --- |
| | 本月收入 | 本月费用 | 本月收入 | 本月费用 |
| (1) 销售产品A | 50 000 | | 50 000 | |
| (2) 销售产品B | | | 30 000 | |
| (3) 预付房租 | | 12 000 | | 1 000 |
| (4) 预收货款 | 100 000 | | | |
| (5) 计提借款利息 | | | | 3 000 |
| (6) 收到上月销货款 | 1 000 | | | |
| 合计 | 151 000 | 12 000 | 80 000 | 4 000 |
| 收付实现制下的本月盈亏计算 | 151 000－12 000＝139 000 | | | |
| 权责发生制下的本月盈亏计算 | 80 000－4 000＝76 000 | | | |

从表2-3中可以看出，对于同一笔经济业务而言，采用不同的会计基础，确认的收入和费用可能会存在差异。另外由于收入、费用确认的差异，使得收付实现制和权责发生制下盈亏计算的结果在当期也不一致。

当收入和费用的发生期与收付期不一致时，收付实现制与权责发生制才会产生计量差异。从足够长远的会计期间观察时，我们会发现收付实现制与权责发生制的计量差异越来越小。当收入和费用的业务发生期与现款收付期相同时，两种会计基础下收入和费用不会产生计量差异。

权责发生制是从收付实现制发展而来的。收付实现制的核算程序比较简单，是与商品经济初期业务简单、信用不发达的会计环境相适应的。随着商品经济的发展、信用制度的健

全,收付实现制不能正确计算当期的收入与费用,因而逐渐被权责发生制所取代。我国《企业会计准则》规定企业应当以权责发生制为会计基础,但企业会计核算以权责发生制为基础,并不意味着对收付实现制的完全不采用。例如,企业对外提供的现金流量表,是以收付实现制为基础进行编制的。

## 第三节 会计信息质量要求

会计信息质量要求是通过法定或公认准则的形式对企业财务报告中所提供会计信息质量作出的基本要求,能够保证会计信息使用者根据会计信息作出正确的决策。由于会计信息反映的是一定的经济利益关系,并且会计信息因为公开披露还会直接或间接地造成一定的社会影响,因此涉及会计信息利益的各方为了自身的经济利益,必然会对会计信息提出一系列的要求。我国《企业会计准则——基本准则》规定了可靠性、相关性、可理解性、可比性、实质重于形式、重要性、谨慎性和及时性八项会计信息质量要求。

### 一、可靠性

可靠性要求企业应当以实际发生的交易或者事项为依据进行会计确认、计量和报告,如实反映符合确认和计量要求的各项会计要素及其他相关信息,保证会计信息真实可靠,内容完整。因为会计所提供的会计信息是投资者、债权人、政府及有关部门和社会公众的决策依据,如果会计数据不能客观、真实地反映企业经济活动的实际情况,势必无法满足各有关方面了解企业财务状况和经营成果以进行决策的需要。

会计信息要满足信息使用者的需求必须以可靠为基础,如果财务报告提供的会计信息是不可靠的,就会对投资者等会计信息使用者的决策产生误导甚至造成损失。为了贯彻可靠性要求,企业应当做到以下三点:

(1) 会计信息的真实性。一切会计记录要有凭证来证明,会计反映应与实际发生的交易或者事项相一致。以实际发生的交易或者事项为依据进行确认、计量,将符合会计要素定义及其确认条件的资产、负债、所有者权益、收入、费用和利润,如实反映在财务报告中,不得根据虚构的、没有发生的或者尚未发生的交易或者事项进行确认、计量和报告。

(2) 会计信息的可验证性。一切会计信息由有资质的人员,根据会计准则进行处理,能够得出同样的结果。这个原则并非要求每次都得出完全相同的结果,它允许在有限的范围内存在差异,即不同的人员通过检查相同的证据、数据和记录,能够得出相同的或相近的结论。

(3) 会计信息的中立性。会计处理不应因为倾向一部分会计信息使用者而损害其他使用者的利益,也不企图为达到某种预定的目的或者用某种特定的行为方式,而使会计信息受个人的偏向和主观意志的影响。

企业提供的会计信息不可能做到绝对可靠,因为在会计核算中,一些会计事项的处理是根据主观判断估计的,或是建立在对未来的预计之上。例如,固定资产的原始价值可以可靠地确定,但每年计提的折旧费并不是完全可靠,因为折旧费的确定具有估计性质,是根据固定资产的预计使用年限和剩余残值,采用一定的折旧方法来确定的。由于带有判断、估计的成分,不同会计人员的处理可能会有不同的结果,对会计信息可能会带来一定的影响。但是,会计人员对一些必要的估计和判断应尽可能做到可靠,使其产生的偏差控制在尽可能小的范围内。

## 二、相关性

相关性要求企业提供的会计信息应当与会计信息使用者的经济决策需要相关,而不同信息使用者的需求可能存在一定的差异,这就要求企业尽可能满足不同信息使用者的需求。通过提供会计信息帮助信息使用者对企业过去、现在或者未来的情况做出评价或预测。

会计信息的相关性,取决于信息的预测价值、反馈价值与及时性。会计信息具有预测价值,才能帮助决策者预测未来事项的可能结果,并据以做出最有利的选择;会计信息具有反馈价值,才能把过去决策所产生的实际结果反馈给决策者,通过与制定决策时所预测的结果相比较,了解过去的预测正确与否,从而改进未来的决策;会计信息的及时提供才能对决策产生影响,会计信息提供不及时会使相关的信息失去效用,从而变得与决策的制定不相关。

对会计信息的相关性要求,并不意味着会计提供的信息能够满足各方面的全部需要,事实上也不可能。如果会计信息的使用者对得到的会计信息进行加工后能够满足其需要,则认为会计信息基本上符合了相关性要求。为此,会计对外提供的财务报告反映的是通用会计信息。

## 三、可理解性

可理解性要求企业提供的会计信息应当清晰明了,便于会计信息使用者理解和使用。会计信息能否对其使用者的决策产生作用,关键在于使用者能否理解会计信息。根据可理解性要求,企业的会计记录和财务报告必须清晰明了,具体表现在会计核算方法简明易懂,会计核算程序简单明了,会计报表信息勾稽关系清楚,财务报告简洁、易于理解。

为了提高会计信息的可理解性,应该根据企业经营活动与管理决策的不同要求,以及会计核算业务量的多少,设计和选择合适的会计凭证、账簿和记账程序,以保证会计记录和财务报告的明晰性。

## 四、可比性

可比性要求企业提供的会计信息应当相互可比。可比性包含了同一企业不同时期的会计信息可比与不同企业的会计信息可比两个方面的含义。

1. 同一企业不同时期的会计信息可比

同一企业不同时期的会计信息可比,是指对于同一企业不同时期发生的相同或者类似的交易或事项,应当采用一致的会计政策,不得随意变更,如果存在特殊情况确实需要变更时,应当在附注中说明。

企业发生的交易或者事项具有复杂性和多样性,对于某些交易或者事项可以有多种会计处理方法可供选择。例如,存货的领用或者发出,可以采用先进先出法、加权平均法或者个别计价法等方法确定其实际成本;固定资产的折旧,可以采用年限平均法、工作量法、双倍余额递减法和年数总和法等方法。如果企业在不同的会计期间采用不同的会计处理方法,将不利于会计信息使用者对会计信息的理解,不利于对同一企业不同时期财务状况与经营成果的比较。

要求同一企业不同时期的会计信息具有可比性,可以避免企业对于相同或者类似的交易或者事项在不同时期采用不同的会计政策或者会计估计,人为地影响会计信息。强调同一企业不同时期会计信息的可比性,并不排斥对会计处理方法的必要变更。当会计所处的客观经济环境发生变化,所采用的会计处理方法已不适用时就需变更会计处理方法,使提供的会计信息更加相关与有用。但在变更时,应将变更的情况、变更的原因及其对企业财务状况和经营成果的影响,在财务报告中予以揭示,以引起会计信息使用者的注意。

2. 不同企业的会计信息可比

不同企业的会计信息可比,是指对于不同企业发生的相同或者相类似的交易或者事项,应当采用规定的会计政策,确保会计信息口径一致、互相可比。要求不同企业的会计信息具有可比性,有助于会计信息的使用者通过对比,据以做出正确的决策。

强调不同企业会计信息的可比性,并不意味着企业对会计政策或者会计估计没有选择权,而是要求不同企业在规定的范围内采取相同或者类似的会计政策或者会计估计,不同企业提供的会计信息具有可作比较的基础。

### 五、实质重于形式

实质重于形式要求企业应当按照交易或者事项的经济实质进行会计确认、计量和报告,不应仅以交易或者事项的法律形式为依据。

在实际工作中,企业发生的交易或者事项的法律形式并不能完全真实地反映其实质内容。为了真实反映企业的财务状况、经营成果和现金流量,就必须根据交易或者事项的实质,而不能仅仅根据交易或者事项的法律形式进行会计确认、计量和报告。

例如,在企业合并中,经常会涉及对"控制"的判断,一些合并案例从投资比例来看,虽然投资企业拥有被投资企业的股份尚不足50%,但是投资企业通过章程、协议等有权决定被投资企业财务和经营决策的,就不应当简单地以持股比例来判断控制权,而应当根据实质重于形式的原则来判断投资企业对被投资企业的控制程度。

### 六、重要性

重要性要求企业提供的会计信息应当反映与企业财务状况、经营成果和现金流量有关的所有重要交易或者事项。如果财务报告中提供的会计信息的省略或者错报会影响会计信息的使用者据此作出决策的,该信息就具有重要性。

重要性是相对而言的,在一个企业被认为是重要的事项,在另一个企业可能被认为不重要;在某一时期被认为是重要的事项,在另一时期可能被认为不重要。企业发生的交易或者事项是否重要,在一定程度上取决于会计人员的职业判断。

重要性应当根据企业所处的环境和实际情况,从交易或者事项的性质以及金额两方面进行判断。从性质来看,当某一事项有可能对决策产生影响时,就属于重要项目;从金额来看,当某一事项的金额达到一定数额可能对决策产生影响时,就属于重要项目。例如,企业发生的某些金额较小的支出,从支出受益期来看,可能需要在若干会计期间进行分摊,但根据重要性要求,应当一次性计入当期损益。

### 七、谨慎性

谨慎性要求企业对交易或者事项进行会计确认、计量和报告应当保持应有的谨慎,不应高估资产或者收益、低估负债或者费用。

企业的生产经营活动充满着风险和不确定性,如应收款项的可收回性、固定资产的使用寿命、无形资产的使用寿命、售出存货可能发生的退货或者返修等。强调会计信息的谨慎性要求,就是在面临不确定因素的情况下做出职业判断时,应当保持必要的谨慎,充分估计各种风险和损失。不高估资产或者收益、不低估负债或者费用,使所提供的会计信息不存在水分。对固定资产进行加速折旧、定期对存在可能发生减值迹象的资产计提减值损失等,是谨慎性要求在会计处理中最典型的体现。

在会计实务中,谨慎性要求主要体现在处理某些不确定情形和需要进行判断或者估计的事项,即在不确定性因素存在的情况下做出判断时,保持必要的谨慎。之所以要强调会计信息的谨慎性要求,有三方面的原因:一是在企业的经营活动中存在着大量的不确定因素,会计核算在处理这些事项时,不得不经常面临着这些不确定性,必须根据一定的标准和以往的经验进行估计;二是企业是一个独立的生产经营者,负有以取得的收入抵偿发生的耗费并能保证其稳定发展的责任;三是在市场经济环境中,企业的生产经营活动必然存在着市场竞争与经营风险,为保证企业资产的完整和保护债权人的利益,提高应对风险的能力,企业的有关会计核算应当建立在稳健的基础上。

【特别提示】
提出会计信息的谨慎性要求并不意味着企业可以任意设置各种秘密准备。如果企业故意低估资产或者收入、故意高估负债或者费用,就属于滥用谨慎性,不符合会计信息的可靠性和相关性要求,扭曲了企业的实际财务状况和经营成果,会对会计信息使用者的决策产生误导。

### 八、及时性

及时性要求企业对于已经发生的交易或者事项,应当及时进行会计确认、计量和报告,不得提前或延后,从而可以使会计信息的使用者及时获得相关的信息并据以作出决策。

会计信息的价值在于使用者可据以作出经济决策,具有时效性。即使是可靠的、相关的会计信息,如果不能及时提供,就失去了时效性,对于使用者的效用就大大降低,甚至不再具有实际意义。为了保证会计信息的及时性,企业要及时收集各种会计信息,即在交易或者事项发生后,及时收集整理各种原始单据或者凭证;要及时处理会计信息,即按照会计准则的规定,及时对发生的交易或者事项进行确认计量,并编制财务报告;要及时传递会计信息,即在规定的时限内将编制的财务报告传递给财务报告使用者,便于其及时使用和据以作出决策。

## 第四节 会计核算的程序和方法

为了发挥会计职能和实现会计目标,会计信息的加工处理与提供,需要根据会计基本假设与会计基础,并在遵循会计信息质量要求的原则下,采用特定的程序和方法。

### 一、会计核算的程序

会计核算的程序是指会计信息的加工处理与报告的顺序。会计核算按照确认、计量、记录与报告这一基本程序进行。

#### (一)会计确认

会计确认是指根据一定的标准,识别和确定发生的交易或者事项是否可以作为会计要素进入会计核算系统,以及进入会计系统的数据是否应该列入财务报告的过程。

会计确认解决的是会计的定性问题,涉及确认步骤、确认标准和确认条件。

1. 确认步骤

确认步骤是指会计确认的环节,分为初始确认和再次确认。初始确认是再次确认的基础,再次确认是初始确认的继续。

1)初始确认

初始确认是指在交易或事项发生时的确认,随着填制和审核凭证一并进行。初始确认将根据确认标准和确认原则,排除非会计信息,筛选会计信息,然后运用复式记账法填制记账凭证,将经济信息转化为会计信息。初始确认的内容一般是会计主体发生的能够用货币计量的交易或者事项,确认时受会计模式、会计前提等的制约。确认的目的是为会计计量提供基础,进而产生原始会计资料和原始会计信息。

2)再次确认

再次确认是指在编制财务报告时的确认,随着编制会计报表一并进行。再次确认将根据会计主体的经营管理要求,并考虑信息使用者的需要,确认会计账簿中的哪些资料应列入财务报告,或确认财务报告中应披露多少会计信息以及哪些会计信息,从而将账簿信息转化为报表信息。

2. 确认标准

确认标准是指初始确认和再确认时的定义,这些定义往往表现为各个会计要素的概念。

一方面,不同的会计要素具有不同的确认标准,从而产生不同的概念,如资产要素的确认标准就不同于负债要素,其概念也不同。另一方面,虽然各会计要素的具体确认标准不同,但都有共同特点,该特点就是可定义性,即每一个会计要素的基本概念都是可以准确定义的,可以用文字予以界定。

可定义性表现在两个方面:一是六个会计要素本身都具有可定义性,只要根据各会计要素的概念加以确认即可;二是交易或者事项本身也具有可定义性,因而这些交易或者事项最终属于有关会计要素。也就是说,首先应确认交易或者事项是否能够进入会计核算系统,对能够进入该核算系统的经济业务,再将其确认为某一会计要素。

3. 确认条件

确认条件是指确认要求,它是在合乎确认标准的情况下,即在符合会计要素概念定义的基础上,同时满足某些特定的确认要求,才可以确认为某一会计要素。一方面,不同的会计要素具有不同的确认条件。例如,收入要素的确认条件是经济利益很可能流入企业并能可靠计量,而费用要素的确认条件是经济利益很可能流出企业并能可靠计量。另一方面,虽然各会计要素的确认条件不同,但总有一些带规律性的共同特点,可计量性和可靠性是各个会计要素的共同确认条件。

1) 可计量性

可计量性是指可以量化,能确认准确的金额。经济信息必须能够量化,而且是属于会计主体的货币形式的量化,才能够进行会计确认,从而保证确认后的会计信息具有质的统一性,可以综合、比较、运算和加工。可计量性是一项重要的确认条件,不能量化的信息就不是会计信息,也就不必进行会计确认。

2) 可靠性

可靠性是指信息真实,可以信赖,靠得住。会计确认的信息必须可靠,这就要求认真填制和审核凭证,确认的交易或者事项已经完成,并根据交易或者事项的性质,如实、完整、公正地反映交易或者事项的本来面目。不同会计要素的可靠性要求不一样,如资产要素的可靠性要求是"与该资产有关的经济利益很可能流入企业";负债要素的可靠性要求是"与该义务有关的经济利益很可能流出企业"。

(二) 会计计量

会计计量是指选择合适的会计计量属性,运用确定的计量尺度与计量单位,对符合会计要素定义的交易或者事项进行货币量化的过程。在非会计计量中,计量属性表现为某一计量对象长、宽、高或者重量等特征或外在表现形式。在会计计量中,计量属性表现为会计计量对象即会计要素的历史成本、重置成本、可变现净值、现值与公允价值等特性或外在表现形式。

计量尺度是指会计以什么货币作为计量的手段,在我国统一以人民币作为会计计量的手段。计量单位是指会计以何种货币形式作为会计计量的单位,有名义货币与一般购买力货币两种基本形式,一般情况下会计以名义货币作为计量单位。

会计计量与会计确认之间存在着依存关系。会计信息未经确认就不能进行计量,而确认又离不开计量。只有经过计量,输入的信息才能被正式记录,输出的信息才能最终被列入财务报告,会计计量贯穿于会计核算的全过程。在编制记账凭证时,以原始凭证为依据进行计量,某些交易或者事项形成账簿记录后,还需要再次进行计量。再次计量多为间接计量,往往是在直接计量的基础上,借助于计算来确定被计量对象的数量。整个会计信息系统的生成以及会计信息的质量与会计计量有着直接的关系,会计计量问题被认为是会计研究中的核心问题,也是现代会计理论和实务发展的重要推动力。

### (三)会计记录

会计记录是指通过预先设置的各种账户,对发生的交易或者事项经过确认、计量程序后可以进入会计信息系统的信息,按照复式记账的要求在账簿中进行记录的过程。要进行会计记录首先要进行会计确认,同时会计记录必须要用一定的计量属性、计量尺度与计量单位来加以表现,因此,会计记录是建立在会计确认与计量的基础之上的。由于会计记录通过设置账户、复式记账、填制凭证和登记账簿等专门的方法来进行,会计记录及对发生的交易或者事项进行了详细、具体地描述与量化,又起到了对数据进行分类、汇总及加工的作用,为会计处理进入到编制财务报告环节奠定了基础。因此,只有经过会计记录这一会计基本程序,才能最终决策提供有用的会计信息。

会计记录包括序时记录和分类记录、手工记录和电子计算机记录等。采用序时记录还是分类记录,取决于交易或者事项的特征与编制财务报告的需要;采用手工记录还是电子计算机记录,取决于会计主体的电子计算机应用程度。

### (四)会计报告

会计报告是以簿记系统加工生成的信息为基础,按照规定的要求进一步予以变换,形成具有一定层次结构的会计信息,并采用表格和文字的形式,将会计数据传递给信息使用者的过程。从会计信息系统来看,会计报告是会计核算的最后一个程序,会计工作的成果通过会计报告所披露的信息反映出来,会计信息使用者一般通过会计报告来获取信息。

会计报告要解决的主要问题包括揭示多少信息、揭示何种信息以及以何种方式揭示信息。会计报告的功能表现在两个方面:一是通过信息的再加工,将簿记信息转化为报告信息,提高会计信息的有用性;二是通过财务报告的形式,将会计信息输出会计系统。财务报告是会计信息的"物质载体",会计信息通过财务报告传递到信息使用者手中,也即财务报告是把会计系统的最终产品——会计信息传递给会计信息使用者的媒介。

## 二、会计核算方法

会计核算方法是指以货币为主要计量单位,对各企业已经发生的交易或者事项进行全面、连续、系统、综合地确认、计量、记录和报告的一系列专门方法。会计核算方法贯穿于会计核算的基本程序之中,具体包括设置账户、复式记账、填制和审核凭证、登记账簿、成本计算、财产清查与编制财务报告等专门的方法。

1. 设置账户

设置账户是对会计对象的具体内容进行分类核算和监督的一种专门方法。账户依据会计科目设置,会计科目则是对会计要素具体内容进行分类核算的项目,会计对象、会计要素和会计科目是会计对于同一应予以核算的经济业务由总括到细化的三个层次。设置会计账户首先应按照会计要素对会计对象的具体内容进行科学的分类,然后对会计要素的内容进行具体地划分而形成会计科目,再根据会计科目在账簿中开立账户,用于分类、连续地记录各项经济业务所引起的各项资金的增减变动情况和结果。显然,会计对象的内容复杂多样,通过设置一定的账户,进行归类记录,循序地汇集起来,才能对其进行系统地核算和有效地控制。设置账户对填制与审核会计凭证、登记账簿和编制财务报告等核算方法有着重要的意义。

2. 复式记账

为了全面、连续、系统、综合地反映企业的经济活动情况,在按照会计科目开设会计账户的基础上,还必须采用一定的记账方法对发生的经济业务进行登记。复式记账法是对发生的每一项经济业务都以相等的金额,同时在两个或两个以上相互联系的账户中进行登记的一种方法。企业发生的任何一项经济业务都不是孤立的,复式记账法可以通过账户的对应关系反映出经济业务的来龙去脉,能够全面、系统地反映出经济业务的前因后果。

为了客观地反映交易或者事项的发生及其完成所引起的变化,从资金运动的客观规律来看,任何一项经济业务活动,都涉及资金来源和去向的变化,至少会引起两个方面资金的增减变动。例如,从银行提取10 000元的现金,一方面引起银行存款减少10 000元,另一方面引起现金增加10 000元。复式记账通过双重记录可以清楚地反映每一项经济业务活动引起资金变化的来龙去脉,可以根据账户的对应关系检查会计处理是否正确,相互关联地反映经济业务的全貌。

3. 填制与审核会计凭证

填制与审核会计凭证是会计核算工作的第一个环节,是为了保证经济业务的合法合理,登记入账的会计记录正确、完整而采用的一种方法。会计凭证是记录经济业务、明确经济责任的书面证明,是登记账簿的依据。经济业务发生时,首先由经办人员取得表明经济业务发生及其内容的原始凭证,然后将其交由会计人员或相关部门逐项审查认定经济业务发生或完成的情况,会计人员依据审核无误的原始凭证填制记账凭证。

会计人员填制的记账凭证是登记账簿的唯一依据。填制和审核凭证,不仅使进入会计系统的信息有据可查,保证会计信息的真实可靠,而且也是实行会计控制的一项重要措施。

4. 登记账簿

登记账簿是指根据审核无误的会计凭证,在账簿中连续、完整与分门别类地记录和循序地汇集、计算所发生的经济业务的一种方法。账簿是由具有一定格式的账页组成,用来连续、完整与分门别类地记录各项经济业务的簿籍,是存储会计数据资料的重要工具。

会计核算必须设置账簿,登记账簿必须有会计凭证作为依据。这样才能可靠、连续、系统、完整与分门别类地记录经济业务的发生情况,并通过定期的结账、对账,为成本计算和编制财务报告提供完整而又系统的会计数据,为会计控制提供基础资料。登记账簿是会计核算工作的中心环节。

5. 成本计算

成本计算是按照一定对象归集和分配在生产经营过程中不同部门、不同阶段所发生的全部费用支出,以确定该对象的总成本和单位成本的方法。成本计算可以确定材料的采购成本、产品的生产成本和销售成本,可以反映和监督生产经营过程中发生的各项耗费是否节约和超支。成本计算的意义在于掌握企业的生产经营和消耗水平,为企业计算盈亏或者财务成果奠定基础。

例如,供应过程要计算各种材料物资的采购成本,生产过程要计算各种产品的生产成本等。成本计算主要满足企业加强内部管理和确定经营盈亏的需要,也是正确计量资产、负债和所有者权益,如实反映企业财务状况的要求。正确地计算成本,可以反映企业生产经营过程中发生的各项费用支出情况,从而促使企业加强核算和监督,努力降低成本,不断提高经济效益。

6. 财产清查

财产清查是通过盘点实物、核对账目来保证账实相符的一种方法。账簿资料系统地记录了企业的经济活动,由于记录过程中难免由于客观原因或人为的失误导致账实不符,因此为了保证会计记录的正确性,做到账实相符,必须定期或者不定期地对各项财产物资、往来款项进行清查、盘点和核对。财产清查还可以查明各项财产物资和货币资金的保管和使用情况以及往来款项的结算情况,监管财产物资和资金的安全与合理使用。例如,在清查中如果发现财产物资和货币资金的实有数与账面结存数不一致,应及时查明原因,通过一定的审批手续进行处理,并调整账簿记录,使账面数额与实存数额保持一致,保证会计核算资料的正确性和真实性。

7. 编制财务报告

编制财务报告是指定期总括反映会计主体财务状况、经营成果与现金流量情况的一种方法。财务报告是主要以账簿记录为依据,经过加工整理而产生的一套完整信息的书面文件。

财务报告资料是会计信息使用者作出决策的主要依据。财务报告是总括反映会计主体在某一特定日期财务状况和某一会计期间经营成果和现金流量的书面文件。它是根据账簿记录,遵循一定的编制要求,采用专门的方法编制而成的。编制财务报告,是提供会计信息的主要形式,是会计核算工作程序的最后一个环节。

上述七种会计核算方法,彼此并不孤立,而是相互联系、密切配合的,他们构成了一个完整的会计核算方法体系。需要注意的是,在实际工作中,会计核算的各种方法并不是严格按照固定的顺序来运用的,它们之间往往交叉使用。例如,在填制和审核会计凭证时必须考虑到设置账户和复式记账的要求。设置账户和复式记账是会计核算方法的核心,几乎贯穿于会计核算工作的全过程。

会计核算的基本程序与各种会计核算方法之间存在着一定的关系,如图2-1所示。

经济业务发生后,经办人员填制或取得原始凭证,这些原始凭证经会计人员审核无误后,按照设置的账户,运用复式记账法,编制记账凭证,并据以登记账簿;对于生产经营过程中发生的各项费用,进行成本计算,最终计算出企业的经营成果;对于账簿记录,要通过财产清查加以核实,在保证账实相符的基础上,定期编制财务报告。会计通过上述的核算基本程序与方法相互联系、相互配合、循序渐进,按照"确认、计量、记录和报告"这一程序形成一套完整的会计信息系统。

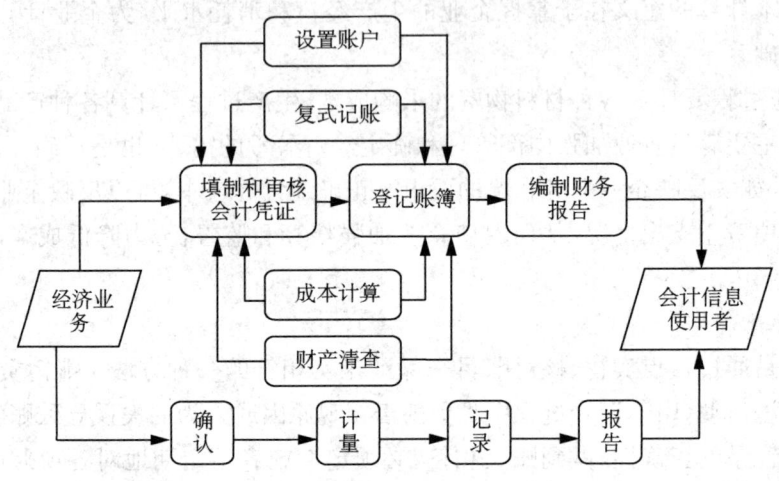

图 2-1　会计核算的程序与方法关系图

# 课堂结账测试

班级_____ 姓名_____ 学号_____ 日期_____ 平时分_____

一、单项选择题(每小题5分,共25分)

1. (　　)是持续经营会计假设的必要补充。
   A. 会计主体　　　　　　　　B. 会计分期
   C. 货币计量　　　　　　　　D. 权责发生制

2. 会计以货币作为计量单位,附带了(　　)的假设。
   A. 货币本身的价值稳定　　　B. 企业持续经营
   C. 会计主体　　　　　　　　D. 企业分期核算

3. 企业为了合理划分并确定各期经营成果,应采用(　　)作为会计核算基础。
   A. 收付实现制　　　　　　　B. 实质重于形式原则
   C. 权责发生制　　　　　　　D. 谨慎性原则

4. 企业在提供会计信息时,对信息使用者的决策影响不大的次要会计信息可以作适当地简化,这体现了会计信息的(　　)质量要求。
   A. 相关性　　　　　　　　　B. 重要性
   C. 谨慎性　　　　　　　　　D. 实质重于形式

5. 企业定期对存在可能发生减值迹象的资产计提减值损失,体现了会计信息的(　　)要求。
   A. 谨慎性　　　　　　　　　B. 重要性
   C. 相关性　　　　　　　　　D. 实质重于形式

二、判断题(每小题5分,共25分)

1. 法律主体可以成为会计主体,但会计主体不一定能成为法律主体。(　　)

2. 采用序时记录还是分类记录,取决于会计主体的电子计算机应用程度。(　　)

3. 根据权责发生制会计基础,本期售出一批产品,期末款项尚未收到,应把其作为本期收入处理;而对本期按合同规定收到的下期货款,则只能作为本期预收账款处理,不能作为本期收入。(　　)

4. 会计信息质量的可靠性要求企业提供的会计信息应当与财务报告使用者的经营决策需要相关,有助于财务报告使用者对企业过去、现在或者未来的情况作出评价或者预测。(　　)

5. 采用不同的计量属性对会计要素进行计量时,应当保证所确定的会计要素能够取得并可靠计量。                                                              (    )

## 三、业务题(共 50 分)

某单位 2020 年 12 月的有关经济业务如下：
(1) 支付上月的水电费 30 000 元。
(2) 收到上月销售产品的货款 100 000 元。
(3) 预付明年一季度房屋租金 12 000 元。
(4) 支付本季度借款利息 24 000 元。
(5) 预售销货款 85 000 元。
(6) 销售一批产品，售价 390 000 元，已收回货款 30 000 元，剩余款项尚未收回。
(7) 本月应分摊财产保险费 35 000 元。
(8) 本月应付职工薪酬 150 000 元。

要求：根据表 2-4 分别按收付实现制和权责发生制计算该公司 2020 年 12 月的收入、费用和利润。

表 2-4　　　　　　权责发生制与收付实现制下收入、费用和利润　　　　　　单位:元

| 经济业务 | 收付实现制 | | 权责发生制 | |
| --- | --- | --- | --- | --- |
| | 收入 | 费用 | 收入 | 费用 |
| (1) | | | | |
| (2) | | | | |
| (3) | | | | |
| (4) | | | | |
| (5) | | | | |
| (6) | | | | |
| (7) | | | | |
| (8) | | | | |
| 合计 | | | | |
| 利润 | | | | |

# 第三章　会计要素与会计等式

> **知识导航**
>
> 会计要素与会计等式
> ├─ 会计对象
> ├─ 会计要素及其确认与计量
> │   ├─ 会计要素及其确认条件
> │   └─ 会计要素的计量
> ├─ 会计等式
> │   ├─ 反映财务状况的会计等式
> │   ├─ 反映经营成果的会计等式
> │   └─ 综合会计等式
> └─ 会计事项及其对会计等式的影响
>     ├─ 会计事项及其类别
>     └─ 会计事项对会计等式的影响

**学习目标**

1. 理解会计对象的概念
2. 理解并掌握资产、负债、所有者权益、收入、费用和利润六个要素的含义、确认和计量
3. 掌握反映会计要素之间关系的会计等式的基本原理和表现形式

## 第一节　会计对象

会计对象是指会计核算和监督的内容。

从宏观角度来看,会计对象是再生产过程中的资金运动。从微观角度来看,会计对象是指能够用货币表现的经济活动,即资金运动。企业的资金运动可以归为资金筹集、资金运用和资金退出三大类。具体到企业、事业单位和行政单位,它们的资金运动各不相同。即便同样是企业,制造业、农业、交通运输业、建筑业、金融业等不同的企业类型也均有各自的资金运动特点,其中制造业的资金运动最具有代表性。下面以制造业企业为例,说明企业会计对象的具体内容。

制造业企业运用资金通过制造产品销售给消费者以获得盈利。企业要想开展生产经营活动,必须筹集一定数量的资金。企业筹集资金的主要渠道为投资者投入或者债权人借入,所筹集的资金可以是现金、银行存款等货币资金,也可以是房屋、建筑物、机器设备和专利技术等非货币性资金。

企业筹集资金后,为获得盈利就要运用资金开展生产经营活动,形成资金在企业内部的循环与周转。随着产品不断加工,最终形成商品。企业将生产出来的商品出售,收回货款。

企业使用资金开展这些基本的经营活动外,还会进行对外投资活动与其他经营活动以及发生营业外收支活动。

企业随着生产经营活动的进行以及盈利的取得,需要向国家上缴各种税金,向债权人偿付债务及支付利息,向投资者分配利润或者投资者按规定撤回投资,为此使得部分资金退出企业。对资金循环的理解可以结合图3-1加以理解。

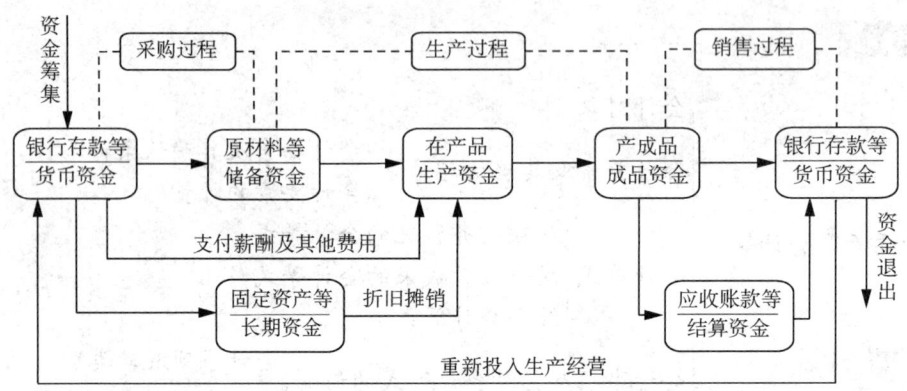

图3-1　制造业企业生产经营资金的运动

制造业企业在采购过程中,以银行存款等购置房屋、建筑物、机器设备等固定资产以及专项技术等无形资产,资金就由货币资金形态转化为长期资金形态;以银行存款等购入原材料等存货物资,资金就由货币资金形态转化为储备资金形态。在生产过程中,随着原材料等存货物资投入生产、薪酬及其他费用的支付、固定资产的折旧以及无形资产的摊销,资金形态相应地分别由储备资金形态、货币资金形态与长期资金形态转化为生产资金形态;随着产品制造完工入库,资金形态又由生产资金形态转化为成品资金形态。在销售过程中,企业将产成品销售出去取得产品销售收入,资金形态又由成品资金转化为货币资金,或者因赊销先由产成品资金形态转化为结算资金形态,再随着应收账款的收回由结算资金形态转化为货币资金形态。企业实现的收入按规定计算、缴纳各种销售税金,再扣除相应的成本费用后形成利润,并按规定进行分配。企业在生产经营过程中发生的成本费用由所实现的收入进行补偿,将重新被投入到生产经营过程中;所形成的利润中未分配部分,同样重新被投入到生产经营过程中。随着借入资金的还本付息以及缴纳税金、分配利润,部分资金就退出了企业。

伴随着企业生产经营活动的进行,资金从货币资金形态出发,经过采购、生产与销售三个环节的生产经营过程,依次经历储备资金形态与长期资金形态、生产资金形态、成品资金形态,最终再回到货币资金形态,形成周而复始的循环与周转。显然,投入的货币资金,通过一次循环又形成的货币资金在数量上应该发生了变化。如果企业能够实现盈利的预定目标,通过一次循环形成的货币资金必然是增加的,加速生产经营资金的循环与周转,就可以取得占用相同量的资金获得更多的盈利即带来资金更大增值的效果。

上述资金运动的三个阶段,构成了开放式的运动形式,是相互支撑、相互制约的整体。没有资金的投入,就不会有资金的循环与周转;没有资金的循环与周转,就不会有债务的偿还、税费的上缴和利润的分配等。没有这类资金的退出，就不会有新一轮的资金投入，就不会有企业进一步的发展。

上述用货币资金表现出来的各项经济活动都是会计所要核算和监督的内容。换言之，凡是能够以货币表现的经济活动，都是会计核算和监督的内容，即会计对象。

## 第二节　会计要素及其确认与计量

### 一、会计要素及其确认条件

会计要素是根据交易或者事项的经济特征对会计对象所作的基本分类，是会计对象的具体化。会计要素的确定为会计核算提供了依据，也为财务报表构筑了基本框架。目前，世界各国以及国际会计组织对会计要素的划分并不完全相同，企业的会计要素与非营利组织的会计要素也有所区别。我国企业会计准则将会计要素按照其性质分为资产、负债、所有者权益、收入、费用和利润。其中，资产、负债和所有者权益要素侧重反映企业的财务状况，收入、费用和利润要素侧重反映企业的经营成果。

#### （一）反映财务状况的会计要素

财务状况是企业资金运动的静态表现，故反映企业财务状况的会计要素也被称为静态会计要素，包括资产、负债和所有者权益三项要素。

反映财务状况的会计要素如图 3-2 所示。

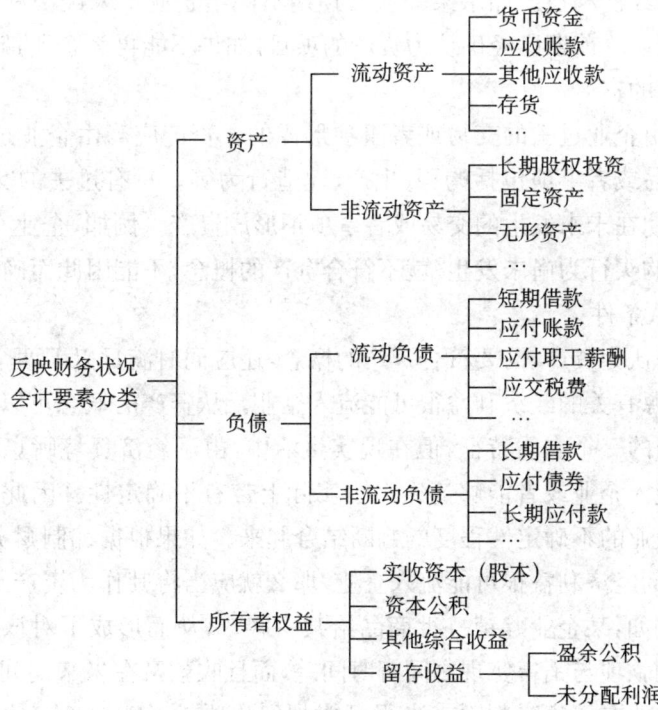

图 3-2　反映财务状况的会计要素分类

1. 资产

1) 资产的概念与特征

资产,是指企业过去的交易或者事项形成的,由企业拥有或者控制的,预期会给企业带来经济利益的资源。根据资产的概念,资产具有以下三方面特征:

第一,资产应为企业拥有或者控制的资源。资产作为一项资源,应当由企业拥有或者控制,具体是指企业享有某项资源的所有权,或者虽然不享有某项资源的所有权,但该资源能被企业所控制。

企业享有资产的所有权,通常表明企业能够排他性地从资产中获取经济利益。通常在判断资产是否存在时,所有权是考虑的首要因素。在有些情况下,资产虽然不为企业所拥有,即企业并不享有其所有权,但企业控制了这些资产,同样表明企业能够从资产中获取经济利益,符合会计上对资产的概念。如果企业既不拥有也不控制资产所能带来的经济利益,就不能将其作为企业的资产予以确认。

第二,资产预期会给企业带来经济利益。资产预期会给企业带来经济利益,是指资产直接或者间接导致现金和现金等价物流入企业的潜力。这种潜力可以来自企业日常的生产经营活动,也可以是非日常生产经营活动;带来的经济利益可以是现金或者现金等价物,或者是可以转化为现金或者现金等价物的形式,或者是可以减少现金或者现金等价物流出的形式。

资产预期能否为企业带来经济利益是资产的重要特征。例如,企业采购的原材料、购置的固定资产等可以用于生产经营过程,制造商品或者提供劳务,对外出售后收回货款,货款即为企业所获得的经济利益。如果某一项目预期不能给企业带来经济利益,那么就不能将其确认为企业的资产。前期已经确认为资产的项目,如果不能再为企业带来经济利益的,也不能再确认为企业的资产。

第三,资产是由企业过去的交易或者事项形成的。资产应当由企业过去的交易或者事项形成,过去的交易或者事项包括购买、生产、建造行为等。只有过去的交易或者事项才能产生资产,企业预期在未来发生的交易或者事项不形成资产。例如,企业有购买某项商品的意愿或计划,但是购买行为尚未发生,就不符合资产的概念,不能因此而确认为存货资产。

2) 资产的确认条件

将一项资源确认为资产,需要符合资产的概念,还应同时满足以下两个条件:

第一,与该资源有关的经济利益很可能流入企业。从资产的概念可以看出,能为企业带来经济利益是资产的一个本质特征,但在现实生活中,由于经济环境瞬息万变,与资源有关的经济利益能否流入企业或者能够流入多少实际上带有不确定性。因此,资产的确认还应与经济利益流入企业的不确定性程度的判断结合起来。如果根据编制财务报表时所取得的证据,与资源有关的经济利益很可能流入企业,那么就应当将其作为资产予以确认;反之,不能确认为资产。例如,某企业赊销一批商品给某一客户,从而形成了对该客户的应收账款,由于企业最终收到款项与销售实现之间有时间差,而且收款又在未来期间,因此带有一定的不确定性。如果企业在销售时判断未来很可能收到款项或者能够确定收到款项,企业就应当将该应收账款确认为一项资产;如果企业判断在通常情况下很可能部分或者全部无法收回,表明该部分或者全部应收账款已经不符合资产的确认条件,应当计提坏账准备,减少资产的价值。

第二,该资源的成本或者价值能够可靠地计量。可计量性是会计要素确认的重要前提。只有当有关资源的成本或者价值能够可靠地计量时,资产才能予以确认。在实务中,企业取得的许多资产都需要付出成本。例如,企业购买或者生产的商品、企业购置的厂房或者设备等,对于这些资产,只有实际发生的成本或者生产成本能够可靠计量,才符合了资产确认的可计量性条件。

符合资产概念和资产确认条件的项目,应当列入资产负债表;符合资产概念、但不符合资产确认条件的项目,不应当列入资产负债表。

3) 资产的分类

企业资产分为流动资产和非流动资产两大类。流动资产是指企业预计在1年或者超过1年的1个营业周期内变现、出售或者耗用的资产。主要为交易目的而持有的资产以及自资产负债表日起1年内交换其他资产或者清偿负债的能力不受限制的现金或者现金等价物也属于流动资产。非流动资产是指企业除流动资产以外的资产。

其中,流动资产包括货币资金、交易性金融资产、衍生金融资产、应收票据、应收账款、应收款项融资、预付款项、其他应收款、存货、合同资产、持有待售资产、1年内到期的非流动资产、其他流动资产;非流动资产包括债权投资、其他债权投资、长期应收款、长期股权投资、其他权益工具投资、其他非流动金融资产、投资性房地产、固定资产、在建工程、生产性生物资产、油气资产、使用权资产、无形资产、开发支出、商誉、长期待摊费、递延所得税资产、其他非流动资产。

2. 负债

1) 负债的概念与特征

负债,是指企业过去的交易或者事项形成的,预期会导致经济利益流出企业的现时义务。根据负债的概念,负债具有以下三方面特征:

第一,负债是企业承担的现时义务。负债必须是企业承担的现时义务,它是负债的一个基本特征。这里的现时义务是指企业在现行条件下已承担的义务。未来发生的交易或者事项形成的义务,不属于现时义务,不应当确认为负债。这里所指的义务可以是法定义务,也可以是推定义务。其中,法定义务是指具有约束力的合同或者法律、法规规定的义务,通常在法律意义上需要强制执行。例如,企业购买原材料形成应付账款、企业向银行贷入款项形成借款、企业按照税法规定应当缴纳的税款等,均属于企业承担的法定义务,需要依法予以偿还。推定义务是指根据企业多年来的习惯做法、公开的承诺或者公开宣布的经营政策而导致企业将承担的责任,这些责任也使有关各方形成了企业将履行义务承担责任的合理预期。例如,某企业多年来制定有一项销售政策,对于售出商品提供一定期限内的售后保修服务,预期将为售出商品提供的保修服务就属于推定义务,应当将其确认为一项负债。

第二,负债预期会导致经济利益流出企业。预期会导致经济利益流出企业是负债的一个本质特征,只有在履行义务时会导致经济利益流出企业的,才符合负债的概念,如果不会导致经济利益流出的,就不符合负债的概念。在履行现时义务清偿负债时,导致经济利益流出企业的形式多种多样,例如,用现金偿还或以实物资产形式偿还,以提供劳务形式偿还,部分转移资产、部分提供劳务形式偿还,将负债转为资本等。

第三,负债是由企业过去的交易或者事项形成的。负债应当由企业过去的交易或者事项所形成。换句话说,只有过去的交易或者事项才形成负债,企业将在未来发生的承诺签订的合同等交易或者事项,不形成负债。

2) 负债的确认条件

将一项现时义务确认为负债,需要符合负债的概念,还需要同时满足以下两个条件:

第一,与该义务有关的经济利益很可能流出企业。从负债的概念可以看出,预期会导致经济利益流出企业是负债的一个本质特征。在实务中,企业履行义务所需流出的经济利益带有不确定性,尤其是与推定义务相关的经济利益通常需要依赖大量的估计。因此负债的确认应当与经济利益流出企业的不确定性程度的判断结合起来。如果有确凿证据表明与现时义务有关的经济利益很可能流出企业,就应当将其作为负债予以确认;反之,如果企业承担了现时义务,但是会导致企业经济利益流出的可能性很小,就不符合负债的确认条件,不应将其作为负债予以确认。

第二,未来流出的经济利益的金额能够可靠地计量。负债的确认在考虑经济利益流出企业的同时,对于未来流出的经济利益的金额应当能够可靠计量。对于与法定义务有关的经济利益流出金额,通常可以根据合同或者法律规定的金额予以确定,考虑到经济利益流出的金额通常在未来期间,有时未来期间较长,有关金额的计量需要考虑货币时间价值等因素的影响。对于与推定义务有关的经济利益流出金额,企业应当根据履行相关义务所需支出的最佳估计数进行估计,并综合考虑有关货币的时间价值、风险等因素的影响。

符合负债概念和负债确认条件的项目,应当列入资产负债表;符合负债概念、但不符合负债确认条件的项目,不应当列入资产负债表。

3) 负债的分类

企业负债分为流动负债和非流动负债两大类。流动负债是指企业可以在1年或者超过1年的1个营业周期内到期予以清偿的负债。主要为交易目的而持有以及企业无权自主地将清偿推迟至资产负债表日后1年以上的负债也属于流动负债。非流动负债是指企业除流动负债以外的负债。

其中,流动负债包括短期借款、交易性金融负债、衍生金融负债、应付票据、应付账款、预收款项、合同负债、应付职工薪酬、应交税费、其他应付款、持有待售负债、1年内到期的非流动负债、其他流动负债;非流动负债包括长期借款、应付债券、租赁负债、长期应付款、预计负债、递延收益、递延所得税负债、其他非流动负债。

3. 所有者权益

1) 所有者权益的概念与特征

所有者权益,是指企业资产扣除负债后,由所有者享有的剩余权益。企业的所有者权益又称为股东权益。所有者权益具有以下三个方面的特征:

第一，所有者权益是所有者对企业资产的剩余索取权，它是企业资产中扣除债权人权益后应由所有者享有的部分，即企业资产只有在保证企业的全部债务得到清偿后，才归所有者享有。

第二，所有者权益一般不需要偿还给投资者，除非企业发生清算、减资的情况。这与负债存在本质区别，负债表明着企业承担的现时义务，企业对负债负有到期还本付息的责任。

第三，所有者权益可分享企业利润。投资者可以依据其在企业所有者权益中所占的份额参与企业的利润分配，而债权人则按规定获取利息收入而不能参与利润分配。

2) 所有者权益的确认条件

所有者权益体现的是所有者在企业中的剩余权益，因此，所有者权益的确认和计量主要依赖于资产和负债的确认和计量。例如，企业接受投资者投入的资产，在该资产符合资产确认条件时，就相应地符合所有者权益的确认条件；当该资产的价值能够可靠计量时，所有者权益的金额也就可以确定。

3) 所有者权益的来源构成

所有者权益的来源包括所有者投入的资本、直接计入所有者权益的利得和损失（其他综合收益）、留存收益等，通常由实收资本（或股本）、资本公积（含资本溢价或股本溢价、其他资本公积）、其他综合收益、留存收益（包括盈余公积和未分配利润）构成。商业银行等金融企业在税后利润中提取的一般风险准备，也构成所有者权益。

所有者投入的资本是指所有者投入企业的所有资本，它既包括构成企业注册资本或者股本部分的金额，也包括投入资本超过注册资本或者股本部分的金额，即资本溢价或者股本溢价，这部分投入资本在我国企业会计准则体系中被计入了资本公积，并在资产负债表中的资本公积项目下反映。

直接计入所有者权益的利得和损失，是指不应计入当期损益、会导致所有者权益发生增减变动的、与所有者投入资本或者向所有者分配利润无关的利得或者损失。其中，利得是指由企业非日常活动所形成的、会导致所有者权益增加的、与所有者投入资本无关的经济利益的流入。损失是指由企业非日常活动所发生的、会导致所有者权益减少的、与向所有者分配利润无关的经济利益的流出。

留存收益是企业历年实现的净利润留存于企业的部分，主要包括累计计提的盈余公积和未分配利润。

**（二）反映经营成果的会计要素**

经营成果是企业资金运动的动态表现，反映企业经营成果的会计要素也被称为动态会计要素，包括收入、费用和利润三项要素。

反映经营成果的会计要素如图 3-3 所示。

1. 收入

1) 收入的概念与特征

收入，是指企业在日常活动中形成的、会导致所有者权益增加的、与所有者投入资本无关的经济利益的总流入。根据收入的概念，收入具有以下三方面特征：

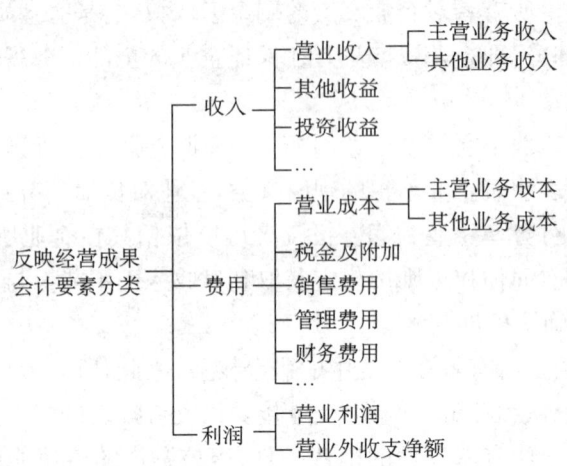

图 3-3　反映经营成果的会计要素分类

第一,收入是企业在日常活动中形成的。日常活动是指企业为完成其经营目标所从事的经常性活动以及与之相关的活动。例如,制造业企业制造并销售产品、保险公司签发保单、安装公司提供安装服务、商业银行对外贷款、租赁公司出租资产等,均属于企业的日常活动。明确界定日常活动是为了将收入与利得相区分,因为企业非日常活动所形成的经济利益的流入不能确认为收入,而应当计入利得。

第二,收入是与所有者投入资本无关的经济利益的总流入。收入应当会导致经济利益的流入,从而导致资产的增加。例如,企业销售商品,应当收到现金或者在未来有权收到现金,才表明该交易符合收入的概念。在实务中,经济利益的流入有时是所有者投入资本的增加所导致的,所有者投入资本的增加不应当确认为收入,应当将其直接确认为所有者权益。

第三,收入会导致所有者权益的增加。与收入相关的经济利益的流入应当会导致所有者权益的增加,不会导致所有者权益增加的经济利益的流入不符合收入的概念,不应确认为收入。例如,企业向银行借入款项,尽管也导致了企业经济利益的流入,但该流入并不导致所有者权益的增加,反而使企业承担了一项现时义务。企业对于因借入款项所导致的经济利益的增加,不应将其确认为收入,应当确认一项负债。

2)收入的确认条件

企业收入的来源渠道多种多样,不同来源的收入的确认条件存在着一些差别。一般而言,收入只有在经济利益很可能流入从而导致企业资产增加或者负债减少,且经济利益的流入额能够可靠计量时才能予以确认。为此,收入的确认至少应当同时符合三个条件:第一,与收入相关的经济利益应当很可能流入企业;第二,经济利益流入企业的结果会导致资产的增加或者负债的减少;第三,经济利益的流入额能够可靠计量。

根据《企业会计准则第14号——收入》的规定,企业应当在履行了合同中的履约义务,即在客户取得相关商品控制权时确认收入。取得相关商品控制权,是指能够主导该商品的使用并从中获得几乎全部的经济利益。

3）收入的分类

收入按照业务的性质,可分为销售商品收入、提供劳务收入和让渡资产使用权收入。销售商品收入是对外销售商品所取得的收入,如制造业企业销售自产产品取得的收入;提供劳务收入是对外提供各种劳务所取得的收入,如企业提供运输、装卸、安装、修理、广告咨询等劳务所取得的收入;让渡资产使用权收入是将资产使用权让渡给他人取得的收入,如企业转让商标权、专利权、版权等无形资产的使用权形成的使用费收入等。

收入按照企业从事日常活动的内容,可分为营业收入、其他收益与投资收益等,其中营业收入按照企业经营业务的主次不同,又可分为主营业务收入和其他业务收入。主营业务收入是由企业的主营业务活动所取得的收入,即企业的基本业务收入,如制造业企业制造并销售产品所取得的收入;其他业务收入是企业除主营业务活动以外的其他业务活动所取得的收入,即企业的附营业务收入,如制造业企业销售原材料、固定资产出租等取得的收入。其他收益是指企业取得的与企业日常活动相关的政府补助等。投资收益是指企业对外投资所取得的收益减去发生的投资损失后的净额。

需要注意的是,上述关于收入的概念是一种狭义的收入概念,广义的收入还应该包括直接计入当期利润的利得,即企业非日常活动发生的营业外收入。

符合收入概念和收入确认条件的项目,应当列入利润表。

2. 费用

1）费用的概念与特征

费用,是指企业在日常活动中发生的、会导致所有者权益减少的、与向所有者分配利润无关的经济利益的总流出。根据费用的概念,费用具有三方面特征:

第一,费用是企业在日常活动中形成的。费用必须是企业在日常活动中形成的,这些日常活动的界定与收入概念中涉及的日常活动的界定相一致。日常活动产生的费用通常包括营业成本(主营业务成本和其他业务成本)、税金及附加、销售费用、管理费用和财务费用等。将费用界定为日常活动形成的,是为了将其与损失相区分,企业非日常活动形成的经济利益的流出不能确认为费用,而应当计入损失。

第二,费用是与向所有者分配利润无关的经济利益的总流出。费用的发生应当会导致经济利益的流出,从而导致资产的减少或者负债的增加,其表现形式包括现金或者现金等价物的流出,存货、固定资产和无形资产等的流出或者消耗等。企业向所有者分配利润也会导致经济利益的流出,而该经济利益的流出属于所有者权益的抵减项目,不应确认为费用,应当将其排除在费用的概念之外。

第三,费用会导致所有者权益的减少。与费用相关的经济利益的流出应当会导致所有者权益的减少,不会导致所有者权益减少的经济利益的流出不符合费用的概念,不应确认为费用。

2）费用的确认条件

费用的确认除了应当符合其概念外,还至少应当符合以下条件:第一,与费用相关的经济利益应当很可能流出企业;第二,经济利益流出企业的结果会导致资产的减少或者负债的增加;第三,经济利益的流出金额能够可靠计量。

3)费用的分类

费用按照企业从事日常活动的内容,分为营业成本、税金及附加、销售费用、管理费用、财务费用和资产减值损失等,其中营业成本按照企业经营业务的主次不同,又可分为主营业务成本和其他业务成本。主营业务成本是企业为取得主营业务收入而发生的耗费;其他业务成本是企业进行除主营业务活动以外的其他业务活动所发生的耗费。税金及附加是指企业经营业务所应负担的消费税、城市维护建设税、资源税、教育费附加及房产税、土地使用税、车船税、印花税等相关税费。资产减值损失是企业计提各项资产减值准备所形成的损失,如企业计提坏账准备、存货跌价准备、固定资产减值准备等所形成的损失。

需要注意的是,上述关于费用的概念是一种狭义的费用概念,广义上的费用还应该包括直接计入当期利润的损失,即企业非日常活动发生的营业外支出。

符合费用概念和费用确认条件的项目,应当列入利润表。

3. 利润

1)利润的概念与特征

利润是指企业在一定会计期间的经营成果。通常情况下,如果企业实现了利润,表明企业的所有者权益增加;反之,如果企业发生亏损(即利润为负数),表明企业的所有者权益减少。因此,利润往往是评价企业管理层业绩的一项重要指标,也是投资者等财务报告使用者进行决策时的重要参考。

2)利润的确认条件

利润反映的是收入减去费用、利得减去损失后的净额。因此,利润的确认主要依赖于收入和费用,以及利得和损失的确认,其金额的确定也主要取决于收入、费用、利得和损失金额的计量。

3)利润的来源构成

利润包括收入减去费用后的净额、直接计入当期利润的利得和损失等。其中,收入减去费用后的净额反映的是企业日常活动的业绩。直接计入当期利润的利得和损失,是指应当计入当期损益、会导致所有者权益发生增减变动的、与所有者投入资本或者向所有者分配利润无关的利得或损失。其中,利得是指由企业非日常活动所形成的、会导致所有者权益增加的、与所有者投入资本无关的经济利益的流入;损失是指由企业非日常活动所发生的、会导致所有者权益减少的、与向所有者分配利润无关的经济利益的流出。

关于利润,在我国企业会计中有营业利润、利润总额与净利润三个概念。营业利润是收入减去费用后的净额,反映企业日常活动的业绩;利润总额是营业利润与直接计入当期利润的利得和损失之和,反映企业日常活动与非日常活动的业绩;净利润是利润总额减去所得税费用后的净额,反映企业经营的最终成果。

## 二、会计要素的计量

会计计量是为了将符合确认条件的会计要素登记入账并列报于财务报表而确定其金额的过程。计量是一种模式,它由两个要素构成,即计量单位和计量属性。

1. 计量单位

任何计量都必须首先确定采用的计量单位,对会计计量来说,计量必须以货币为主要计量单位。作为计量单位的货币通常是指某国、某地区的法定货币,如人民币、美元、日元等。在我国,会计的计量单位是人民币。

2. 计量属性

会计计量属性主要包括历史成本、重置成本、可变现净值、现值和公允价值等。

1) 历史成本

历史成本又称实际成本,是指取得或制造某项财产物资时所实际支付的现金或者现金等价物。采用历史成本计量时,资产按照其购置时支付的现金或现金等价物的金额或者按照购置时所付出对价的公允价值计量。负债按照其因承担现时义务而实际收到的款项或者资产的金额,或者承担现时义务的合同金额,或者按照日常活动中为偿还负债预期需要支付的现金或者现金等价物的金额计量。

2) 重置成本

重置成本又称现行成本,是指按照当前市场条件,重新取得同样一项资产所需支付的现金或现金等价物。采用重置成本计量时,资产按照现在购买相同或者相似资产所需支付的现金或者现金等价物的金额计量。负债按照现在偿付该项债务所需支付的现金或者现金等价物的金额计量。

3) 可变现净值

可变现净值,是指在生产经营过程中,以估计售价减去进一步加工成本和销售所必需的预计税金、费用后的净值。采用可变现净值计量时,资产按照其正常对外销售所能收到现金或者现金等价物的金额,扣减该资产至完工时估计将要发生的成本、估计的销售费用以及相关税费后的金额计量。

4) 现值

现值,是指对未来现金流量以恰当的折现率进行折现后的价值,是考虑货币时间价值因素等的一种计量属性。采用现值计量时,资产按照预计从其持续使用和最终处置中所产生的未来净现金流入量的折现金额计量。负债按照预计期限内需要偿还的未来净现金流出量的折现金额计量。

5) 公允价值

公允价值,是指市场参与者在计量日发生的有序交易中,出售一项资产所能收到或者转移一项负债所需支付的价格。

企业在对会计要素进行计量时,一般应当采用历史成本计量。采用重置成本、可变现净值、现值、公允价值计量的,应当保证所确定的会计要素金额能够取得并可靠计量。

# 第三节 会计等式

会计等式是运用数学方程的方式描述会计要素之间基本关系的表达式。各种会计要素之间存在的关系,不仅体现在交易或者事项发生时会导致相关要素之间产生此增彼减,或者同增同减等变化,而且体现在它们在一定时点或一定会计期间的金额对等关系。会计等式是各种会计核算方法的理论依据,也是编制财务报表的理论依据。

## 一、反映财务状况的会计等式

企业要进行经济活动,必须拥有一定数量和质量的能给企业带来经济利益的资源即资产。这些资产以不同形态分布于企业经济活动的各个方面,如库存现金、银行存款、应收账款、原材料等流动资产,房屋、建筑物、机器设备、专利技术等非流动资产。

企业的资产最初来源于企业所有者投入与企业向债权人借入两个方面。所有者和债权人将其拥有的资产提供给企业使用,就相应地对企业的资产享有一种求偿权。这种对资产的求偿权在会计上被称为权益。

资产表明企业拥有什么经济资源和拥有多少经济资源,权益表明经济资源的来源渠道,即谁提供了这些经济资源和提供了多少经济资源。可见,资产与权益是同一事物的两个不同方面,两者相互依存,既没有无资产的权益,也没有无权益的资产。因此,资产和权益两者在数量上必然相等,在任一时点都必然保持恒等的关系,用公式表示即为:

$$资产 = 权益$$

企业的资产来源于企业的所有者和债权人,前者是通过投资方式形成的权益,后者是通过借贷方式形成的权益。所以权益又分为所有者权益和债权人权益。因此可以将资产和债权人权益、所有者权益之间的关系,用公式表示为:

$$资产 = 债权人权益 + 所有者权益$$

在会计上债权人权益一般被称为负债,为此将资产和负债、所有者权益之间的关系,用公式表示为:

$$资产 = 负债 + 所有者权益$$

资产、负债和所有者权益是反映企业财务状况的会计要素,所以这一会计等式被称为反映财务状况的会计等式。由于这一公式反映了企业在某一特定时点资产、负债和所有者权益三者之间平衡关系,又被称为静态会计等式。这一会计等式是基本会计等式,反映了资产与权益的恒等关系,它不仅是复式记账法的理论依据,也是编制资产负债表的依据。

例如,烟台兴茂机械制造有限公司 2020 年 12 月 31 日的资产负债表如表 3-1 所示。烟台兴茂机械制造有限公司在 2020 年 12 月 31 日拥有资产 10 405 000 元,与负债和所有者权益之和 10 405 000 元是平衡的,资产来源于负债 2 755 000 元,所有者权益 7 650 000 元。同样的,烟台兴茂机械制造有限公司的上一年年末数据,即2019年的资产负债表也符合"资产＝负债＋所有者权益"这一恒等式。

表 3-1　　　　　　　　　　　资产负债表　　　　　　　　　会企01表
编制单位:烟台兴茂机械制造有限公司　　2020年12月31日　　　　　单位:元

| 资产 | 期末余额 | 上年年末余额 | 负债和所有者权益 | 期末余额 | 上年年末余额 |
|---|---|---|---|---|---|
| 流动资产: | | | 流动负债: | | |
| 　货币资金 | 2 500 000 | 2 000 000 | 　短期借款 | 450 000 | 200 000 |
| 　应收票据 | 300 000 | 100 000 | 　应付票据 | 200 000 | 100 000 |
| 　应收账款 | 500 000 | 800 000 | 　应付账款 | 300 000 | 220 000 |
| 　预付账款 | 100 000 | 100 000 | 　预收款项 | 100 000 | 80 000 |
| 　其他应收款 | 5 000 | 5 000 | 　应付职工薪酬 | 500 000 | 470 000 |
| 　存货 | 1 000 000 | 800 000 | 　应交税费 | 55 000 | 50 000 |
| 　流动资产合计 | 4 405 000 | 3 805 000 | 　其他应付款 | 50 000 | 5 000 |
| 非流动资产: | | | 　流动负债合计 | 1 655 000 | 1 125 000 |
| 　固定资产 | 4 500 000 | 4 750 000 | 非流动负债: | | |
| 　无形资产 | 1 500 000 | 1 000 000 | 　长期借款 | 1 000 000 | 1 000 000 |
| 　非流动资产合计 | 6 000 000 | 5 750 000 | 　应付债券 | 100 000 | 100 000 |
| | | | 　非流动负债合计 | 1 100 000 | 1 100 000 |
| | | | 负债合计 | 2 755 000 | 2 225 000 |
| | | | 所有者权益: | | |
| | | | 　实收资本 | 4 000 000 | 4 000 000 |
| | | | 　资本公积 | 1 150 000 | 1 150 000 |
| | | | 　盈余公积 | 900 000 | 780 000 |
| | | | 　未分配利润 | 1 600 000 | 1 400 000 |
| | | | 所有者权益合计 | 7 650 000 | 7 330 000 |
| 资产总计 | 10 405 000 | 9 555 000 | 负债和所有者权益总计 | 10 405 000 | 9 555 000 |

静态会计等式表明了三方面的含义:

(1)等式左边的资产要素说明企业资金的存在形态,等式右边的负债与所有者权益要素说明企业资金的来源。资金存在形态与资金来源构成了企业资金对立统一的两个不同侧面。

(2) 等式双方的会计要素金额必定是相等的。尽管企业的资金存在形态多种多样,资金来源方式也多种多样,但在会计上通过货币计量,双方的总额必定相等。

(3) 资产会随着负债和所有者权益的增减变动而发生相应等量的变动。企业的资产会随着负债或者所有者权益的增加而增加;资产也会随着负债或者所有者权益的减少而减少。随着经济活动的进行,企业要发生各种各样的交易或者事项,必然会引起会计要素数量上的增减变化,但是都不会影响这一基本的平衡关系。这一基本会计等式反映了企业资产的分布状况及其形成来源,在任何时点上企业的资产、负债和所有者权益都保持恒等关系。

## 二、反映经营成果的会计等式

企业是以盈利为目的,企业在进行生产经营的过程中取得收入,在获得收入的同时也必然要发生员工工资、水电费、广告费以及固定资产逐渐磨损耗费等相应的费用。通过收入与费用的比较,才能确定企业一定时期实现的利润,反映企业经营的盈利水平。在不考虑直接计入当期利润的利得和损失的情况下,收入、费用与利润这三个会计要素之间的关系用公式表示为:

$$收入 - 费用 = 利润$$

收入、费用和利润是反映企业经营成果的会计要素,所以这一会计等式被称为反映经营成果的会计等式。由于企业是在一个时间段内获取收入、发生费用,因此反映了企业一定会计期间利润的实现过程的等式也被称为动态会计等式。这一会计等式是编制利润表的依据。例如,烟台兴茂机械制造有限公司2021年1月的利润表如表3-2所示。烟台兴茂机械制造有限公司在2021年1月实现营业利润346 000元、利润总额355 000元以及净利润273 000元,分别反映了烟台兴茂机械制造有限公司在2021年1月的日常活动业绩、日常活动与非日常活动的业绩以及经营的最终成果。

表3-2　　　　　　　　　　　　　利润表　　　　　　　　　　会企02表
编制单位:烟台兴茂机械制造有限公司　　　2021年1月　　　　　　　　单位:元

| 项　目 | 本期金额 | 上期金额 |
| --- | --- | --- |
| 一、营业收入 | 2 100 000 | 1 900 000 |
| 　减:营业成本 | 1 320 000 | 1 210 000 |
| 　　税金及附加 | 18 000 | 15 000 |
| 　　销售费用 | 75 000 | 70 000 |
| 　　管理费用 | 320 000 | 300 000 |
| 　　财务费用 | 23 000 | 22 000 |
| 　　　其中:利息费用 | 28 000 | 28 000 |

(续表)

| 项　目 | 本期金额 | 上期金额 |
|---|---|---|
| 利息收入 | 5 000 | 6 000 |
| 加：其他收益 | 2 000 | 1 000 |
| 二、营业利润 | 346 000 | 284 000 |
| 加：营业外收入 | 10 000 | — |
| 减：营业外支出 | 1 000 | 2 000 |
| 三、利润总额 | 355 000 | 282 000 |
| 减：所得税费用 | 82 000 | 70 000 |
| 四、净利润 | 273 000 | 212 000 |

动态会计等式表明了三方面的含义：

（1）利润的实质是企业实现的收入与其发生的相应费用进行配比的结果。当收入大于费用时为盈利，收入小于费用时为亏损。

（2）利润会随着收入的增减而发生同方向变化。在费用一定的情况下，企业取得的收入越多，利润就越多；反之，取得的收入越少，利润就越少。

（3）利润会随着费用的增减而发生反方向变化。在收入一定的情况下，企业发生的费用越多，利润就越少；反之，发生的费用越少，利润就越多。

### 三、综合会计等式

企业所有者在企业的权益，最初是其投入企业的资产的金额，随着企业生产经营活动的开始，投资者投入企业的资产将取得各种收入。收入在补偿生产经营活动中发生的各项费用后，即将收入与费用配比后计算出利润，一部分分配给投资者，退出企业；一部分形成企业的留存收益，由企业所有者享有。这时，所有者权益包括两个部分，即所有者投入的部分和由生产经营中实现的利润形成的留存于企业内部的利润的积累。企业的生产经营活动引起了这期间的资本变动，既有经济资源的耗费，又有新的经济资源进入企业；既有收入的发生，又有费用的支出。原有的平衡关系被打破，新的平衡关系随之建立。可见资产、负债、所有者权益、收入、费用和利润的数量关系存在着一种有机的内在联系。

因此，对于会计六要素又可以用以下等式表示：

$$资产 = 负债 + 所有者权益 + 收入 - 费用$$

或者：

$$资产 = 负债 + 所有者权益 + 利润$$

上述等式把企业的财务状况和经营成果联系起来，反映了在会计期间内任一时刻（未结算之前)的财务状况和经营情况,说明了企业经营成果对资产和所有者权益产生的影响。

在会计期末结账后,等式又恢复到会计期初的形式,即

$$资产 = 负债 + 所有者权益$$

涉及收入、费用要素的等式被称为综合会计等式或者拓展了的会计等式。

综合会计等式可以变形为:

$$资产 + 费用 = 负债 + 所有者权益 + 收入$$

变形后的等式有以下含义:综合会计等式双方反映的仍然是企业的资金存在形态与资金来源渠道。一方面,等式左边既反映了企业现时存在的资产,又反映了企业在生产经营过程中对资产的消耗,将费用视为资产的一种特殊存在形态;另一方面,等式右边既反映了企业主要资金来源渠道中的负债和所有者权益,又反映了企业通过生产经营活动带来的收入这种新的资金来源。

## 第四节 会计事项及其对会计等式的影响

掌握各类交易或者事项对会计要素及其会计等式产生的影响对于理解复式记账原理,正确进行会计核算具有十分重要的意义。

### 一、会计事项及其类别

会计事项也称经济业务,是指在经济活动中使会计要素发生增减变动的交易或者事项。会计事项按其与会计主体(企业为主体)的关系,可分为对外会计事项和内部会计事项两类。

对外会计事项是指与企业会计主体以外的单位或者个人发生交易行为而产生的会计事项,如向投资者筹集资金、向银行借入款项或支付利息、向供应商购货及支付款项、向客户销货及收取款项、向员工支付薪酬等;内部会计事项是指企业作为会计主体内部发生交易行为而产生的会计事项,如生产经营过程中从材料库领用材料、机器设备的折旧、无形资产的摊销、产成品的入库、收入与费用的结转以及提取盈余公积、将资本公积转为资本等。

会计事项按其所涉及的会计要素项目的多少,可分为简单会计事项与复杂会计事项。简单会计事项是指仅涉及两个会计要素项目的事项。例如,从银行提取现金这一事项,仅涉及库存现金与银行存款这两个资产要素项目。复杂会计事项是指涉及三个或者三个以上会计要素项目的事项。例如,计算与分配生产人员、销售人员与管理人员的薪酬费用这一事项,涉及生产成本、销售费用、管理费用这三个费用要素项目与应付职工薪酬这一负债要素项目。复杂会计事项可以被视为是简单会计事项的组合会计事项。例如,计算与分配生产人员、销售人员与管理人员的薪酬费用这一复杂会计事项可以看作是"应付职工薪酬"分别与三个费用要素组合成的简单会计事项的组合。

会计事项按其对会计等式的影响,可分为四大类、九小类会计事项,这四大类、九小类会计事项的具体分类及举例如表3-3所示。

表3-3　　　　　　　　会计事项对会计等式影响的类别及举例

| 四大类型会计事项 | 九小类会计事项 | 会计事项举例 |
| --- | --- | --- |
| 1. 资产类项目金额此增彼减 | (1) 资产项目金额此增彼减 | 用银行存款采购原材料等 |
| 2. 权益类项目金额此增彼减 | (2) 负债项目金额此增彼减 | 将应付票据转为应付账款等 |
| | (3) 所有者权益项目金额此增彼减 | 资本公积转增股本等 |
| | (4) 负债项目金额增,所有者权益项目金额减 | 宣告发放现金股利等 |
| | (5) 负债项目金额减,所有者权益项目金额增 | 经与债权人协商,将长期借款转为资本等 |
| 3. 资产项目和权益项目金额同增 | (6) 资产项目和负债权益项目金额同增 | 向银行借款,向供应商赊购原材料等 |
| | (7) 资产项目和所有者权益项目金额同增 | 投资者投入资本等 |
| 4. 资产项目和权益项目金额同减 | (8) 资产项目和负债项目金额同减 | 用银行存款偿欠供应商的货款等 |
| | (9) 资产项目和所有者权益项目金额同减 | 用银行存款向投资者退资等 |

收入的实现反映为企业所有者权益的增加,费用的发生反映为企业所有者权益的减少,为此,涉及收入与费用会计事项按其对会计等式的影响,可分为两大类、四小类会计事项。这两大类四小类会计事项的具体分类及举例如表3-4所示。

表3-4　　　　涉及收入与费用会计事项对会计等式影响的类别及举例

| 两大类会计事项 | 四小类会计事项 | 会计事项举例 |
| --- | --- | --- |
| 涉及收入项目 | (1) 收入项目与资产项目金额同增 | 销售商品取得银行存款等 |
| | (2) 收入项目金额增,负债项目金额减 | 销售商品转销预收账款等 |
| 涉及费用项目 | (3) 费用项目金额增,资产项目金额减 | 以银行存款支付物业费等 |
| | (4) 费用项目与负债项目金额同增 | 计提借款利息等 |

## 二、会计事项对会计等式的影响

企业随着经济活动的进行而发生各种会计事项,各个会计要素也随之发生相应的增减变动,但都不会影响会计等式左右两边的平衡关系。

### (一) 会计事项及其对会计等式的影响

下面以表3-1烟台兴茂机械制造有限公司2020年12月31日的资产负债表所列示的资产、负债与所有者权益为例,说明2021年1月发生的有关会计事项对静态会计等式的影响。

【例 3-1】 烟台兴茂机械制造有限公司支付银行存款 50 000 元购买一批原材料。

这一事项属于表 3-3 所列示第(1)类会计事项,对会计等式的影响如表 3-5 所示。

表 3-5　　　　　　　　　第(1)类会计事项对会计等式的影响

| 会计等式 | 资产 | = | 负债 | + | 所有者权益 |
| --- | --- | --- | --- | --- | --- |
| 事项发生前 | 10 405 000 | = | 2 755 000 | + | 7 650 000 |
| 事项影响 | +50 000<br>−50 000 | | | | |
| 事项发生后 | 10 405 000 | = | 2 755 000 | + | 7 650 000 |
| 事项分析 | 这一事项是烟台兴茂机械制造有限公司用银行存款购买原材料,使得烟台兴茂机械制造有限公司一项资产(银行存款)减少 50 000 元的同时,另一项资产(原材料)增加了相同的金额。该项业务结束后,烟台兴茂机械制造有限公司的资产总额未变,但资产形态发生了变化,而负债和所有者权益未发生变化,等式两边依然是相等的 | | | | |

【例 3-2】 已到期的应付票据 100 000 元因支付困难转为应付账款。

这一事项属于表 3-3 所列示第(2)类会计事项,对会计等式的影响如表 3-6 所示。

表 3-6　　　　　　　　　第(2)类会计事项对会计等式的影响

| 会计等式 | 资产 | = | 负债 | + | 所有者权益 |
| --- | --- | --- | --- | --- | --- |
| 事项发生前 | 10 405 000 | = | 2 755 000 | + | 7 650 000 |
| 事项影响 | | | +100 000<br>−100 000 | | |
| 事项发生后 | 10 405 000 | = | 2 755 000 | + | 7 650 000 |
| 事项分析 | 这一事项使得烟台兴茂机械制造有限公司的一项负债(应付账款)增加了 100 000 元,同时使得另一项负债(应付票据)减少了 100 000 元,负债总额并没有发生变化。资产和所有者权益未发生变化,等式两边依然是相等的 | | | | |

【例 3-3】 因扩大规模需要,经批准,烟台兴茂机械制造有限公司将资本公积 150 000 元转增为实收资本。

这一事项属于表 3-3 所列示第(3)类会计事项,对会计等式的影响如表 3-7 所示。

表 3-7　　　　　　　　　第(3)类会计事项对会计等式的影响

| 会计等式 | 资产 | = | 负债 | + | 所有者权益 |
| --- | --- | --- | --- | --- | --- |
| 事项发生前 | 10 405 000 | = | 2 755 000 | + | 7 650 000 |
| 事项影响 | | | | | +150 000<br>−150 000 |
| 事项发生后 | 10 405 000 | = | 2 755 000 | + | 7 650 000 |
| 事项分析 | 这一事项使得烟台兴茂机械制造有限公司的一项所有者权益(实收资本)增加 150 000 元,同时使得另一项所有者权益(资本公积)减少了 150 000 元,所有者权益总额没有发生变化。资产和负债没有发生变化,等式两边依然相等 | | | | |

**【例 3-4】** 宣告向投资者分配现金红利 100 000 元。

这一事项属于表 3-3 所列示第(4)类会计事项,对会计等式的影响如表 3-8 所示。

表 3-8　　　　　　　　　第(4)类会计事项对会计等式的影响

| 会计等式 | 资产 | = | 负债 | + | 所有者权益 |
| --- | --- | --- | --- | --- | --- |
| 事项发生前 | 10 405 000 | = | 2 755 000 | + | 7 650 000 |
| 事项影响 |  |  | +100 000 |  | −100 000 |
| 事项发生后 | 10 405 000 | = | 2 855 000 | + | 7 550 000 |
| 事项分析 | 宣告分配现金红利这一事项,使得公司对投资者有了偿付责任,所以烟台兴茂机械制造有限公司的一项负债(应付股利)增加 100 000 元,同时使得一项所有者权益(利润分配)减少 100 000 元。等式的右边负债增加,所有者权益减少同等金额,等式的左边不变,等式两边依然相等 | | | | |

**【例 3-5】** 经批准将已发行的公司债券 100 000 元转增为实收资本。

这一事项属于表 3-3 所列示第(5)类会计事项,对会计等式的影响如表 3-9 所示。

表 3-9　　　　　　　　　第(5)类会计事项对会计等式的影响

| 会计等式 | 资产 | = | 负债 | + | 所有者权益 |
| --- | --- | --- | --- | --- | --- |
| 事项发生前 | 10 405 000 | = | 2 855 000 | + | 7 550 000 |
| 事项影响 |  |  | −100 000 |  | +100 000 |
| 事项发生后 | 10 405 000 | = | 2 755 000 | + | 7 650 000 |
| 事项分析 | 这一事项使得公司的一项负债(应付债券)减少了 100 000 元,同时使得一项所有者权益(实收资本)增加了 100 000 元。等式的右边负债减少,所有者权益增加同等金额,等式左边不变,等式两边依然相等 | | | | |

**【例 3-6】** 取得为期 3 个月的短期借款 270 000 元,直接存入银行。

这一事项属于表 3-3 所列示第(6)类会计事项,对会计等式的影响如表 3-10 所示。

表 3-10　　　　　　　　　第(6)类会计事项对会计等式的影响

| 会计等式 | 资产 | = | 负债 | + | 所有者权益 |
| --- | --- | --- | --- | --- | --- |
| 事项发生前 | 10 405 000 | = | 2 755 000 | + | 7 650 000 |
| 事项影响 | +270 000 |  | +270 000 |  |  |
| 事项发生后 | 10 675 000 | = | 3 025 000 | + | 7 650 000 |
| 事项分析 | 这一事项使得烟台兴茂机械制造有限公司的一项资产(银行存款)增加了 270 000 元,同时使得一项负债(短期借款)增加了 270 000 元。等式的左边增加,右边负债增加同等金额,所有者权益不变,等式两边依然相等 | | | | |

**【例 3-7】** 企业接受投资者作为投资的一台机器设备,价值 500 000 元。

这一事项属于表 3-3 所列示第(7)类会计事项,对会计等式的影响如表 3-11 所示。

表 3-11　　　　　　　　　第(7)类会计事项对会计等式的影响

| 会计等式 | 资产 | = | 负债 | + | 所有者权益 |
|---|---|---|---|---|---|
| 事项发生前 | 10 675 000 | = | 3 025 000 | + | 7 650 000 |
| 事项影响 | +500 000 | | | | +500 000 |
| 事项发生后 | 11 175 000 | = | 3 025 000 | + | 8 150 000 |
| 事项分析 | 这一事项使得烟台兴茂机械制造有限公司的一项资产(固定资产)增加500 000元,同时一项所有者权益(实收资本)增加500 000元。等式的左边增加,等式的右边所有者权益增加同等金额,负债不变,等式两边依然相等 | | | | |

【例3-8】　用银行存款支付欠供应商的270 000元货款。

这一事项属于表3-3所列示第(8)类会计事项,对会计等式的影响如表3-12所示。

表 3-12　　　　　　　　　第(8)类会计事项对会计等式的影响

| 会计等式 | 资产 | = | 负债 | + | 所有者权益 |
|---|---|---|---|---|---|
| 事项发生前 | 11 175 000 | = | 3 025 000 | + | 8 150 000 |
| 事项影响 | −270 000 | | −270 000 | | |
| 事项发生后 | 10 905 000 | = | 2 755 000 | + | 8 150 000 |
| 事项分析 | 这一事项使得烟台兴茂机械制造有限公司的一项资产(银行存款)减少了500 000元,同时使得一项负债(应付账款)减少了500 000元。等式的左边减少,等式的右边负债减少同等金额,所有者权益不变,等式两边依然相等 | | | | |

【例3-9】　经股东大会决定减少注册资本1 000 000元,以银行存款向投资者退回其投入资本。

这一事项属于表3-3所列示第(9)类会计事项,对会计等式的影响如表3-13所示。

表 3-13　　　　　　　　　第(9)类会计事项对会计等式的影响

| 会计等式 | 资产 | = | 负债 | + | 所有者权益 |
|---|---|---|---|---|---|
| 事项发生前 | 10 905 000 | = | 2 755 000 | + | 8 150 000 |
| 事项影响 | −1 000 000 | | | | −1 000 000 |
| 事项发生后 | 9 905 000 | = | 2 755 000 | + | 7 150 000 |
| 事项分析 | 这一事项使得烟台兴茂机械制造有限公司的一项资产(银行存款)减少了1 000 000元,同时使得一项所有者权益(实收资本)减少了1 000 000元。等式的左边减少,等式的右边负债减少同等金额,所有者权益不变,等式两边依然相等 | | | | |

从上述所举的涵盖表3-3所列示的九类会计事项的例子说明,每一会计事项的发生,都必然会引起会计等式的一边或两边会计要素有关项目金额发生等量变化,当涉及会计等式的一边时,会计要素有关项目的金额发生相反方向的等额变动;当涉及会计等式的两边时,会计要素有关项目的金额发生相同方向的等额变动,但始终不会影响会计等式的平衡关系。

## (二) 涉及收入与费用会计事项对会计等式的影响

涉及收入与费用会计事项对会计等式的影响,如表 3-4 所列示的两大类、四小类会计事项的发生也均不影响会计等式的平衡关系。

下面仍以烟台兴茂机械制造有限公司发生上述会计事项后的资产、负债与所有者权益为例,说明有关收入和费用会计事项的发生对会计等式的影响。

**【例 3-10】** 销售商品 500 000 元,货款通过银行收讫。

这一事项属于表 3-4 所列示第(1)类会计事项,对会计等式的影响如表 3-14 所示。

表 3-14　　　　　　　　　　第(1)类会计事项对会计等式的影响

| 会计等式 | 资产 | = | 负债 | + | 所有者权益 | + | 收入 | − | 费用 |
|---|---|---|---|---|---|---|---|---|---|
| 事项发生前 | 9 905 000 | = | 2 755 000 | + | 7 150 000 | | | | |
| 事项影响 | +500 000 | | | | | | +500 000 | | |
| 事项发生后 | 10 405 000 | = | 2 755 000 | + | 7 650 000 | | | | |
| 事项分析 | 这一事项使得烟台兴茂机械制造有限公司的一项资产(银行存款)增加 500 000 元,同时使得一项收入(主营业务收入)增加而导致所有者权益增加 500 000 元。会计等式左边增加,右边所有者权益项目等额增加,会计等式依然成立 | | | | | | | | |

**【例 3-11】** 销售产品 100 000 元,货款已于上期通过银行存款预先收取。

这一事项属于表 3-4 所列示第(2)类会计事项,对会计等式的影响如表 3-15 所示。

表 3-15　　　　　　　　　　第(2)类会计事项对会计等式的影响

| 会计等式 | 资产 | = | 负债 | + | 所有者权益 | + | 收入 | − | 费用 |
|---|---|---|---|---|---|---|---|---|---|
| 事项发生前 | 10 405 000 | = | 2 755 000 | + | 7 650 000 | | | | |
| 事项影响 | | | −100 000 | | | | +100 000 | | |
| 事项发生后 | 10 405 000 | = | 2 655 000 | + | 7 750 000 | | | | |
| 事项分析 | 这一事项使得烟台兴茂机械制造有限公司的一项负债(预付账款)减少 100 000 元,同时使得一项收入(主营业务收入)增加而导致所有者权益增加 100 000 元。会计等式右边负债减少,所有者权益增加同等金额,等式左边不变,会计等式依然成立 | | | | | | | | |

**【例 3-12】** 用银行存款支付借款利息 10 000 元。

这一事项属于表 3-4 所列示第(3)类会计事项,对会计等式的影响如表 3-16 所示。

表 3-16　　　　　　　　　　第(3)类会计事项对会计等式的影响

| 会计等式 | 资产 | = | 负债 | + | 所有者权益 | + | 收入 | − | 费用 |
|---|---|---|---|---|---|---|---|---|---|
| 事项发生前 | 10 405 000 | = | 2 655 000 | + | 7 750 000 | | | | |
| 事项影响 | −10 000 | | | | | | | | +10 000 |
| 事项发生后 | 10 395 000 | = | 2 655 000 | + | 7 740 000 | | | | |
| 事项分析 | 这一事项使得烟台兴茂机械制造有限公司的一项资产(银行存款)减少 10 000 元,同时使得一项费用(财务费用)增加而导致所有者权益减少 10 000 元。会计等式左边和右边金额等额减少,会计等式已然成立 | | | | | | | | |

【例3-13】 计提本月物业管理费800元,费用尚未支付。

这一事项属于表3-4所列示第(4)类会计事项,对会计等式的影响如表3-17所示。

表3-17　　　　　　　　　第(4)类会计事项对会计等式的影响

| 会计等式 | 资产 | = | 负债 | + | 所有者权益 | + | 收入 | − | 费用 |
|---|---|---|---|---|---|---|---|---|---|
| 事项发生前 | 10 395 000 | = | 2 655 000 | + | 7 740 000 | | | | |
| 事项影响 | | | +1 000 | | | | | | +1 000 |
| 事项发生后 | 10 395 000 | = | 2 656 000 | + | 7 739 000 | | | | |
| 事项分析 | 这一事项使得烟台兴茂机械制造有限公司的一项负债(其他应付款)增加,同时使得一项费用(管理费用)增加而导致所有者权益减少1 000元。会计等式右边负债增加,所有者权益等额减少,等式左边不变,会计等式依然成立 | | | | | | | | |

上述举例说明反映资产负债表会计要素与反映经营成果会计要素之间有着如综合会计等式所表明的关联关系,即取得收入的同时会带来资产的增加或者负债的减少,发生费用的同时会带来资产的减少或者负债的增加。无论取得收入还是发生费用,或者无论实现利润还是发生亏损,都不会影响会计等式的平衡关系。

### (三) 复杂会计事项对会计等式的影响

上述举例均为只涉及两个会计要素的简单会计事项对会计等式的影响,在会计实务中,经常会发生涉及三个或三个以上会计要素项目的复杂会计事项,但复杂会计事项的发生仍然不会影响会计等式的平衡关系。下面仍以烟台兴茂机械制造有限公司发生上述会计事项后的资产、负债和所有者权益为例,说明复杂会计事项对会计等式的影响。

【例3-14】 购入价值200 000元的原材料并已验收入库,其中100 000元货款已用银行存款支付,剩余100 000元货款尚未支付。

这一复杂会计事项属于表3-3所列示的第(1)类与第(6)类会计事项组合的复杂会计事项,对会计等式的影响如表3-18所示。

表3-18　　　　　　　　　复杂会计事项对会计等式的影响

| 会计等式 | 资产 | = | 负债 | + | 所有者权益 |
|---|---|---|---|---|---|
| 事项发生前 | 10 395 000 | = | 2 656 000 | + | 7 739 000 |
| 事项影响 | +200 000<br>−100 000 | | +100 000 | | |
| 事项发生后 | 10 495 000 | = | 2 756 000 | + | 7 739 000 |
| 事项分析 | 这一事项使得烟台兴茂机械制造有限公司的一项资产(原材料)增加200 000元,另一项资产(银行存款)减少100 000元,同时使得一项负债(应付账款)增加100 000元。会计等式左边有增有减,其增加净额等于等式右边负债的增加额,所有者权益不变,会计等式依然成立 | | | | |

【例 3-15】 计提生产人员、销售人员与管理人员的薪酬费用共计 300 000 元,其中生产人员工资 150 000 元,销售人员工资 50 000 元,管理人员工资 100 000 元。

这一复杂会计事项属于表 3-4 所示的两项第(4)类会计事项组合的复杂会计事项,对会计等式的影响如表 3-19 所示。

表 3-19　　　　　　　　　复杂会计事项对会计等式的影响

| 会计等式 | 资产 | = | 负债 | + | 所有者权益 | + | 收入 | − | 费用 |
|---|---|---|---|---|---|---|---|---|---|
| 事项发生前 | 10 495 000 | = | 2 756 000 | + | 7 739 000 | | | | |
| 事项影响 | | | +300 000 | | | | | | +150 000<br>+　50 000<br>+100 000 |
| 事项发生后 | 10 495 000 | = | 3 056 000 | + | 7 439 000 | | | | |
| 事项分析 | 这一事项使得烟台兴茂机械制造有限公司的一项负债(应付职工薪酬)增加 300 000 元,同时使得生产成本增加 150 000 元,销售费用增加 50 000 元,管理费用增加 100 000 元从而导致所有者权益减少 300 000 元。等式左边不变,右边负债金额增加,所有者权益减少同等金额,会计等式依然成立 | | | | | | | | |

【例 3-16】 向客户销售产品总价为 400 000 元,其中 300 000 元货款已通过银行存款收到,剩余 100 000 元尚未收到。

这一复杂会计事项属于表 3-4 所示的两项第(1)类会计事项组合的复杂会计事项,对会计等式的影响如表 3-20 所示。

表 3-20　　　　　　　　　复杂会计事项对会计等式的影响

| 会计等式 | 资产 | = | 负债 | + | 所有者权益 | + | 收入 | − | 费用 |
|---|---|---|---|---|---|---|---|---|---|
| 事项发生前 | 10 495 000 | = | 3 056 000 | + | 7 439 000 | | | | |
| 事项影响 | +300 000<br>+100 000 | | | | | | +400 000 | | |
| 事项发生后 | 10 895 000 | = | 3 056 000 | + | 7 839 000 | | | | |
| 事项分析 | 这一事项使得烟台兴茂机械制造有限公司的一项资产(银行存款)增加 300 000 元,另一项资产(应收账款)增加 100 000 元,同时使得一项收入(主营业务收入)增加从而导致所有者权益增加 400 000 元。等式左边金额增加,等式右边所有者权益增加同等金额,负债金额不变,等式依然成立 | | | | | | | | |

上述举例说明，一项复杂的会计事项往往是由某一类或几类简单会计事项组合而成的，同简单会计事项一样，任何复杂会计事项的发生也都不会影响会计等式之间的平衡关系，会计等式的恒等性始终成立。

# 课堂结账测试

班级_____ 姓名_____ 学号_____ 日期_____ 平时分_____

一、单项选择题(每题 3 分,共计 15 分)

1. 某企业流动资产 100 万元,非流动资产 600 万,负债 300 万元,所有者权益应为( )万元。
   A. 100    B. 200    C. 300    D. 400

2. 下列各项中,不属于流动负债的是( )。
   A. 应付账款      B. 预付账款
   C. 在 1 年内的 1 个营业周期内应偿还的债务    D. 将于 1 年内到期的长期借款

3. 某公司购入不需要安装即可使用的机器设备一台合计 50 000 元,款项尚未支付,这项业务的发生,意味着( )。
   A. 资产增加 50 000 元,负债减少 50 000 元
   B. 资产增加 50 000 元,负债增加 50 000 元
   C. 资产增加 50 000 元,所有者权益减少 50 000 元
   D. 资产增加 50 000 元,所有者权益增加 50 000 元

4. 下列会计事项中,会使得企业所有者权益减少的事项是( )。
   A. 提取盈余公积   B. 向其他单位投资   C. 宣告分派利润   D. 缴纳税金

5. 下列会计等式中,使会计等式两边总金额不发生变化的事( )。
   A. 用银行存款偿还银行借款    B. 用银行存款购买原材料
   C. 收到投资者投入的固定资产    D. 收到一笔预收货款,存入银行

二、多项选择题(每题 4 分,共计 20 分)

1. 下列各项中,应确认为资产的有( )。
   A. 购入的专利计划
   B. 租入超过 1 年的,价值较高且拥有对使用权的控制的固定资产
   C. 计划下个月购入的材料
   D. 已霉烂变质无使用价值的存货

2. 下列属于反映企业经营成果的会计要素的有( )。
   A. 资产    B. 收入    C. 费用    D. 所有者权益

3. 下列关于所有者权益的表述中,正确的有( )。
   A. 所有者权益是指企业资产扣除负债后有所有者享有的剩余权益

B. 所有者权益的金额等于资产减去非流动负债后的余额

C. 所有者权益也称净资产

D. 所有者权益包括实收资本、资本公积、其他综合收益、盈余公积和留存收益

4. ( )可能导致一项资产的增加。

   A. 一项资产的减少　　　　　　　　　B. 一项负债的增加

   C. 一项所有者权益的增加　　　　　　D. 一项负债的减少

5. 下列关于利润的表述中,正确的有( )。

   A. 利润是企业在某一时点的经营成果

   B. 企业的营业利润是营业收入减去营业成本后的净额

   C. 企业的利润总额为营业利润与直接计入到期利润的利得和损失之和

   D. 净利润等于利润总额减去所得税费用

## 三、判断题(每题 3 分,共 15 分)

1. 只要企业拥有某项财产物资的所有权,就能将其确认为资产。　　　　　　( )

2. 所有者权益是指企业投资人对企业资产的所有权。　　　　　　　　　　　( )

3. 所有者权益和负债都是企业资产的来源。　　　　　　　　　　　　　　　( )

4. 负债不仅指现时已经存在的债务责任,还包括某些将来可能发生的、偶然事项形成的债务责任。　　　　　　　　　　　　　　　　　　　　　　　　　　　　( )

5. 不论发生何种经济业务,都不会改变会计等式的恒等性。　　　　　　　　( )

## 四、业务题(共 50 分)

资料:甲公司 2020 年 9 月发生下列交易事项(暂不考虑增值税因素):

(1) 收到丙投资者交来银行转账支票一张,金额 300 000 元,作为其追加投资额。

(2) 购入不需安装即可使用的设备一台,支付价款 250 000 元。

(3) 向乙公司赊购材料一批,价值 120 000 元。

(4) 通过银行支付管理部门水电费 2 000 元。

(5) 销售产品价款 17 000 元存入银行。

(6) 签发银行承兑汇票一张,偿付对大众公司的欠款 30 000 元。

(7) 丙投资者的银行短期贷款 100 000 到期,现由本公司以银行存款代为偿还,作为其对本公司投资减少。

(8) 以银行存款偿还到期银行承兑汇票票据款 140 000 元。

(9) 以银行存款支付给丙投资者应得的现金股利 10 000 元。

要求:分析上述会计事项,说明其分别属于九种类型中的哪一种。(50 分)

# 第四章 复式记账

**知识导航**

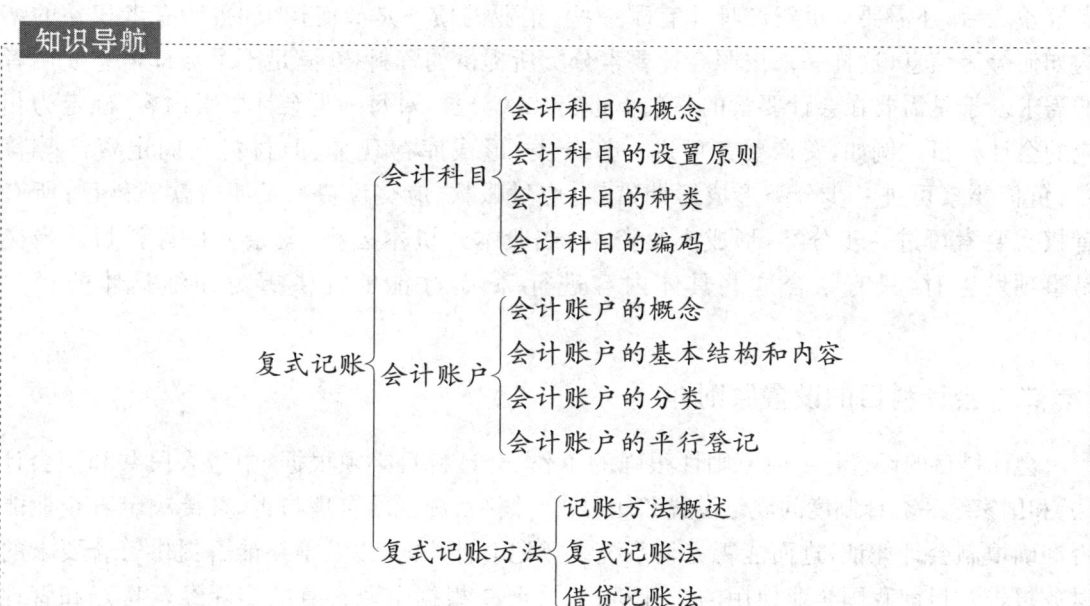

**学习目标**

1. 了解会计科目与会计账户的概念、分类、联系与区别
2. 掌握复式记账原理以及借贷记账法的记账规则
3. 掌握账户的结构并熟悉会计分录的编制
4. 掌握试算平衡表的编制

## 第一节 会 计 科 目

### 一、会计科目的概念

会计科目简称科目,是对会计要素具体内容进行分类核算的项目,是进行会计核算和提供会计信息的基础。会计科目是设置账户的依据,也是会计报表项目的主要构成内容,设置会计科目,并在此基础上设置账户是会计的一种专门方法。

会计上为了记录经济业务,提供会计信息,需要将会计对象按照一定的标志划分为若干项目,我们称这些项目为会计要素,这是对会计对象的第一次分类,也是最基本的分类。例如,想要了解制造类企业采购活动、生产活动、销售活动等经济活动中,企业拥有或控制多少的经济资源,承担了多少债务,投资人的权益是多少,以及一定时期内企业获取了多少收入,发生了多少费用,实现了多少利润等信息,我们都可以通过前述各项会计要素所提供的资料来满足有关信息使用者的需要。然而,在掌握了企业有多少资产、负债和所有者权益之后,还需要知道资产具体有哪一些,企业的债务是如何构成的,所有者权益的结构如何等等信息,这样一来按照会计要素分类所提供的资料,就满足不了会计信息使用者的需求。于是需要在会计要素的基础上进行二次分类,对每一类会计要素内容,确定为相应的会计科目。例如,资产要素可进一步分类,形成库存现金、原材料和固定资产等科目;负债要素可进一步分类形成短期借款、应付账款、应交税费和长期借款等科目;所有者权益要素可进一步分类,形成实收资本(或股本)、资本公积、盈余公积等科目。当交易事项发生时,只有结合这些具体内容进行确认,才能够提供更为详细具体的相关信息。

## 二、会计科目的设置原则

会计科目的设置是一项原则性很强的工作,会计科目必须根据《中华人民共和国会计法》和国家统一会计制度的规定设置和使用,会计科目确定的合理与否,直接决定着企业能否准确填制会计凭证,进而能否完整系统地登记会计账簿,以及最终能否提供符合要求的财务报告。目前我国企业使用的会计科目,主要是根据企业自身的实际经营特点和管理需要,从财政部提供会计科目的名称、类别编号与核算内容中选择并确定。设置会计科目通常应当遵循如下原则:

(1) 符合会计主体经济活动及资金运动的特点。不同会计主体之间的经济活动和资金运动既有一定的相同点,又具有一定的不同点。设置会计科目时,要充分考虑会计主体自身经济活动和资金运动的特点,除了需要设置各行各业的共性账户外,还需根据本单位经营活动的特点,设置相应的科目。例如,制造企业主要的经济活动是制造产品,因而需要设置"生产成本""制造费用"科目来反映生产耗费这一特点。

(2) 符合经济发展同时保持相对稳定性。会计科目的设置要适应社会经济环境的变化和本单位业务发展的需要。例如,随着我国企业自主创新的速度加快和高新技术市场的形成与完善,对企业拥有的专有技术、专利权、商标权等无形资产的价值及其变动情况,就有必要设置"无形资产"科目予以反映。为了便于比较分析和汇总同一企业不同时期发生的相同或相似的交易或者事项所涉及的会计信息,同时确保不同企业发生的相同或者相似的交易或事项的会计信息口径一致、相互可比,设置和使用的会计科目应当保持相对稳定,不得随意改变会计科目的名称、编号和内容等。

(3) 符合会计指标体系统一性同时保持灵活性。会计科目的设置应当在一个部门乃至全国范围内具有一定的统一性,各单位应当根据企业准则确定的会计科目进行核算。在不影响会计核算的要求和财务报表指标的汇总,以及对外提供统一的财务会计报告的前提下,各单位可以根据实际情况自行增设、减少或合并某些会计科目和明细科目。例如,企业会计准则中虽有"预付账款"和"预收账款"两个会计科目,但如果单位并不经常发生预付或预收业务,其会计核算可以不使用这两个科目,应当分别将预付款和预收款纳入"应付账款"科目和"应收账款"科目进行核算。

(4) 符合简明适用、称谓规范要求。会计科目名称设置力求简明扼要,内容确切,每一科目原则上反映一项内容,各科目之间不能相互混淆。各单位可以根据自身经营规模的大小和经营业务的繁简以及经营管理的要求,在不违背会计科目使用原则的基础上,设置适用于本单位的会计科目名称及数量。

### 三、会计科目的种类

会计科目可以按其反映的经济内容(即所属会计要素),按其所提供信息的详细程度及其隶属关系分类。

#### (一) 按反映的经济内容分类

会计科目按其反映的经济内容不同,可分类为资产类科目、负债类科目、共同类科目、所有者权益类科目、成本类科目和损益类科目。

(1) 资产类科目。资产类科目是对资产要素的具体内容进行分类核算的项目,反映企业拥有或控制的全部资产的状况。按资产的流动性分为反映流动资产的科目和反映非流动资产的科目,主要有"库存现金""银行存款""应收账款""原材料""库存商品"等科目;反映非流动资产的科目,主要有"长期股权投资""长期应收款""固定资产""在建工程""无形资产"等科目。

(2) 负债类科目。负债类科目是对负债要素的具体内容进行分类核算的项目,反映企业承担并应偿还的全部负债的状况。按负债的偿还期限长短分为反映流动负债的科目和反映非流动负债的科目。反映流动负债的科目主要有"短期借款""应付账款""应付职工薪酬""应交税费"等科目;反映非流动负债的科目主要有"长期借款""长期应付款"等科目。

(3) 共同类科目。共同类科目是既有资产性质又有负债性质的科目,反映银行间业务往来引起的资金清算项目,金融企业采用分账制核算外币交易所产生的不同币种之间的兑换,以及一般企业开展套期保值业务时,套期工具公允价值变动所形成的具有资产和负债性质的内容,主要有"清算资金""套期工具""被套期项目"等科目。

(4) 所有者权益类科目。所有者权益类科目是对所有者权益要素的具体内容进行分类核算的项目,主要有"实收资本"(或"股本")"资本公积""其他综合收益""盈余公积""本年利润""利润分配"等科目。

(5) 成本类科目。成本类科目是对可归属于产品生产成本、劳务成本等的具体内容进行分类核算的项目,主要有"生产成本""制造费用""劳务成本""研发支出"等科目。

(6) 损益类科目。损益类科目是对收入、费用等要素的具体内容进行分类核算的项目。其中反映收入的科目主要有"主营业务收入""其他业务收入"等科目;反映费用的科目主要有"主营业务成本""其他业务成本""销售费用""管理费用""财务费用"等科目。

会计科目的这类分类方法与会计要素之间的关系，如图 4-1 所示。

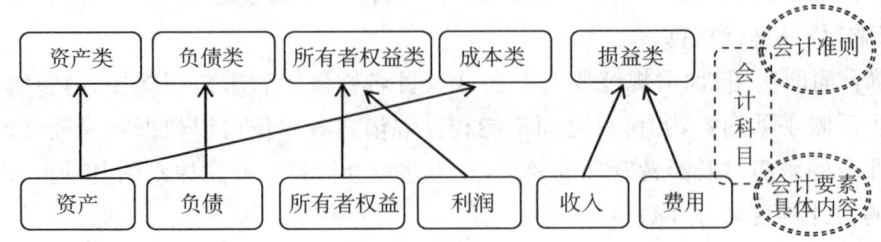

图 4-1　会计科目按反映经济内容分类方法及其与会计要素的关系

在上述分类方法中，除负债类科目反映的内容与负债要素的内容完全相同，其他分类标准与会计要素之间存在不同点：第一，利润归类并入所有者权益类科目，体现了利润的所有权属于所有者这一经济实质。第二，收入类和费用类科目合并为损益类科目，合并有利于企业进行利润与亏损的计算。第三，将资产要素中一部分科目，如"生产成本""制造费用"单独分类，专门设立成本类科目，这样体现了产品生产企业对各类成本计算对象进行成本计算的特殊要求。

### （二）按提供信息的详细程度及其隶属关系分类

会计科目按其提供信息的详细程度及其隶属关系，可分为总分类科目和明细分类科目。总分类科目又称总账科目或一级科目，是对会计要素的具体内容进行总括分类，提供总括信息的会计科目。

明细分类科目又称明细科目，是对总分类科目做进一步分类，提供更为详细和具体会计信息的科目。如果某一种分类科目所辖的明细分类科目较多，可在总分类科目下设置二级明细科目，在二级明细科目下设置三级明细科目，以此类推，二级明细科目是对总分类科目进一步分类的科目，三级明细科目是对二级明细科目进行分类的科目。

【特别提示】

第一，在我国会计实务中，有些总分类科目所属明细分类科目的名称和内容，已由《企业会计准则》做出统一规定，各单位应按其规定，正确使用这些明细分类科目，不得随意改变其名称与内容。例如，准则规定在"应交税费"总分类科目下应当分别设置"应交增值税"和"应交所得税"等明细分类科目进行核算。第二，在实际工作中为满足会计信息使用者的不同需求，总分类账户提供的是总括分类核算指标，因而一般只用货币计量。二级明细分类账户或三级明细分类账户提供的是详细信息的核算指标，因而除用货币量度外，有的还用实物量度，例如，吨、千克、件、台等。

以"原材料"科目为例，将会计科目按所提供指标详细程度及隶属关系分类列示，如表 4-1 所示。

表 4-1　　　　　　　会计科目按提供指标详细程度及隶属关系分类

| 总分类科目<br>（一级科目） | 明细分类科目 ||
|---|---|---|
| | 二级明细科目 | 三级明细科目 |
| 原材料 | 原料及主料 | 钢板 |
| | | 铝合金 |
| | 辅助材料 | 润滑油 |
| | | 油漆 |
| | 燃料 | 汽油 |
| | | 煤油 |

## 四、会计科目的编码

会计科目的数量较多，一些会计科目的名称和内容很容易与其他会计科目相混淆。因此为了便于编制会计凭证，登记账簿，查阅账目和会计信息化的需求，应根据会计科目的经济内容、性质、类别及其详细程度等相关因素，对会计科目进行科学合理的编号。

会计科目的编号根据会计科目的分类和排序确定，一般由 4 位数字构成。第一位数字，1、2、3、4、5、6 分别代表科目所属的大类即资产类、负债类、共同类、所有者权益类、成本类和损益类；第二位数字，表示科目的小类；第三、第四位数字表示各小类中科目的顺序号。

根据现行国家统一会计制度的规定，一般企业常用的会计科目如表 4-2 所示。

表 4-2　　　　　　　　　　一般企业常用的会计科目表

| 编号 | 会计科目名称 | 编号 | 会计科目名称 |
|---|---|---|---|
| | 一、资产类 | 1402 | 在途物资 |
| 1001 | 库存现金 | 1403 | 原材料 |
| 1002 | 银行存款 | 1404 | 材料成本差异 |
| 1015 | 其他货币资金 | 1405 | 库存商品 |
| 1101 | 交易性金融资产 | 1406 | 发出商品 |
| 1121 | 应收票据 | 1407 | 商品进销差价 |
| 1122 | 应收账款 | 1408 | 委托加工物资 |
| 1123 | 预付账款 | 1411 | 周转材料 |
| 1131 | 应收股利 | 1471 | 存货跌价准备 |
| 1132 | 应收利息 | 1511 | 长期股权投资 |
| 1231 | 其他应收款 | 1512 | 长期股权投资减值准备 |
| 1241 | 坏账准备 | 1521 | 投资性房地产 |
| 1401 | 材料采购 | 1531 | 长期应收款 |

(续表)

| 编号 | 会计科目名称 | 编号 | 会计科目名称 |
| --- | --- | --- | --- |
| 1541 | 未实现融资收益 | 3201 | 套期工具 |
| 1601 | 固定资产 | 3202 | 被套期项目 |
| 1602 | 累计折旧 | | 四、所有者权益类 |
| 1603 | 固定资产减值准备 | 4001 | 实收资本 |
| 1604 | 在建工程 | 4002 | 资本公积 |
| 1605 | 工程物资 | 4101 | 盈余公积 |
| 1606 | 固定资产清理 | 4103 | 本年利润 |
| 1701 | 无形资产 | 4104 | 利润分配 |
| 1702 | 累计摊销 | 4201 | 库存股 |
| 1703 | 无形资产减值准备 | | 五、成本类 |
| 1711 | 商誉 | 5001 | 生产成本 |
| 1801 | 长期待摊费用 | 5101 | 制造费用 |
| 1901 | 待处理财产损溢 | 5201 | 劳务成本 |
| | 二、负债类 | 5301 | 研发支出 |
| 2001 | 短期借款 | | 六、损益类 |
| 2101 | 交易性金融负债 | 6001 | 主营业务收入 |
| 2201 | 应付票据 | 6051 | 其他业务收入 |
| 2202 | 应付账款 | 6101 | 公允价值变动损益 |
| 2205 | 预收账款 | 6111 | 投资收益 |
| 2211 | 应付职工薪酬 | 6115 | 资产处置损益 |
| 2221 | 应交税费 | 6301 | 营业外收入 |
| 2231 | 应付利息 | 6401 | 主营业务成本 |
| 2232 | 应付股利 | 6402 | 其他业务成本 |
| 2241 | 其他应付款 | 6403 | 税金及附加 |
| 2601 | 长期借款 | 6601 | 销售费用 |
| 2701 | 长期应付款 | 6602 | 管理费用 |
| 2702 | 未确认融资费用 | 6603 | 财务费用 |
| 2711 | 专项应付款 | 6701 | 资产减值损失 |
| 2801 | 预计负债 | 6711 | 营业外支出 |
| | 三、共同类 | 6801 | 所得税费用 |
| 3101 | 衍生工具 | 6901 | 以前年度损益调整 |

## 第二节 会计账户

### 一、会计账户的概念

会计账户是根据会计科目设置的,具有一定结构和格式,用以连续、系统、全面地记录交易或事项,反映会计要素增减变动及其结果,并为财务报告的编制提供数据资料的一种工具。账户是会计信息的"储存器",设置账户是会计核算的一种专门方法。

会计科目是会计账户的名称,会计科目与会计账户既有联系又有区别。两者的联系在于,会计科目与会计账户都是对会计对象具体内容的科学分类,两者反映的经济内容相同、性质相同,科目是账户的名称,账户是根据会计科目开设的。两者的区别在于,会计科目没有结构,而账户具有一定的结构,通过账户的结构能够反映特定经济内容的增减变动及其结果。会计科目可以脱离账簿而存在,但账户则是根据事先确定的会计科目,在账簿中开设具有一定结构、格式的账页。

由于会计科目与账户之间存在着密切地联系,因此将会计账户和会计科目以同义词对待,使其相互通用,并不进行严格区分。

### 二、会计账户的基本结构和内容

为了全面清晰地记录各项经济业务,每一个账户既要有明确的经济内容,又要有一定的结构。

#### (一) 会计账户的基本结构

会计账户的结构是指账户的格式。无论哪种记账方法,无论账户反映的经济内容是什么,各项经济业务引起的资金变动尽管错综复杂,但从数量上看,不外乎增加和减少这两种情况。因此账户的基本结构也相应地划分为两个部分,一部分反映数额的增加,另一部分反映数额的减少。通常会计账户分为左、右两方分别记录增加额和减少额,增减相抵后的差额称为余额。账户结构形式有两种,一种是实际工作中的常用账户结构形式,另一种是会计学习和审计工作中使用的账户结构形式,即"T形账户"结构形式。

1. 常用账户结构

在实际工作中,账户格式多种多样,但是各类账户基本结构变化不大,会计实务中账户的常用结构如表 4-3 所示。

表 4-3　　　　　　　　　会计实务中账户的常用结构

| 年 | | 凭证号数 | | 摘要 | 增加额 | 减少额 | 余额 |
|---|---|---|---|---|---|---|---|
| 月 | 日 | 字 | 号 | | | | |
| | | | | | | | |
| | | | | | | | |
| | | | | | | | |

(1) 会计账户的名称,即登记开设账户所使用的会计科目。
(2) 日期和凭证号数,即账户记录经济业务的日期及凭证来源。
(3) 摘要,即经济业务内容的概括性文字记录。
(4) 金额,即经济业务引起的资金变动,包括增加额、减少额和余额。

2. T形账户式结构

为便于理解、方便教学,常用账户结构可以简化为左、右两边,如图4-2所示。由于这种账户与英文字母"T"非常相似,所以一般称为"T形账户",在我国也称为"丁字账户"。T形账户虽然结构简单,却能够清晰地反映账户的期初余额、本期增加发生额、本期减少发生额以及期末余额。

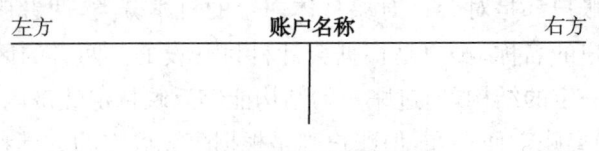

图4-2　T形账户基本结构

### (二) 会计账户核算内容

会计账户的核算内容主要包括四个要素,期初余额、本期增加发生额、本期减少发生额和期末余额。期初余额是指本期核算开始时的余额,其数额等于上期期末余额。本期增加发生额和本期减少发生额是指在一定的会计期间内,账户左右两方分别登记的增加金额合计数和减少金额合计数,又简称为本期增加额和本期减少额。期末余额就是期初余额加本期增加发生额和本期减少发生额相抵后的差额之和。

本期增加额和本期减少额是动态指标,反映经济业务在一定会计期间内,引起的会计要素的增减变动情况;各账户的期末余额是静态指标,反应各要素在一定时期内增减变动的结果。账户期末余额计算公式如下:

期末余额 ＝ 期初余额 ＋ 本期增加发生额 － 本期减少发生额

【例4-1】 以"银行存款"账户为例,账户提供的主要信息数据如图4-3所示。

| 左方 | 银行存款 | | 右方 |
|---|---|---|---|
| 期初余额 | 100 000 | | |
| 本期增加额 | 5 000 | 本期减少额 | 8 000 |
| | 15 000 | | 4 000 |
| 本期增加发生额合计 | 20 000 | 本期减少发生额合计 | 12 000 |
| 期末余额 | 108 000 | | |

图4-3　"银行存款"账户提供主要信息数据

根据"银行存款"账户的记录,可知企业期初银行的存款为100 000元,本期发生了两笔银行存款收款业务,本期增加额为5 000元和15 000元,本期发生了两笔银行存款付款业务,本期减少额为8 000元和4 000元。因此,本期增加发生额合计20 000元,本期减少发生额合计 12 000 元,根据公式计算得出,本期企业"银行存款"账户期末余额为 108 000 元。

### 三、会计账户的分类

为全面理解和把握账户体系的构成,正确利用账户登记会计账簿,可以对企业所有的账户采用一定的标准进行分类,账户分类方法与科目的分类方法基本相同。

(1) 按照账户反映的经济内容,账户分类为资产类账户、负债类账户、共同类账户、所有者权益类账户、成本类账户、损益类账户六大类。损益类账户中,具体细分为收入类账户和费用类账户。

(2) 按照账户提供信息的详细程度及其隶属关系,账户分类为总分类账户和明细分类账户。总分类账户又称总账账户、总账或一级账户,是根据总分类科目设置的,用于对会计要素具体内容进行总括分类核算的账户。明细分类账户简称明细账,是根据明细分类科目设置的,用来对会计要素具体内容进行详细具体分类核算的账户。

(3) 按照账户的用途和结构,账户分类为盘存类账户(如"银行存款""原材料"等账户),资本类账户(如"实收资本""资本公积"等账户),结算类账户(如"应收账款""应付账款"等账户),调整类账户(如"累计折旧""材料成本差异"等账户),集合分配类账户(如"制造费用"账户),成本计算类账户(如"生产成本""在建工程"等账户),跨期摊销类账户(如"长期待摊费用"账户),汇转类账户(如"主营业务收入""主营业务成本"等账户),财务成果类账户(如"本年利润"账户),计价对比类(如"材料采购"账户)和暂记类账户(如"待处理财产损溢"账户)共 11 种类型的账户。

### 四、会计账户的平行登记

会计账户的开设由会计科目的设置所决定,会计科目分为总账科目、二级明细科目和三级明细科目,会计账户也相应地分为总分类账户与明细分类账户。总分类账户是所属明细分类账户的统驭账户,明细分类账户隶属于特定的总分类账户,对其对应的总分类账户起着补充说明的作用,二者结合起来就能全面地反映出同一经济业务的核算内容。因此,在会计核算中,每一笔经济业务,既要根据会计凭证在总分类账户中进行登记,又要在其所属的有关明细分类账户进行登记,即平行登记。平行登记遵循原则如下:

(1) 登记依据相同。对于发生的同一笔经济业务,要根据相同的会计凭证,在总分类账户和其所属的明细分类账户中进行登记。

(2) 登记期间相同。对于发生的同一笔经济业务,应当在同一会计期间登记总分类账户与所属的明细分类账户。

(3) 登记方向相同。对于发生的同一笔经济业务,应当在总分类账户与所属明细分类账户相同的方向进行登记。

(4) 登记金额相同。对于发生的同一笔经济业务登记在总分类账户的金额,应当与登记在所属各明细分类账户的金额之和保持相等。

【例4-2】 烟台兴茂机械制造有限公司2020年7月初有关"应收账款"总分类账户和明细分类账户资料如下:烟台兴茂机械制造有限公司月初有应收账款250 000元,其中,济南西城机械公司158 000元,青岛通达汽车公司92 000元。本期收到济南西城机械公司归还的前欠货款38 000元;本期向青岛通达汽车公司销售铝合金油箱价值20 000元(不考虑增值税),尚未收到货款。

根据以上信息,根据平行登记的原则,按照登记依据、登记期间、登记方向、登记金额相同原则,登记"应收账款"总分类账户及其所属的明细分类账户,详细信息如图4-4、图4-5、图4-6所示。

| 左方 | 应收账款 | | 右方 |
|---|---|---|---|
| 期初余额 | 250 000 | | |
| 本期增加额 | 20 000 | 本期减少额 | 38 000 |
| 本期增加发生额合计 | 20 000 | 本期减少发生额合计 | 38 000 |
| 期末余额 | 232 000 | | |

图4-4 "应收账款"总分类账户

| 左方 | 应收账款——济南西城机械公司 | | 右方 |
|---|---|---|---|
| 期初余额 | 158 000 | | |
| 本期增加额 | | 本期减少额 | 38 000 |
| 本期增加发生额合计 | | 本期减少发生额合计 | 38 000 |
| 期末余额 | 120 000 | | |

图4-5 "应收账款——济南西城机械公司"明细分类账户

| 左方 | 应收账款——青岛通达汽车公司 | | 右方 |
|---|---|---|---|
| 期初余额 | 92 000 | | |
| 本期增加额 | 20 000 | 本期减少额 | |
| 本期增加发生额合计 | 20 000 | 本期减少发生额合计 | |
| 期末余额 | 112 000 | | |

图4-6 "应收账款——青岛通达汽车公司"明细分类账户

# 第三节 复式记账方法

## 一、记账方法概述

记账方法是根据客观发生的经济事项,按照一定的记账原理,运用一定的记账符号和记账规则,在账户中记录经济业务的方法。会计上的记账方法,最初是单式记账法,随着社会经济的发展和人们的实践总结,单式记账法逐步改进,从而演变为复式记账法。

单式记账法是一种比较简单且不完整的记账方法。这种方法是指对发生的每项经济业务通常仅在一个账户中进行单方面的记录,一般只登记现金和银行存款的收付业务,以及应收款、应付款的结算业务,而不登记实物的收付业务。例如,企业从 A 公司赊购原材料 2 000 元,账务上只记录欠 A 公司 2 000 元,而不登记为什么欠款,也不登记材料的增加;企业购买办公用品 800 元,用现金支付,只登记现金减少 800 元,并不登记为什么减少,从而也就不记录费用的发生。显然这种记账方法虽然简单,但是账户设置以及登记账户的不完整性,导致账户之间的记录没有联系,不能全面、系统地反映经济业务的来龙去脉,也不利于检查账户记录的正确性、真实性。因此随着经济社会的不断发展以及经济业务的日趋复杂,这种流水账式的单式记账,除了在个体工商户或私人家庭日常核算中使用,其他企事业单位均不允许采用,而应采用复式记账法。

复式记账法是在单式记账法的基础上发展而来的一种比较科学的记账方法。复式记账法能够反映经济业务的来龙去脉,这种方法一经产生就得到了人们的普遍认同。

## 二、复式记账法

### (一) 复式记账法的概念

复式记账法是指对发生的每一项经济业务,都要以相等的金额在两个或两个以上的相互联系的账户中,同时进行登记的记账方法。例如,企业从 A 公司购买原材料 2 000 元,货已收到款项未付。采用复式记账方法,该经济业务除了要在"应付账款"账户中登记增加 2 000 元,还要在有关的材料账户中登记增加 2 000 元,如此登记之后,债务的发生同材料的购进,两者之间的关系一目了然。再如,企业用现金 800 元购买办公用品,这项经济业务除了要在"库存现金"账户登记减少 800 元以外,还要在有关费用账户中作增加 800 元的记录。如此登记之后,明确了资金的减少与费用的发生两者之间是相互联系的。

### (二) 复式记账法的特点

(1) 对每一项经济业务,必须在两个或两个以上的相互联系的账户中进行等额记录。这样既可以了解经济业务的来龙去脉,又可以对经济内容进行监督。

(2) 对每一项经济业务,需要设置完整的账户体系,从而能够连续、系统地反映各项会计要素的增减变动及其结果。

(3) 以会计等式作为记账依据。会计等式是利用公式将会计要素之间的关系反映出来,它是客观存在的必然经济现象,也是资金运动规律的具体表现。以会计等式为依据,便于对一定时期所作的全部会计记录进行试算平衡,从而根据试算平衡的结果检查账户记录是否正确。

### (三) 复式记账法的理论依据

复式记账法是以"资产=负债+所有者权益"的会计等式作为理论依据的。根据前面章节所做说明,尽管企业发生的经济业务复杂多样,但是对会计等式的影响无外乎两大类:一类是影响会计等式等号两边会计要素同时发生变化的经济业务,这类业务能够变更企业资金总额,等式等号两边等额同增或等额同减。另一类是影响会计等式等号某一边会计要素发生变化的经济业务,这类业务不变更企业资金总额,只会影响会计等式等号某一边等额的此增彼减。这就决定了会计上对第一类经济业务,应在等式两边的账户中等额计同增或同减;对第二类经济业务,应在等式某一边的账户中等额计有增有减。无论如何都可以明确看出,会计等式的恒等性要求复式记账法对于每一项经济业务的发生,都必须以相等的金额在两个或两个以上的相关账户中做等额的双重记录,以全面反映资金的增减变化及来龙去脉。

**(四)复式记账法的种类**

复式记账法按采用的记账符号和记账规则的不同,可分为收付记账法、增减记账法和借贷记账法,其中借贷记账法是国际上通用的一种复式记账法。在我国商业系统曾使用增减记账法,行政、事业单位和金融企业曾采用收付记账法。我国《企业会计准则》规定,统一采用借贷记账法记账。

### 三、借贷记账法

借贷记账法始于13世纪的意大利,当时意大利沿海城市的商品经济,特别是海上贸易有了较大的发展,在商品交换中,为了适应借贷资本和商业资本经营者管理的需要,逐步形成了这种记账方法。"借""贷"二字最初是从借贷资本家的角度来解释的。借贷资本家以经营货币资金为主要业务,对于收进来的款项记在贷主(creditor)的名下,表示自身债务的增加;对于付出去的放款,则记在借主(debtor)的名下,表示自身债权的增加。因此,"借""贷"二字分别表示债权(应收款)、债务(应付款)的增减变化。

随着商品经济的发展,经济活动的内容日趋复杂化,会计所记录的经济业务也不再仅限于货币资金的借贷,为保证账簿记录的统一,对于非货币资金的经济活动,也利用"借""贷"二字来说明经济业务的变化情况,这样一来,"借""贷"二字逐渐失去了原来的字面含义,演变为单纯的记账符号。

借贷记账法是以"借""贷"作为记账符号,记录和反映企业经济业务引起的会计要素增减变化及其结果的一种复式记账法,借贷记账法的基本内容包括记账符号、账户设置、记账规则和试算平衡四个方面。

**(一)借贷记账法的记账符号**

记账符号是会计核算中采用的一种抽象标记,表示经济业务的增减变动和记账方向。如前所述,借贷记账法以"借"和"贷"作为记账符号,"借"(英文简写Dr)表示计入账户的借方,"贷"(英文简写Cr)表示计入账户的贷方。经济业务的增减变动,均可以用"借"和"贷"来表示,无论"借"还是"贷"都既可以表示增加,也可以表示减少。究竟"借"和"贷"何时表示增加和减少,取决于具体账户核算的内容和账户性质。

**(二)借贷记账法的账户结构**

账户的基本结构分为左、右两方来反映经济业务引起的增减变化,在借贷记账法下,任何账户都分为借、贷两方来反映经济业务引起的增减变化,而且规定把账户的左方称为"借方",把账户的右方称为"贷方",用来表示两个相反的记账方向。若以T形账户表示,其账户的基本结构如图4-7所示。

图 4-7　借贷记账法下账户的基本结构

1. 资产类和成本类的账户结构

在借贷记账法下,资产类账户的借方登记增加额,贷方登记减少额,由于资产的减少额一般不可能大于它的期初余额与本期增加额之和,所以这类账户,期末如有余额,一般在借方。其余额计算公式为:

资产类账户期末借方余额 ＝ 期初借方余额＋本期借方发生额－本期贷方发生额

企业在生产经营过程中所发生的应当直接或间接计入产品成本的材料费、人工费等各种耗费在产成品完工入库前,可将其视为企业的资产。因此"制造费用""生产成本"等成本类账户的结构,应当与资产类账户的结构基本相同,即借方登记成本的增加额,贷方登记成本的减少额。注意,成本类账户的贷方发生额通常表示本期成本的结转额,而且在期末结转之后,有的成本类账户无余额,如"制造费用"账户通常无期末余额,而有的成本类账户可能会留有期末借方余额,如"生产成本"账户,其余额计算公式为:

成本类账户期末借方余额 ＝ 期初借方余额＋本期借方发生额－本期贷方发生额

资产类和成本类账户结构用 T 形账户表示,如图 4-8 所示。

| 借方 | 资产类和成本类账户 | | 贷方 |
|---|---|---|---|
| 期初余额 | ××× | | |
| 本期增加额 | ××× | 本期减少额 | ××× |
| …… | | …… | |
| 本期借方发生额合计 | ××× | 本期贷方发生额合计 | ××× |
| 期末余额 | ××× | | |

图 4-8　资产类和成本类账户结构

2. 负债类和所有者权益类的账户结构

在借贷记账法下,负债类、所有者权益类账户的借方登记减少额,贷方登记增加额,由于负债及所有者权益的增加额与期初余额之和通常也要大于其本期减少额,所以,期末余额一般在贷方,其余额计算公式为:

负债类和所有者权益类账户期末贷方余额 ＝ 期初贷方余额＋本期贷方发生额－本期借方发生额

负债类和所有者权益类账户结构用 T 形账户表示,如图 4-9 所示。

3. 损益类的账户结构

损益类账户主要包括收入类账户和费用类账户。

根据收入的定义可知,收入的发生必定会引起所有者权益的增加,因此收入类账户的结构与所有者权益类账户的结构基本相同,在借贷记账法下,收入类账户的借方登记减少额,

| 借方 | 负债类和所有者权益类账户 | | 贷方 |
|---|---|---|---|
| | | 期初余额 | ××× |
| 本期减少额 | ××× | 本期增加额 | ××× |
| …… | | …… | |
| 本期借方发生额合计 | ××× | 本期贷方发生额合计 | ××× |
| | | 期末余额 | ××× |

图 4-9　负债类和所有者权益类账户结构

贷方登记增加额,本期收入金额在期末转入"本年利润"账户用以计算当期损益,结转后无余额。收入类账户结构用 T 形账户表示,如图 4-10 所示。

| 借方 | 收入类账户 | | 贷方 |
|---|---|---|---|
| 本期减少额及转出额 | ××× | 本期增加额 | ××× |
| …… | | …… | |
| 本期借方发生额合计 | ××× | 本期贷方发生额合计 | ××× |

图 4-10　收入类账户结构

费用类账户的结构与收入类账户的结构正好相反,在借贷记账法下,费用类账户借方登记增加额,贷方登记减少额,本期费用金额在期末转入"本年利润"账户用于计算当期损益,结转后无余额。费用类账户结构用 T 形账户表示,如图 4-11 所示。

| 借方 | 费用类账户 | | 贷方 |
|---|---|---|---|
| 本期增加额 | ××× | 本期减少额及转出额 | ××× |
| …… | | …… | |
| 本期借方发生额合计 | ××× | 本期贷方发生额合计 | ××× |

图 4-11　费用类账户结构

综上所述,借贷记账法下的账户结构实际上是前面章节所阐述的会计等式的具体应用。为了便于掌握借贷记账法的记账规律,下面将借贷记账法的账户结构进行归纳总结。根据会计等式"资产＋费用＝负债＋所有者权益＋收入"总结规律如图 4-12 和表 4-4 所示。

| 资产类、费用类账户 | | | 负债和所有者权益类、收入类账户 | | |
|---|---|---|---|---|---|
| 借方 | | 贷方 | 借方 | | 贷方 |
| 初期余额 | ××× | | | 初期余额 | ××× |
| 本期增加额 | ××× | 本期减少额　××× | 本期减少额 | ××× | 本期增加额　××× |
| 期末余额 | ××× | | | 期末余额 | ××× |

图 4-12　借贷记账法下各类账户结构图

表 4-4　　　　　　　　　　借贷记账法下各类账户结构归纳表

| 账户类别 | 借方 | 贷方 | 余额及方向 |
| --- | --- | --- | --- |
| 资产类 | 增加 | 减少 | 一般有余额且在借方 |
| 负债类 | 减少 | 增加 | 一般有余额且在贷方 |
| 所有者权益类 | 减少 | 增加 | 一般有余额且在贷方 |
| 成本类 | 增加 | 减少 | 若有余额应当在借方 |
| 收入类 | 减少及结转 | 增加 | 一般无余额 |
| 费用类 | 增加 | 减少及结转 | 一般无余额 |

由此可见,借贷记账法下各类账户的期末余额都在记录增加额的一方,在工作中,会计人员可以根据账户余额的方向来判断账户所反映的经济内容及其性质。具体而言,账户若有期末借方余额,则通常为资产类账户;账户若有期末贷方余额,则通常为负债、所有者权益类账户。如果同一个账户在不同的会计期间,其借方贷方均有可能出现期末余额,则该账户实际已成为一个双重性质账户。双重性质账户既可以用来核算资产、费用,又可以用来核算负债、所有者权益和收入,设置和运用双重性质账户有利于简化会计核算手续,例如"投资收益"账户,贷方登记投资取得的收益,借方登记投资发生的损失。

### (三) 借贷记账法的记账规则

记账规则是指某种记账方法登记具体经济业务时应当遵循的规律,借贷记账法的记账规则是"有借必有贷,借贷必相等"。会计等式及会计事项章节所讲内容,我们可以概括总结为四大类经济业务,资产业务、权益业务、资产与权益同增业务、资产与权益同减业务,进一步可以发展为九小类经济业务,这九类基本经济业务的资金运动与记账规则的对应关系,如图 4-13 所示。

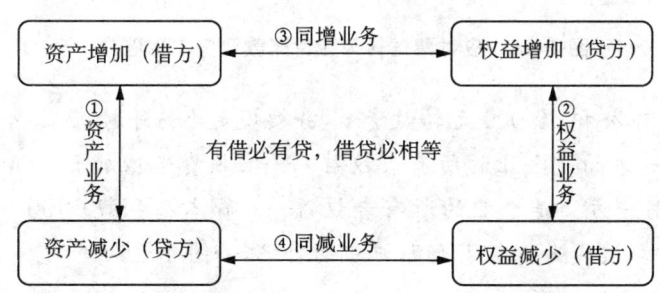

图 4-13　借贷记账法下资金运动与记账规则的对应关系

资产业务发生引起会计等式左边两个资产账户一增一减,根据资产类账户结构,资产账户增加登记借方,另一资产账户减少登记贷方;权益业务引起会计等式右边两个权益账户一增一减,根据权益类账户结构,权益账户增加登记在贷方,另一权益账户减少登记在借方。资产权益同增业务发生,等式左边资产账户增加登记借方,等式右边权益账户增加登记贷方;资产权益同减业务发生,等式左边资产账户减少登记贷方,等式右边权益账户增加登记借方。通过分析总结可以进一步确认,借贷记账法的记账规则是"有借必有贷,借贷必相等"。该规则的具体含义是,任何经济业务的发生总会涉及两个或两个以上的相关账户,一方(或几方)计入借方,另一方(或几方)必须计入贷方;计入借方的金额等于计入贷方的金额,如果涉及多个账户,计入借方账户金额的合计数等于计入贷方账户金额的合计数。

下面根据几笔简单的经济业务实例,说明借贷记账法记账规则的具体运用。

【例4-3】 烟台兴茂机械制造有限公司2020年4月,发生以下经济业务:

(1) 4日,购入原材料一批,价款10 000元,用银行存款支付,假定不考虑增值税因素。

这项经济业务一方面是企业的资产——原材料增加10 000元,应计入"原材料"账户的借方;另一方面是企业的资产——银行存款减少10 000元,应计入"银行存款"账户的贷方。该项业务在T形账户中的登记,如图4-14所示。

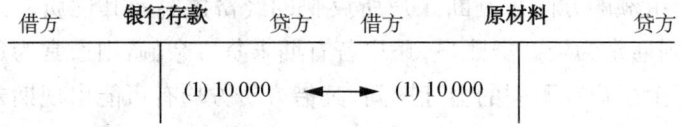

图4-14 以银行存款购入原材料业务T形账户

(2) 8日,已到期的应付票据20 000元,因无力支付转为应付账款。

这项经济业务一方面是企业的负债——应付账款增加20 000元,应计入"应付账款"账户的贷方,另一方面是企业的负债——应付票据减少20 000元,应计入"应付票据"账户的借方。该项业务在T形账户中的登记,如图4-15所示。

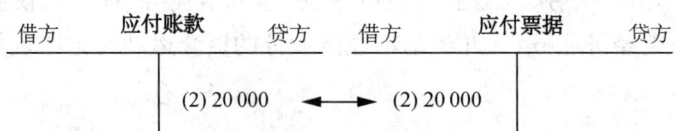

图4-15 应付票据转为应付账款业务T形账户

(3) 10日,用资本公积50 000元转做资本,并按规定办好手续。

这项经济业务一方面是企业的所有者权益——实收资本增加50 000元,应计入"实收资本"账户的贷方,另一方面是企业的所有者权益——资本公积减少50 000元,应计入"资本公积"账户的借方。该项业务在T形账户中的登记,如图4-16所示。

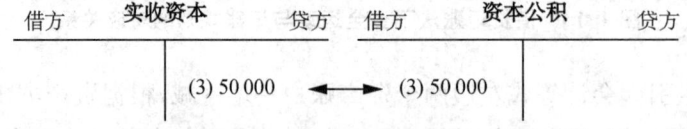

图4-16 资本公积转增资本业务T形账户

(4) 12日,取得为期6个月的借款30 000元,直接存入银行。

这项经济业务一方面是企业的资产——银行存款增加30 000元,应计入"银行存款"账户的借方,另一方面是企业的负债——短期借款增加30 000元,应计入"短期借款"账户的贷方。该项业务在T形账户中的登记,如图4-17所示。

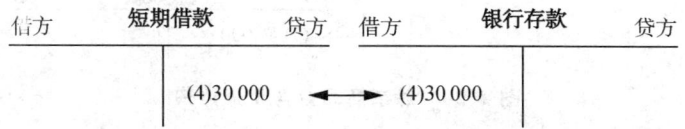

图 4-17　从银行借入短期借款业务 T 形账户

(5) 17日,收到投资者投入的机器设备一台,价值500 000元。

这项经济业务一方面是企业的资产——固定资产增加500 000元,应计入"固定资产"账户的借方,另一方面是企业的所有者权益——实收资本增加500 000元,应计入"实收资本"账户的贷方。该项业务在T形账户中的登记,如图4-18所示。

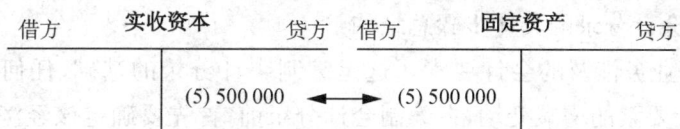

图 4-18　收到投资者投入机器设备业务 T 形账户

(6) 19日,以银行存款80 000元,偿还前欠供应商货款。

这项经济业务一方面是企业的资产——银行存款减少80 000元,应计入"银行存款"账户的贷方,另一方面是企业的负债——应付账款减少80 000元,应计入"应付账款"账户的借方。该项业务在T形账户中的登记,如图4-19所示。

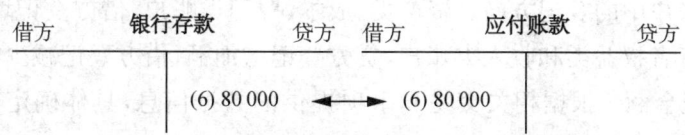

图 4-19　以银行存款偿还前欠货款业务 T 形账户

(7) 26日,向客户销售产品150 000元,其中已收回货款并存入银行的有120 000元,尚未收回的货款为30 000元,假定不考虑增值税因素。

这项经济业务一方面是企业的资产——银行存款增加120 000元,应计入"银行存款"账户的借方,同时企业的资产——应收账款增加了30 000元,应计入"应收账款"账户的借方;另一方面是企业的收入——主营业务收入增加120 000元,应计入"主营业务收入"账户的贷方。该项业务在T形账户中的登记,如图4-20所示。

(四) 借贷记账法的会计分录编制

1. 会计分录的概念

会计分录简称分录,是指按照借贷记账法记账规则的要求,对经济业务列示为应借应贷

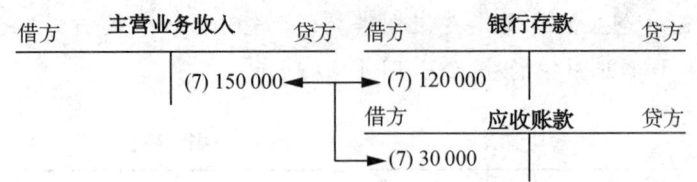

图 4-20 赊销商品业务 T 形账户

的账户名称和金额的一种记录方式,会计分录是登记账户的依据,会计分录的准确与否直接关系到账户记录的正确性乃至整个会计信息的质量。每项经济业务至少应当编制一笔会计分录,每笔会计分录均应当包括三项内容即账户名称(会计科目)、记账方向(借或贷)和发生金额。

2. 会计分录编制方法

编制会计分录的过程,也就是运用会计语言确定分录组成内容的过程,这个过程应当是循序渐进的,编制会计分录的具体步骤总结如下:

(1)分析经济业务涉及的会计要素。这是编制会计分录的基础,任何交易或事项的发生必定会引起会计要素的增减变动,在编制会计分录前,首先要确定该经济业务涉及的会计要素有哪些。

(2)确定应登记的账户。根据确认的交易或事项所影响的会计要素,进一步判断应登记的账户。

(3)分析账户增减变化。在确定应登记的账户以后,进一步分析这些账户的增加或减少的变动情况,这一步骤是进而确定账户登记方向的基础。

(4)确定账户的记账方向。根据借贷记账法下账户的结构,确定交易或事项的增加额或减少额在相关账户中的登记方向。资产类、成本、费用类账户,借方登记增加额,贷方登记减少额;负债、所有者权益类和收入类账户,贷方登记增加额,借方登记减少额。

(5)确定登记金额。根据相关交易和事项提供的数据信息,具体确定在有关账户中登记的金额各是多少。

(6)按照会计分录的格式,写出完整的会计分录。

现仍以[例4-3]为前提,说明会计分录的编制方法。

【例4-4】 承[例4-3]按照会计分录编制方法及格式要求,编制相应业务的会计分录。

① 借:原材料                                       10 000
    贷:银行存款                                           10 000

② 借:应付票据                                      20 000
    贷:应付账款                                           20 000

③ 借:资本公积                                      50 000
    贷:实收资本                                           50 000

④ 借：银行存款　　　　　　　　　　　　　　　　　　30 000
　　贷：短期借款　　　　　　　　　　　　　　　　　　　　30 000

⑤ 借：固定资产　　　　　　　　　　　　　　　　　　500 000
　　贷：实收资本　　　　　　　　　　　　　　　　　　　500 000

⑥ 借：应付账款　　　　　　　　　　　　　　　　　　80 000
　　贷：银行存款　　　　　　　　　　　　　　　　　　　　80 000

⑦ 借：银行存款　　　　　　　　　　　　　　　　　　120 000
　　　应收账款　　　　　　　　　　　　　　　　　　　30 000
　　贷：主营业务收入　　　　　　　　　　　　　　　　　150 000

3. 会计分录的书写要求

会计分录应当具有一定的书写格式，应特别注意四点：第一，分录中的借方内容写在上面，贷方内容写在下面，不可先贷后借。第二，分录中的贷方内容应至少缩进一个字符书写，不要与借方内容对齐写，更不能将贷方内容写在借方的前面。第三，分录中的金额应按借方贷方分别排成两列，以便后续进行借方发生额、贷方发生额的汇总。第四，分录中的金额后面不必写单位，如"元""万元"等。

4. 会计分录的种类

按照所涉及账户的多少，会计分录分为简单会计分录和复合会计分录。简单会计分录是指只涉及一个账户借方和另一个账户贷方的会计分录，即一借一贷的会计分录，如[例4-4]中①~⑥的会计分录均为简单会计分录。复合会计分录是指有两个以上（不含两个）对应账户组成的会计分录，即一借多贷、多借一贷或多借多贷的会计分录，如[例4-4]的第⑦个会计分录，则为多借一贷的复合会计分录。

复合会计分录实际上是由若干简单会计分录复合而成的，但为了保持账户对应关系清晰，一般不应把不同经济业务合并在一起，编制多借多贷的会计分录；复合会计分录也可以分解为若干简单的会计分录，而若干笔相关的简单会计分录，又可合并为一笔复合会计分录，复合或分解的目的在于方便会计工作和更好地反映经济业务的实质。

5. 账户对应关系

账户对应关系是指采用借贷记账法对每笔交易或事项进行记录时，相关账户之间形成的应借应贷的相互关系，存在对应关系的账户称为对应账户。

账户对应关系和对应账户取决于企业所发生经济业务的内容和性质，特定的经济业务体现了特定的账户对应关系和对应账户。例如，某企业发生"以银行存款购买材料"的经济业务，就会使"原材料"账户和"银行存款"账户之间形成对应关系，这两个账户成为对应账户；而如果企业发生"赊购材料"的经济业务，则"原材料"账户应当与"应付账款"账户之间形成对应关系。

我们要能够通过账户对应关系，充分了解并判断出企业经济业务的具体内容及其来龙去脉，还要利用账户对应关系监督企业经济业务的合理性和合法性。例如，如果某大型企业在"固定资产"账户的借方和"库存现金"账户的贷方同时登记了500 000元,则根据两个账户之间的对应关系,可以得知该企业发生了"以库存现金500 000元购买固定资产"的经济业务,虽然其会计分录正确,但企业发生这项经济业务并不符合国家有关现金管理的规定。我国《现金管理暂行条例》的规定,企业之间大额款项的结算应当通过银行办理转账结算,不得直接使用现金收付。

### (五) 借贷记账法的试算平衡

试算平衡是指根据借贷记账法的记账规则和会计等式,对全部账户的发生额和余额进行汇总计算和比较,检查借贷金额是否相等,检查记账、过账过程中是否存在差错,从而确定账户记录是否正确的一种方法。

过账也称登账,是指会计人员根据审核无误的记账凭证,按照本期每笔分录中每个会计科目的借贷方向,将其金额、日期和编号等内容随时或定期地登记抄录到相应分类账簿中相应账页的记账过程。会计期末,本期所有会计分录过账完毕后,应予以结账,计算出每一账户的本期借方发生额、贷方发生额和期末余额,以便为试算平衡和编制财务会计报告做好准备。

1. 试算平衡的种类

借贷记账法下的试算平衡,通常可分为发生额试算平衡和余额试算平衡。

1) 发生额试算平衡

发生额试算平衡要求,全部账户本期借方发生额合计与全部账户本期贷方发生额合计保持平衡。借贷记账法的记账规则"有借必有贷,借贷必相等"是其理论依据。记账规则要求每一笔交易或事项发生引起的账户借方变动金额和贷方变动金额相等,那么将本期发生的全部交易或事项的金额加总,所有账户本期借方发生额合计与账户的贷方发生额合计也必定相等。这种关系可用如下公式表示:

全部账户本期借方发生额合计=全部账户本期贷方发生额合计

2) 余额试算平衡

余额试算平衡要求,全部账户借方期末(初)余额合计与全部账户贷方期末(初)余额合计保持平衡。"资产=负债+所有者权益"这一会计等式是其理论依据。全部账户中,凡留有期末或期初借方余额的账户,通常为资产类账户,借方余额合计实质为期末或期初的资产总计,凡留有期末或期初贷方余额的账户,通常为负债类和所有者权益类账户,其贷方余额合计实质为期末和期初的负债和所有者权益总计,所以余额试算平衡等量关系实质即为上述会计等式。这种关系可用如下公式表示:

全部账户期末(期初)借方余额合计=全部账户期末(期初)贷方余额合计

2. 试算平衡表的编制

实务工作中,试算平衡是通过编制试算平衡表来完成的。试算平衡表,通常是在期末结出各账户的本期发生额合计和期末余额后编制的,为方便起见,企业一般将发生额试算平衡表和余额试算平衡表的内容结合在一起,按期编制本期发生额及余额试算平衡表,试算平衡表中一般应设置"期初余额""本期发生额""期末余额"三大栏目,其下分设"借方"和"贷方"两个小栏。各大栏中的借方合计与贷方合计应该平衡相等,否则便存在记账错误。

**【例 4-5】** 承[例 4-4]中相应业务编制的会计分录以及"烟台兴茂机械制造有限公司 2020 年 4 月总分类账户期初余额表"如表 4-5 所示信息,过账并编制发生额及余额试算平衡表。

**表 4-5    烟台兴茂机械制造有限公司 2020 年 4 月总分类账户期初余额表**    单位:元

| 资产类账户 | 金额 | 负债及所有者权益类账户 | 金额 |
| --- | --- | --- | --- |
| 银行存款 | 250 000 | 短期借款 | 150 000 |
| 原材料 | 90 000 | 应付账款 | 120 000 |
| 应收账款 | 140 000 | 应付票据 | 80 000 |
| 固定资产 | 750 000 | 实收资本 | 1 000 000 |
| 无形资产 | 320 000 | 资本公积 | 200 000 |
| 合计 | 1 550 000 | 合计 | 1 550 000 |

将[例 4-4]中的会计分录过账,计入下列账户如图 4-21 所示。

| 借方 | | 银行存款 | 贷方 |
| --- | --- | --- | --- |
| 期初余额 | 250 000 | | |
| | (4) 30 000 | | (1) 10 000 |
| | (7) 120 000 | | (6) 80 000 |
| 本期借方发生额 | 150 000 | 本期贷方发生额 | 90 000 |
| 期末余额 | 310 000 000 | | |

| 借方 | | 原材料 | 贷方 |
| --- | --- | --- | --- |
| 期初余额 | 90 000 | | |
| | (1) 10 000 | | |
| 本期借方发生额 | 10 000 | 本期贷方发生额 | |
| 期末余额 | 100 000 | | |

| 借方 | | 应收账款 | 贷方 |
| --- | --- | --- | --- |
| 期初余额 | 140 000 | | |
| | (7) 30 000 | | |
| 本期借方发生额 | 30 000 | 本期贷方发生额 | |
| 期末余额 | 170 000 | | |

| 借方 | | 固定资产 | 贷方 |
| --- | --- | --- | --- |
| 期初余额 | 750 000 | | |
| | (5) 500 000 | | |
| 本期借方发生额 | 500 000 | 本期贷方发生额 | |
| 期末余额 | 1 250 000 | | |

| 借方 | | 短期借款 | | 贷方 |
|---|---|---|---|---|
| | | 期初余额 | | 150 000 |
| | | | | (4) 30 000 |
| 本期借方发生额 | | 本期贷方发生额 | | 30 000 |
| | | 期末余额 | | 180 000 |

| 借方 | | 应付账款 | | 贷方 |
|---|---|---|---|---|
| | | 期初余额 | | 120 000 |
| (6) 80 000 | | | | (2) 20 000 |
| 本期借方发生额 | 80 000 | 本期贷方发生额 | | 20 000 |
| | | 期末余额 | | 60 000 |

| 借方 | | 应付票据 | | 贷方 |
|---|---|---|---|---|
| | | 期初余额 | | 80 000 |
| (2) 20 000 | | | | |
| 本期借方发生额 | 20 000 | 本期贷方发生额 | | |
| | | 期末余额 | | 60 000 |

| 借方 | | 实收资本 | | 贷方 |
|---|---|---|---|---|
| | | 期初余额 | | 1 000 000 |
| | | | | (3) 50 000 |
| | | | | (5) 500 000 |
| 本期借方发生额 | | 本期贷方发生额 | | 550 000 |
| | | 期末余额 | | 1 550 000 |

| 借方 | | 资本公积 | | 贷方 |
|---|---|---|---|---|
| | | 期初余额 | | 200 000 |
| (5) 50 000 | | | | |
| 本期借方发生额 | 50 000 | 本期贷方发生额 | | |
| | | 期末余额 | | 150 000 |

| 借方 | | 主营业务收入 | | 贷方 |
|---|---|---|---|---|
| | | 发生额 | | (7) 150 000 |
| 本期借方发生额 | | 本期贷方发生额 | | 150 000 |
| | | 期末余额 | | 150 000 |

图 4-21　烟台兴茂机械制造有限公司各总分类账账户

根据试算平衡表编制总分类账户发生额及余额试算平衡表,如表4-6所示。

表4-6　烟台兴茂机械制造有限公司2020年4月总分类账户试算平衡表

2020年4月30日　　　　　　　　　　　　　　　　　　　　　　单位:元

| 账户名称 | 期初余额 | | 本期发生额 | | 期末余额 | |
|---|---|---|---|---|---|---|
| | 借方 | 贷方 | 借方 | 贷方 | 借方 | 贷方 |
| 银行存款 | 250 000 | | 150 000 | 90 000 | 310 000 | |
| 原材料 | 90 000 | | 10 000 | | 100 000 | |
| 应收账款 | 140 000 | | 30 000 | | 170 000 | |
| 固定资产 | 750 000 | | 500 000 | | 1 250 000 | |
| 无形资产 | 320 000 | | | | 320 000 | |
| 短期借款 | | 150 000 | | 30 000 | | 180 000 |
| 应付账款 | | 120 000 | 80 000 | 20 000 | | 60 000 |
| 应付票据 | | 80 000 | 20 000 | | | 60 000 |
| 实收资本 | | 1 000 000 | | 550 000 | | 1 550 000 |
| 资本公积 | | 200 000 | 50 000 | | | 150 000 |
| 主营业务收入 | | | | 150 000 | | 150 000 |
| 合计 | 1 550 000 | 1 550 000 | 840 000 | 840 000 | 2 150 000 | 2 150 000 |

由以上试算平衡表可知,各账户借贷双方的本期发生额和期末余额相等表明,账户记录基本正确。

【特别提示】

　　编制试算平衡表后,若借贷不平衡,则可以肯定账户记录或计算有错误,需要进一步查明原因,予以更正。如果借贷平衡了,只能推断账户记录或计算基本正确,因为有些账户记录错误,并不影响借贷双方的平衡关系,例如,发生重记、漏记、错记或记反借贷方向时,试算结果仍是平衡的。为了保证账户记录的完全正确,除试算平衡外,还应采用其他专门方法,对会计记录进行日常或定期的复核。

# 课堂结账测试

班级_____ 姓名_____ 学号_____ 日期_____ 平时分_____

## 一、单项选择题(每小题 3 分,共 15 分)

1. 会计科目是对(　　)的具体内容进行分类核算的项目。
   A. 会计要素　　　B. 经济业务　　　C. 会计账户　　　D. 会计分录
2. 账户按(　　)不同,可以分为总分类账户和明细分类账户。
   A. 经济内容　　　　　　　　　　　B. 会计要素
   C. 提供信息的详细程度　　　　　　D. 用途和结构
3. 下列会计账户中,最能体现制造企业经济活动特点的是(　　)。
   A. 应收账款　　　B. 原材料　　　C. 固定资产　　　D. 实收资本
4. 下列账户中,用贷方登记增加的账户是(　　)。
   A. 预付账款　　　B. 原材料　　　C. 银行存款　　　D. 实收资本
5. 借贷记账法下,账户哪方登记增加,哪方登记减少,取决于(　　)。
   A. 账户性质　　　B. 核算方法　　　C. 记账规则　　　D. 记账形式

## 二、多项选择题(每小题 4 分,共 20 分)

1. 会计科目按经济内容分,可分类为(　　)。
   A. 资产类科目　　　　　　　B. 负债类科目
   C. 所有者权益类科目　　　　D. 明细分类科目
2. 下列各项中,属于总分类账户与其所属明细分类账户平行登记的内容有(　　)。
   A. 记账依据相同　　　　B. 记账时期相同
   C. 记账方向相同　　　　D. 记账金额相等
3. 会计分录的基本要素包括(　　)。
   A. 记账符号　　　B. 记账时间　　　C. 记账金额　　　D. 科目名称
4. 下列选项中,属于复合会计分录的有(　　)。
   A. 一借一贷　　　　　B. 一借多贷
   C. 一贷多借　　　　　D. 多借多贷
5. 下列各项中,属于账户记录错误,但并不影响试算结果平衡的有(　　)。
   A. 重复编制会计分录　　　　B. 账户记错金额且不能抵消
   C. 在同类账户中串户过账　　D. 漏记某项经济业务

### 三、判断题(每小题 3 分,共 15 分)

1. 对于明细科目较多的会计科目,可在总分类科目下设置二级或多级明细科目。（　　）
2. 账户是根据会计科目开设的,具有一定格式和结构,用来分类反映会计要素增减变动情况及其结果的载体。（　　）
3. "借""贷"二字的含义是,"借"为借入,表示为债务增加;"贷"为贷出,表示为债务减少。（　　）
4. 复合会计分录不能分解为几个简单会计分录。（　　）
5. 账户试算结果平衡,说明账户记录完全正确无误。（　　）

### 四、业务题(共 50 分)

资料:(1) 甲公司 2020 年 8 月初各账户的期初余额表,如表 4-7 所示。

表 4-7　　　　　甲公司 2020 年 8 月总分类账期初余额表

| 会计账户 | 期初余额 | 会计账户 | 期初余额 |
| --- | --- | --- | --- |
| 库存现金 | 8 000 | 短期借款 | 120 000 |
| 银行存款 | 162 000 | 应付票据 | 130 000 |
| 原材料 | 100 000 | 应付账款 | 90 000 |
| 固定资产 | 11 100 000 | 实收资本 | 11 030 000 |
| 合计 | 11 370 000 | 合计 | 11 370 000 |

(2) 2020 年 8 月,甲公司发生的部分经济业务如下(假定不考虑增值税):

① 收到投资者按投资合同交来的资本金 400 000 元,已存入银行。
② 向银行借入期限为 6 个月的借款 200 000 元,存入银行。
③ 从银行提取现金 8 000 元备用。
④ 购买原材料 80 000 元,其中用银行存款支付 30 000 元,其余款项未付,已验收入库。
⑤ 应付票据 50 000 元到期,因无力支付而转为应付账款。
⑥ 用银行存款 100 000 元,偿还前欠短期借款。
⑦ 用银行存款 150 000 元,购买不需要安装的机器设备一台,设备已交付使用。

要求:(1) 根据上述资料,编制会计分录。(35 分)
(2) 根据上述资料,编制试算平衡表。(15 分)

# 第五章 会 计 凭 证

知识导航

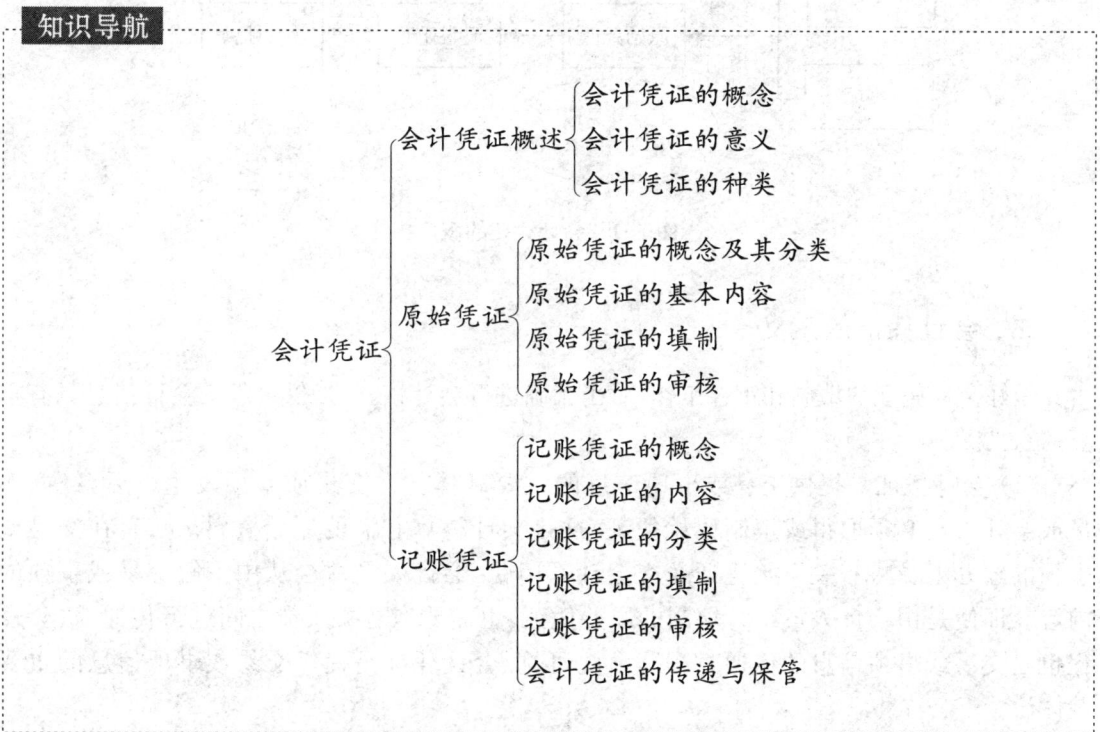

学习目标

1. 熟悉会计凭证的概念和种类
2. 掌握原始凭证和记账凭证的填制与审核
3. 了解会计凭证的传递和保管

## 第一节 会计凭证概述

### 一、会计凭证的概念

会计凭证是原始凭证和记账凭证的统称,是用以记载交易或事项的发生或完成情况,明确经济责任,并据以登记账簿的证明文件。合法地取得、正确地填制和审核凭证是会计的专门方法之一,对会计凭证的概念可结合图 5-1 加以理解。任何单位对于发生或完成的交易或事项,都必须首先填制或取得原始凭证,原始凭证记录交易或事项的内容,记账凭证是会计人员根据审核后的原始凭证填制,记账凭证是登记账簿的依据。

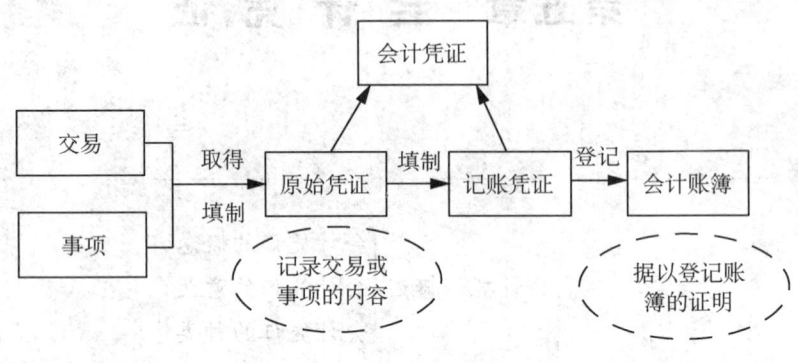

图 5-1　会计凭证的概念

## 二、会计凭证的意义

做好会计凭证的填制和审核工作,对于正确进行会计核算、提供可靠的会计信息具有重要的意义。

(1) 会计凭证是提供交易或事项信息的重要载体。在交易或事项发生以后,经办人员或会计人员必须取得或填制原始凭证,这是会计核算必需的原始资料。只有在交易或事项的经办人员将有关原始凭证送交会计部门时,会计人员才会从中了解交易或事项的内容。即使是由会计人员自行填制的原始凭证,也需要在有关人员之间进行传递,这一过程也是交易或事项信息的传递过程。由此可见,会计凭证是提供交易或事项信息的重要载体。

(2) 会计凭证是登记账簿的必要依据。会计人员应对记载交易或事项内容的原始凭证进行整理,并据其填制记账凭证,确定交易或事项所应予登记的账户名称、方向及金额等,即编制会计分录,以便将发生的交易或事项记入有关账户。

(3) 会计凭证是明确经济责任的重要手段。企业所发生的交易或事项一般都是由有关人员经办的。经办人员在完成交易或事项一定环节的内容时,必须在会计凭证上签名或盖章,这样做可以明确经济责任,即便发生差错也容易查找。此外,通过会计凭证的传递,可以使有关部门和有关人员之间相互牵制、相互制约,有利于及时发现和解决问题。

(4) 审核会计凭证是实行会计监督的具体措施。会计人员通过审核会计凭证,可以检查交易或事项的真实性、合法性和合规性,使交易或事项的会计处理符合相关规定的要求,从源头上保证会计信息质量。通过对会计凭证的审核,也能够及时发现企业经营管理中存在的问题,或管理制度中存在的漏洞,以便及时采取措施加以解决。

## 三、会计凭证的种类

会计凭证按其填制程序和用途的不同,分为原始凭证和记账凭证。

原始凭证的主要作用在于记录经济业务,明确经济责任。常用的原始凭证有增值税专用发票、支票存根和领料单等。记账凭证的主要作用在于确定会计分录,并以此作为记账的依据。原始凭证和记账凭证可以细分为若干小类,如图5-2所示。各类会计凭证的具体内容将在本章第二节和第三节详细介绍。

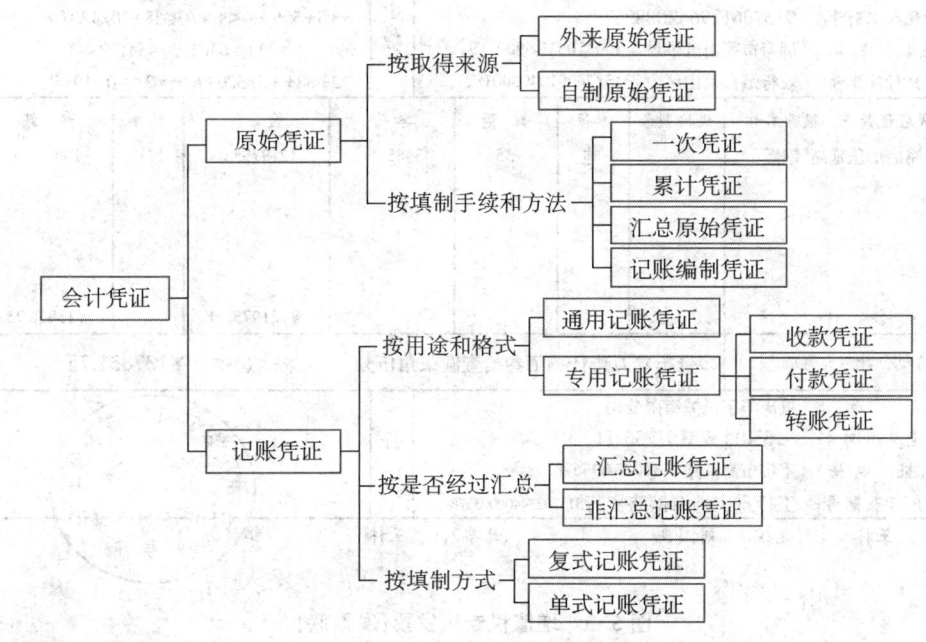

图 5-2　会计凭证的分类

## 第二节　原 始 凭 证

### 一、原始凭证的概念及其分类

**(一) 原始凭证的概念**

原始凭证是在经济业务发生时直接取得或填制的、载明经济业务的具体内容、明确经济责任、具有法律效力的书面证明。它是组织会计核算的原始资料和重要依据。

**(二) 原始凭证的分类**

原始凭证按取得的来源、填制手续和方法两种标准进行分类。

1. 原始凭证按取得的来源分类

原始凭证按照取得的来源不同,可分为外来原始凭证和自制原始凭证两种。

(1) 外来原始凭证。外来原始凭证是指在发生交易或事项时,从其他企业或个人处取得的原始凭证。例如,企业购货时取得的增值税专用发票,如图5-3所示;在开户银行办理存款的收支业务时由银行开具网上银行电子回单,如图5-4所示;国家税务局开具的税收完税凭证,如图5-5所示。

## 重庆增值税专用发票   No 07660077

5000191140
07660077

开票日期：2019年12月01日

| 购买方 | 名　称： | 烟台兴茂机械制造有限公司 | 密码区 | 1<6<6>**580331/373>67<599<<<br>++8+505>4-<+>/0<38+70/420/><br>09>>+-*93+>6401/3/4541*2<-3<br>-*2+88++5/320+6+*<2<>0+19<7 |
|---|---|---|---|---|
| | 纳税人识别号： | 913706129662088957 | | |
| | 地址、电话： | 烟台市莱山区港城街100号0535-6900119 | | |
| | 开户行及账号： | 农行烟台莱山区支行15376201040000182 | | |

| 货物或应税劳务、服务名称 | 规格型号 | 单位 | 数量 | 单价 | 金额 | 税率 | 税额 |
|---|---|---|---|---|---|---|---|
| *黑色金属冶炼压延品*钢板 | | 吨 | 35 | 3485.00 | 121975.00 | 13% | 15856.75 |
| 合　计 | | | | | ¥121975.00 | | ¥15856.75 |

| 价税合计（大写） | ⊗壹拾叁万柒仟捌佰叁拾壹圆柒角伍分 | （小写）¥137831.75 |
|---|---|---|

| 销售方 | 名　称： | 重庆华宇机械有限公司 | 备注 | |
|---|---|---|---|---|
| | 纳税人识别号： | 915501157815775 67H | | |
| | 地址、电话： | 重庆市海港路77号023-8956787 | | |
| | 开户行及账号： | 工行重庆港海港路支行31370334400005578 | | |

收款人：王林　　复核：刘国良　　开票人：王林　　销售方：（章）

图 5-3　增值税专用发票（发票联）

 **中国农业银行**　　网上银行电子回单
AGRICULTURAL BANK OF CHINA

| 电子回单号码： | 37650400934327427307 | | | | |
|---|---|---|---|---|---|
| 付款方 | 账号 | 31370334400005578 | 收款方 | 账号 | 15376201040000182 |
| | 户名 | 重庆华宇机械有限公司 | | 户名 | 烟台兴茂机械制造有限公司 |
| | 开户行 | 中国工行银行重庆港海港路支行 | | 开户行 | 中国农业银行烟台莱山区支行 |
| 金额（小写） | ¥2,168.25 | | 金额（大写） | 贰仟壹佰陆拾捌元贰角伍分 | |
| 币种 | 人民币 | | 交易渠道 | EBNK | |
| 摘要 | 材料多余款 | | 凭证号 | 15376201040000182 | |
| 交易时间 | 2019-12-02 10:32:15 | | 会计日期 | 20191202 | |
| 附言 | | | | | |

打印日期：2019-12-02

图 5-4　网上银行电子回单

# 中华人民共和国税收完税证明

(162) 鲁国证 01037286

填发日期: 2019年12月04日　　税务机关: 烟台莱山区国家税务局纳税服务科

| 纳税人识别号 | 913706129662088957 | | 纳税人名称 | 烟台兴茂机械制造有限公司 | | |
|---|---|---|---|---|---|---|
| 原凭证号 | 税种 | 品目名称 | 税款所属时期 | 入(退)库日期 | 实缴(退)金额 |
| 320191204000108779 | 增值税 | 其他制造业(13%) | 2019-11-01至2019-11-30 | 2019-12-04 | 62,565.00 |

| 金额合计 | (大写) 陆万贰仟伍佰陆拾伍元整 | | ￥62,565.00 |
|---|---|---|---|
| 税务机关 (烟台莱山区国家税务局 12号 税(费)专用章) | 填票人 张一静 | 备注<br>(162)鲁国证01037286<br>主管税务所(科、分局): 烟台莱山区国家税务局税源管理一科<br>电子税票号码: 320191204000015123 | |

妥善保管、手写无效

第一联(收据)交纳税人作完税证明

图 5-5 税收完税证明

（2）自制原始凭证。自制原始凭证是由本单位内部经办业务的部门或人员，在经济业务发生或完成时自行填制的原始凭证。例如，材料验收入库时仓库保管员填制的"收料单"，如图 5-6 所示；各领料部门向仓库领料时填制的"领料单"，产品完工验收入库时填制的产品"入库单"，如图 5-7 所示；企业内部的"借款单""差旅费报销单"，如图 5-8 所示，"工资结算单"等都属于自制原始凭证。

## 烟台兴茂机械制造有限公司
### 收料单
No.209738

供货单位: 重庆华宇机械有限公司
发票号码: 07660077

2020年12月01日

| 材料类别 | 名称及规格 | 计量单位 | 数量 | | 实际成本 | | 计划成本 | | 差异 |
|---|---|---|---|---|---|---|---|---|---|
| | | | 应收 | 实收 | 单价 | 金额 | 单价 | 金额 | |
| 钢板 | | 吨 | 35 | 35 | 3,485.00 | 121,975.00 | 3,500.00 | 122,500.00 | -525.00 |
| | | | | | | | | | |
| | | | | | | | | | |
| 合计 | | 吨 | 35 | 35 | 3,485.00 | 121,975.00 | 3,500.00 | 122,500.00 | -525.00 |

记账联

质量检验: 刘伟　　　　　收料: 赵小英

图 5-6 收料单

## 烟台兴茂机械制造有限公司
## 产成品入库单

No. 20195689

类　别：生产车间　　　　　　　　　　　　入库时间：2020年12月23日

| 产品名称 | 产品规格 | 单位 | 数量 | 交货人 | 库管员确认 | 备注 |
|---|---|---|---|---|---|---|
| 铝合金油箱 |  | 件 | 200 | 杨文栋 | 赵小英 | 记账联 |
|  |  |  |  |  |  |  |
|  |  |  |  |  |  |  |
| 合　计 |  | 件 | 200 |  |  |  |

质量检验：刘伟　　　　　　　　　　　　　仓库主管：于传强

图 5-7　产成品入库单

## 烟台兴茂机械制造有限公司
## 差旅费报销单

填表日期 2020年12月02日

| 出差人姓名 | | 刘星 | | | 所属部门 | | 采购部 | |
|---|---|---|---|---|---|---|---|---|
| 出差地点 | | 重庆 | | | 起止日期 | | 自11月28日至12月2日，共5天 | |
| 出差事由 | 购买钢板材料 | | | | | | | |
| 交通及住宿费 | 种类 | 单据张数 | 开支金额 | 核准金额 | 出差补助费 | 种类 | 天数 | 标准 | 金额 |
| | 城市间交通费 | 11 | 4,580.00 | 4,580.00 | | 伙食补贴 | 5 | 100.00 | 500.00 |
| | 住宿费 | 2 | 1,520.00 | 1,520.00 | | 公杂补贴 | 5 | 60.00 | 300.00 |
| | 小计 | | 6,100.00 | 6,100.00 | | 小计 | 现金付讫 | | 800.00 |
| 金额合计 | （大写）陆仟玖佰元整 | | | | | | ¥6,900.00元 | |
| 报销结算情况 | 原出差借款 | ¥5,000.00 | | | 报销金额 | | ¥6,900.00 | |
| | 退回金额 | | | | 补发金额 | | ¥1,900.00 | |

经办人：刘星　部门经理：刘英杰　财务经理：张丽　总经理：孔祥瑞　出纳：王小刚

图 5-8　差旅费报销单

2. 原始凭证按填制手续和方法分类

原始凭证按填制手续和方法的不同，可分为一次凭证、累计凭证、汇总原始凭证和记账编制凭证。

（1）一次凭证。一次凭证是指在一张凭证中只反映一项经济业务或同时反映若干项同类经济业务，填制手续是一次完成的原始凭证。外来原始凭证一般都属于一次凭证，自制原始凭证中的"收料单""领料单""入库单"等也属于一次凭证。

（2）累计凭证。累计凭证是指在一张凭证上连续记载一定时期内不断重复发生的同类经济业务，填制手续是随着经济业务发生而分次完成的原始凭证。例如，在生产中使用的有消耗定额的材料,可以设置"限额领料单",其格式如图 5-9 所示,限额领料单的设置,既可起到控制材料消耗的作用,又能简化凭证的填制手续。

**烟台兴茂机械制造有限公司**
**限 额 领 料 单**　　　　No.2020029

领料部门：生产车间　　　　2020年12月

| 材料名称 | 材料编号 | 规格 | 计量单位 | 领用限额 | 计划单价（元） |
|---|---|---|---|---|---|
| 钢板 | | | 吨 | 30 | 3,500.00 |

| 日期 | 请领 | | 实发 | | 退库 | | | 限额结余 |
|---|---|---|---|---|---|---|---|---|
| | 数量 | 领料人签章 | 数量 | 发料人签章 | 数量 | 收料人签章 | 退料人签章 | |
| 2020-12-02 | 7 | 贾凯鸿 | 7 | 赵小英 | | | | 23 |
| 2020-12-09 | 4 | 贾凯鸿 | 4 | 赵小英 | | | | 19 |
| 2020-12-17 | 9 | 贾凯鸿 | 9 | 赵小英 | | | | 10 |
| 2020-12-23 | 5 | 贾凯鸿 | 5 | 赵小英 | | | | 5 |
| 合　计 | 25 | | 25 | | | | | |

仓库主管：刘伟　　　　　　　　　领料部门主管：孙思泽

图 5-9　限额领料单

（3）汇总原始凭证。汇总原始凭证是指将一定时期内若干张反映同类经济业务的原始凭证加以汇总而填制的凭证,也称原始凭证汇总表。汇总原始凭证既可以提供企业经营管理所需要的总量指标,又可以简化记账凭证的编制手续。例如,企业月末将月份内所填制的"收料单""领料单"进行汇总,编制"材料收发存汇总表",其格式与内容如图 5-10 所示。

**烟台兴茂机械制造有限公司**
**材料收发存汇总表**
2019年12月31日

| 材料类别 | 计量单位 | 计划单价（元） | 期初结存 | | | 本期收入 | | | 差异率 | 本期发出 | | | | 期末结存 | | |
|---|---|---|---|---|---|---|---|---|---|---|---|---|---|---|---|---|
| | | | 数量 | 计划成本（元） | 差异(元) | 数量 | 计划成本（元） | 差异(元) | | 用途 | 数量 | 计划成本（元） | 差异(元) | 数量 | 计划成本（元） | 差异(元) |
| 钢板 | 吨 | 3,500.00 | 70.00 | 245,000.00 | -1,050.00 | 69.00 | 241,500.00 | -1,035.00 | -0.43% | 委托加工材料 | 10.00 | 35,000.00 | -150.00 | 66.50 | 232,750.00 | -997.5 |
| | | | | | | | | | | 抗性消音器 | 62.50 | 218,750.00 | -937.50 | | | |
| 铝合金 | 吨 | 13,300.00 | 12.50 | 166,250.00 | 2,500.00 | 8.00 | 106,400.00 | 1,900.00 | 1.61% | 铝合金油箱 | 9.60 | 127,680.00 | 2,060.49 | 10.90 | 144,970.00 | 2,339.51 |

会计：李丰富　　　　　　　　　　　财务主管：张丽

图 5-10　材料收发存汇总表

（4）记账编制凭证。在企业自制的各种原始凭证中,一般是以实际发生或完成的经济业务为依据,由经办人员填制的,但有些原始凭证则是由会计人员根据账簿记录的结果,重新归类整理而编制的,称为记账编制凭证。例如,制造业企业月末为了计算产品成本,对库存商品和在产品按照一定的标准分配,编制的"库存商品、在产品成本分配表",其格式与内容如图5-11所示。

**铝合金油箱库存商品、在产品成本分配表**

单位：烟台兴茂机械制造有限公司　　　　　　　　　　　　日期：2020年12月31日

| 生产成本——铝合金油箱 | 直接动力 | 直接材料 | 直接人工 | 制造费用 | 合　计 |
|---|---|---|---|---|---|
| 期　初 | 1,480.34 | 108,989.13 | 34,852.74 | 26,034.58 | 171,356.79 |
| 本月发生 | 1,220.75 | 129,740.49 | 34,505.03 | 28,029.43 | 193,495.70 |
| 合　计 | 2,701.09 | 238,729.62 | 69,357.77 | 54,064.01 | 364,852.49 |
| 分配率 | 3.223258 | 255.325797 | 82.765835 | 64.515525 | — |
| 库存商品 | 1,450.47 | 114,896.61 | 37,244.63 | 29,031.99 | 182,623.70 |
| 在产品 | 1,250.62 | 123,833.01 | 32,113.14 | 25,032.02 | 182,228.79 |

会计：李丰富　　　　　　　　　　　　　　　　　财务主管：张丽

图5-11　库存商品、在产品成本分配表

## 二、原始凭证的基本内容

经济业务的内容是多种多样的,记录经济业务的原始凭证所包括的具体业务内容也各不相同,各有其不同的特点和要求。每一种原始凭证都要客观真实地记录每一项经济业务的发生和完成情况,都要明确经办单位及经办人员所承担的经济责任。因此,各种原始凭证都应具备一定的基本内容。

（1）原始凭证的名称。凭证的名称用以标明原始凭证所记录的经济内容,反映原始凭证的用途,如"增值税专用发票""收料单""入库单""差旅费报销单"等。

（2）填制原始凭证的日期。原始凭证填制的日期一般是所记录经济业务发生或完成的日期。如果在业务发生或完成时,因各种原因未能及时填制原始凭证的,应以实际填制的日期为准。

（3）填制原始凭证的单位名称或个人姓名。

（4）接受凭证单位的名称,如发票上应写明购货单位的名称,且应填列全称。将接受凭证单位与填制单位或填制人员相联系,是为了明确经济业务的来龙去脉。

（5）经济业务的内容摘要。用于表明经济业务的项目、名称及有关的附注说明。

（6）经济业务的数量、单价和金额。表明经济业务的计量内容,是原始凭证的核心内容。

（7）经办人员的签名或盖章。用于明确其经济责任,从外单位直接取得的原始凭证,还应盖有填制单位的财务专用章或公章。

此外,企业还可根据自身经济活动的特点和经营管理的需要,在原始凭证中补充一些必要的内容,如在原始凭证上注明与该项经济业务有关的计划指标、经济合同号码等,以便更好地发挥原始凭证的多重作用。

### 三、原始凭证的填制

自制原始凭证的填制有三种形式：一是根据实际发生或完成的经济业务，由经办人员直接填制，如"入库单""领料单"等；二是根据账簿记录对有关经济业务加以归类、整理填制，如月末编制的"制造费用分配表""利润分配表"等；三是根据若干张反映同类经济业务的原始凭证定期汇总填制，如各种汇总原始凭证等。

外来原始凭证虽然是由其他单位或个人填制，但它同自制原始凭证一样，也必须具备为证明经济业务完成情况和明确经济责任所必需的内容。

#### （一）原始凭证的填制要求

尽管各种原始凭证的具体填制依据和方法不完全一致，但就原始凭证应反映经济业务、明确经济责任而言，其填制的一般要求有以下几个方面：

1. 记录真实

凭证上记载的经济业务，必须与实际情况相符合，不可歪曲或弄虚作假。对于实物的数量、质量和金额，都要经过严格的审核，确保凭证内容真实可靠。从外单位取得的原始凭证如有丢失，应取得原签发单位盖有"财务专用章"的证明，并注明原凭证的号码、所载金额等内容，由经办单位负责人批准后，可代作原始凭证；对于丢失后确实无法取得证明的，如火车票、轮船票、飞机票等，可由当事人写出详细情况，由经办单位负责人批准后，也可代作原始凭证。

2. 手续完备

原始凭证的填制手续，必须符合内部控制的要求。凡是填有大写和小写金额的原始凭证，大写与小写金额必须相符；购买实物的原始凭证，必须有实物的验收证明；支付款项的原始凭证，必须有收款方的收款证明。一式多联的凭证，必须用双面复写纸套写，或本身具备复写功能，并连续编号，作废时应加盖"作废"戳记，连同存根一起保存；销货退回时，除填制退货发票外，必须取得对方的收款收据或开户行的汇款凭证，不得以退货发票代替收据；各种借出款项的收据，必须附在记账凭证上，收回借款时，应另开收据或退回收据副本，不得退回原借款收据；经有关部门批准办理的某些特殊业务，应将批准文件作为原始凭证的附件或在凭证上注明批准机关名称、日期和文件字号。

3. 内容齐全

凭证中的基本内容和补充内容都要详尽地填写齐全，不得漏填或省略不填。如果项目填写不全，则不能作为经济业务的合法证明，也不能作为有效的会计凭证。为了明确经济责任，原始凭证必须由经办部门和人员签章。从外单位取得的原始凭证，必须有填制单位的公章或财务专用章；从个人取得的原始凭证，必须有填制人员的签名或盖章。自制原始凭证必须有经办部门负责人或其指定人员的签名或盖章。对外开出的原始凭证，必须加盖本单位的公章或财务专用章。

4. 书写规范

原始凭证上的文字，要按规定书写，字迹要工整、清晰，易于辨认，不得使用未经国务院颁布的简化字。合计的小写金额前要冠以人民币符号"¥"(用外币计价、结算的凭证,金额前要加注外币符号,如"HK＄""US＄"等),币值符号与阿拉伯数字之间不得留有空白;所有以元为单位的阿拉伯数字,除表示单价等情况外,一律填写到角分,无角分的要以"0"补位。汉字大写金额数字,一律用正楷字或行书字书写,如壹、贰、叁、肆、伍、陆、柒、捌、玖、拾、佰、仟、万、亿、元(圆)、角、分、零、整(正)。大写金额最后为"元"或"角"的应加写"整"(或"正")字断尾。

阿拉伯金额数字中间有"0"时,汉字大写金额要写"零"字,如"¥1 409.50",汉字大写金额应写成"人民币壹仟肆佰零玖元伍角整"。阿拉伯金额数字中间连续有几个"0"时,汉字大写金额中可以只写一个"零"字,如"¥6 007.14",汉字大写金额应写成"人民币陆仟零柒元壹角肆分"。阿拉伯金额数字万位或元位是"0",或者数字中间连续有几个"0",元位也是"0",但千位、角位不是"0"时,汉字大写金额中可以只写一个"零"字,也可以不写"零"字,如"¥1 580.32",应写成"人民币壹仟伍佰捌拾元零叁角贰分",或者写成"人民币壹仟伍佰捌拾元叁角贰分";又如"¥107 000.53",应写成"人民币壹拾万柒仟元伍角叁分",或者写成"人民币壹拾万零柒仟元伍角叁分"。阿拉伯金额数字角位是"0",而分位不是"0"时,汉字大写金额"元"后面应写"零"字,如"¥16 409.02",应写成"人民币壹万陆仟肆佰零玖元零贰分"。

原始凭证记载的各项内容均不得涂改。原始凭证有错误的应当由出具单位重开或者更正,更正处应当加盖出具单位印章。对于支票等重要的原始凭证若填写错误,一律不得在凭证上更正,应按规定的手续注销留存,另行重新填写。

5. 填制及时

每笔经济业务发生或完成后,经办业务的有关部门和人员必须及时填制原始凭证,做到不拖延、不积压,并要按规定的程序将其送交会计部门。

(二) 原始凭证的填制方法

1. 一次凭证的填制

一次凭证是经办人员在经济业务发生或完成时根据经济业务的具体内容一次填制完成的。外来原始凭证通常是由外单位经办人员一次填制完成的,其填制方法和要求与自制一次凭证基本相同。这里以领料单、增值税专用发票和支票为例,介绍一次凭证的填制方法。

(1) 领料单的填制。领料单是用料部门向仓库领出材料时填制的原始凭证。领料人应如实填写领料日期、用途、材料名称、规格、计量单位、请领数量等内容,经领料部门负责人批准后,向发料人(仓库保管员)领料,发料人审核用途后,发放材料,填写实发数量。领料单一般为一式三联,一联由领料部门留存,一联留仓库据以登记材料物资明细账,一联交会计部门记账,填写时应用双面复写纸一次套写。为明确经济责任,领料单需经领料部门负责人、领料人、发料人签字盖章。

【例 5-1】 2020 年 12 月 18 日,生产车间的贾凯鸿领取原材料钢板,用于生产抗性消音器,数量为 7 吨,计划单价为 3 500 元/吨。领取原材料铝合金用于生产铝合金油箱,数量为 1.3 吨,计划单价为 13 300 元/吨。填制的"领料单"如图 5-12 所示。

## 烟台兴茂机械制造有限公司
### 领 料 单

No.2020030

领料部门：生产车间　　2020年12月18日

| 材料类别 | 名称及规格 | 计量单位 | 数量（吨） | | 计划单价（元） | 金额（元） | 用途 | 领料人签字 |
|---|---|---|---|---|---|---|---|---|
| | | | 请领 | 实领 | | | | |
| 钢板 | | 吨 | 7 | 7 | 3,500.00 | 24,500.00 | 抗性消音器 | 贾凯鸿 |
| 铝合金 | | 吨 | 1.3 | 1.3 | 13,300.00 | 17,290.00 | 铝合金油箱 | 贾凯鸿 |
| | | | | | | | | |
| 合　计 | | 吨 | 8.3 | 8.3 | | 41,790.00 | | |

仓库主管：刘伟　　　发料人：赵小英　　　领料部门主管：孙思泽

记账联

图 5-12　领料单

（2）增值税专用发票的填制。增值税专用发票是一般纳税人销售增值税应税商品或提供应税劳务时开具的一种特殊发票，增值税专用发票应通过增值税防伪税控系统开具。增值税专用发票的基本联次统一规定为三联，各联次必须按规定用途使用。第一联是记账联，是销货方的记账凭证，即是销货方作为销售货物或提供服务的原始凭证；第二联是抵扣联，购货方作为扣税凭证；第三联为发票联，是购货方的记账凭证。

【例 5-2】2020年12月3日，烟台兴茂机械制造有限公司销售给济南西城机械有限公司 910 件抗性消音器，开出增值税专用发票（号码：03349233），列明价款 297 964.60 元，税额为 38 735.40 元，货已发出，货款尚未收到。填制的增值税专用发票如图 5-13 所示。

图 5-13　增值税专用发票（记账联）

(3)支票的填制。支票是企业因购买商品、接受劳务或其他事项,委托其开户银行在见票时无条件支付确定金额给收款人或持票人的票据。支票由出纳人员负责填写,按编号顺序使用。支票的基本联次为左右两联,即存根联和正联。签发支票应当按照规定逐项填写,并加盖预留在银行的印鉴(财务专用章和法人代表章)。支票分为现金支票和转账支票。

**【例 5-3】** 烟台兴茂机械制造有限公司收到济南曼华包装有限公司发来的转账支票1张,金额为 76 200 元,用来支付前欠货款。转账支票分存根联(图 5-14 所示)和支票联(图 5-15 所示)两个部分,其中存根联由付款方保管,作为付款方记账凭证的依据,支票联由收款方交予银行,将转账支票金额存入银行账户。

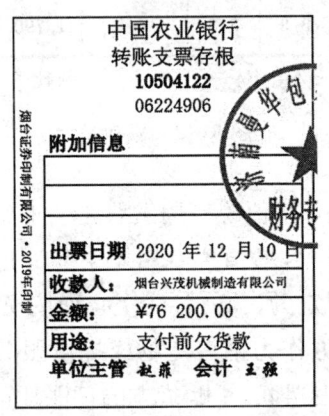

图 5-14 转账支票存根联

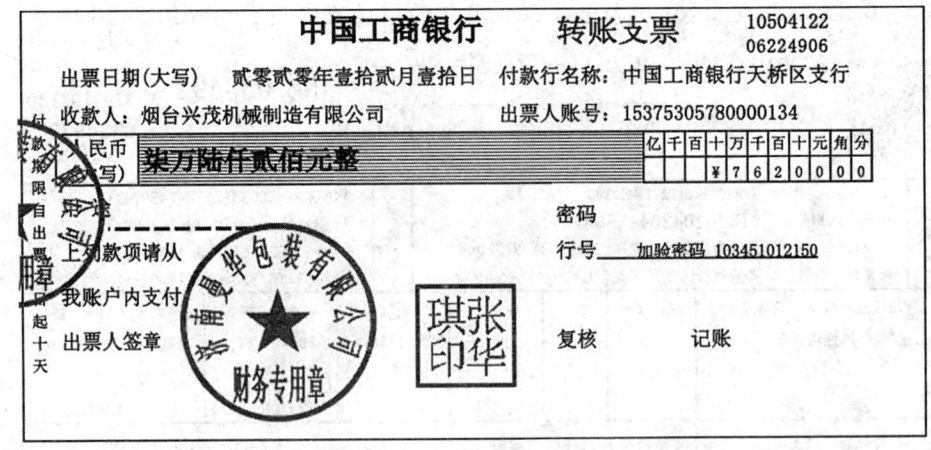

图 5-15 转账支票支票联

填写现金支票时,应使用碳素墨水书写,正面填写收款人和开户银行的名称、支票号码、签发日期(大写)、签发人银行账号、大小写金额、用途等项目。反面填写收款人的姓名、身份证号码和发证机关名称。现金支票的用途有一定的限制,一般填写"备用金""差旅费""职工薪酬""劳务费"等。支票上的大小写金额和收款人不得更改,其他内容如有更改,必须加盖预留银行印鉴加以证明。未按规定填写支票,被涂改冒领的,由签发人负责。

转账支票的填制方法与现金支票基本相同,当企业需要向开户银行送交支票,办理银行存款收入业务时,还应当填写进账单。进账单填写的内容包括进账单的日期,出票人的全称、开户银行和账号、收款人的全称、开户银行和账号,进账的大小写金额,进账的事由。

2. 累计凭证的填制

累计凭证是一次开设、多次使用的原始凭证。以限额领料单为例,采用限额领料的企业,月初由生产计划部门根据下达的生产任务和材料消耗定额,为材料领用部门规定月份内领用某种材料的最高额度,材料使用部门在月份内根据需要分次领取。限额领料单一般为一料一单,领料部门每次领料时,在该单内填写请领数量,经领料部门负责人签章批准后,去仓库领料。仓库发料时,发料人应填写实发数量及限额结余数量,领发料双方同时在单内签章。月末累计出全月实际领用总量和金额,交由会计部门据以记账。

3. 汇总原始凭证的填制

将一定时期内若干张反映同类经济业务的一次凭证、累计凭证,按照一定标准汇总填制在一张凭证上。例如,"发料凭证汇总表"是将月份内所填制的若干张"领料单""限额领料单"按照领料部门和材料用途分类汇总编制的,编制的时间间隔可根据业务量的大小确定;"薪酬结算汇总表"是将企业各部门编制的"薪酬结算单"按人员所在部门和工作岗位分类汇总编制的。

4. 记账编制凭证的填制

记账编制凭证是会计人员根据有关账簿资料按照经济业务的要求进行归类、整理、计算后重新编制的。例如,月末依据明细账中的会计数据编制的制造费用分配表、固定资产折旧计算表等。

### 四、原始凭证的审核

为了保证原始凭证内容的真实性和合法性,防止不符合填制要求的原始凭证影响会计信息的质量,必须由会计部门对一切外来的和自制的原始凭证进行严格的审核。审核内容主要包括以下两个方面。

**(一)审核原始凭证所反映的经济业务是否合法、合规、合理**

审核时应以国家颁布的现行财经法规、财会制度以及本单位制定的有关规则、预算和计划为依据,审核经济业务是否符合有关规定,有无弄虚作假、违法乱纪、贪污舞弊的行为;审核经济活动的内容是否符合规定的开支标准,是否履行规定的手续,有无背离经济效益原则和内部控制制度的要求。

**(二)审核原始凭证的填制是否符合规定的要求**

首先应审核原始凭证是否具备作为合法凭证所必需的基本内容,所有项目是否填写齐全,有关单位和人员是否已签字盖章;其次要审核凭证中所列数字的计算是否正确,大、小写金额是否相符,数字和文字是否清晰等。

原始凭证的审核,是一项十分细致而严肃的工作,必须坚持原则,依法办事。对于不真实、不合法的原始凭证,会计人员有权不予受理,并要向单位负责人报告;对于记载不准确、不完整的原始凭证应予以退回,并要求按照国家统一的会计制度规定更正、补充。原始凭证经审核无误后,才能作为编制记账凭证和登记明细分类账的依据。

## 第三节 记 账 凭 证

### 一、记账凭证的概念

记账凭证是指对审核无误的原始凭证,按照经济业务的内容加以归类,并据以确定会计分录后填制的会计凭证,它是登记账簿的直接依据。

原始凭证虽是经济业务实际发生的原始证据,但原始凭证种类繁多、数量庞大、格式各异,很难做到分类反映经济业务的内容,所以就必须按照会计核算方法的要求,对原始凭证进行分类、归纳,根据复式记账法的基本原理,确定应借、应贷的会计科目和金额,将原始凭证中的一般数据转化为会计语言。记账凭证介于原始凭证和会计账簿之间的中间环节,是登记明细分类账和总分类账的依据。

### 二、记账凭证的内容

由于各单位经济内容不同、规模大小及会计核算繁简程度不同,其格式亦有所不同。但为了满足记账的基本要求,记账凭证应具备以下基本内容:

(1) 记账凭证的名称,如"收款凭证""付款凭证""转账凭证"。
(2) 记账凭证填制的日期。
(3) 经济业务的内容、摘要。
(4) 会计科目名称(包括一级科目、二级科目或明细科目)、金额和借贷方向。
(5) 记账凭证的编号。
(6) 所附原始凭证张数。
(7) 制单、审核、记账、会计主管等人员的签名、盖章。如果为收款、付款凭证,还应由出纳人员签名或盖章。
(8) 记账标记。

### 三、记账凭证的分类

记账凭证可以按用途和格式、是否经过汇总以及填制方式等三种标准进行分类。

#### (一) 记账凭证按用途和格式的分类

记账凭证按其用途和格式的不同,可以分为专用记账凭证和通用记账凭证。

1. 专用记账凭证

专用记账凭证是一种专门用于记录某一特定种类经济业务的记账凭证,按其所反映经济业务内容的不同,又可进一步分为收款凭证、付款凭证和转账凭证三种。

(1) 收款凭证是用来反映货币资金收入业务的记账凭证,根据收款内容的不同,一般按库存现金和银行存款分别编制。

(2) 付款凭证是用来反映货币资金支出业务的记账凭证,付款凭证一般也按库存现金和银行存款分别编制。

(3) 转账凭证是用来反映不涉及货币资金收付业务(即转账业务)的记账凭证。

采用专用记账凭证,有利于对不同经济业务进行分类管理,但核算工作量较大,适用于规模较大、收付款业务较多的单位。在实际工作中,为了便于识别及减少差错,往往采用不同颜色分别印制。

2. 通用记账凭证

通用记账凭证是不分经济业务的类型,统一使用同一种格式的记账凭证,并按顺序连续编号。通用记账凭证适用于经济业务比较简单、规模较小、收付款业务较少的单位。

### (二) 记账凭证按是否经过汇总的分类

记账凭证按其是否需要经过汇总,可以分为汇总记账凭证和非汇总记账凭证。

1. 汇总记账凭证

汇总记账凭证是根据一定时期内单一的记账凭证按一定的方法加以汇总而重新填制的凭证,其目的是为了简化登记总账的工作。汇总记账凭证包括分类汇总记账凭证和全部汇总记账凭证。

(1) 分类汇总记账凭证是按照收款、付款和转账凭证分别加以汇总编制的,包括汇总收款凭证、汇总付款凭证和汇总转账凭证三种。汇总收款凭证是按"库存现金""银行存款"科目的借方分别设置的一种汇总记账凭证,它汇总一定时期内库存现金和银行存款的收款业务;汇总付款凭证是按"库存现金"和"银行存款"科目的贷方分别设置的一种汇总记账凭证,它汇总一定时期内库存现金和银行存款的付款业务;汇总转账凭证是按转账凭证中每一贷方科目分别设置的,用来汇总一定时期内转账业务的一种汇总记账凭证。

(2) 全部汇总记账凭证是根据平时编制的所有记账凭证按照相同科目归类汇总其借方、贷方发生额而编制的,一般称为科目汇总表。在科目汇总表中,分别计算出每一个总账科目的借方发生额合计数和贷方发生额合计数。由于借贷记账法的记账规则是"有借必有贷,借贷必相等",所以在编制科目汇总表时,全部总账科目的借方发生额合计数应与贷方发生额合计数相等。科目汇总表可根据单位业务量而定,既可以每月汇总一次,也可以每旬汇总一次;具体格式可以每汇总一次编制一张汇总表,也可以将每次汇总结果填列到一张汇总表中。

2. 非汇总记账凭证

非汇总记账凭证是根据原始凭证编制的只反映某项经济业务,即只有一笔会计分录的记账凭证。收款凭证、付款凭证、转账凭证以及通用记账凭证均属于非汇总记账凭证。

## （三）记账凭证按填制方式的分类

记账凭证按其填制方式的不同,可分为复式记账凭证和单式记账凭证。

### 1. 复式记账凭证

复式记账凭证是将一项经济业务涉及的全部会计科目都集中填制在一张记账凭证上,为此也称多科目记账凭证,前述各种专用记账凭证和通用记账凭证都属于复式记账凭证。复式记账凭证的优点是可在一张记账凭证上完整反映一项经济业务,便于了解该项经济业务的全貌以及会计科目的对应关系,便于对凭证的分析和审核;缺点是不便于同时汇总每一账户的发生额,也不利于会计人员分工记账。

### 2. 单式记账凭证

单式记账凭证是将一项经济业务所涉及的每一个会计科目单独填制记账凭证,为此也称单科目记账凭证。单式记账凭证填列的对应科目只作为参考不作为记账依据。填列借方科目的凭证称为借项记账凭证;填列贷方科目的凭证称为贷项记账凭证。单式记账凭证主要适用于科目汇总表的编制,根据单式记账凭证,将每一账户的借项凭证和贷项凭证归类在一起,加计总数,就能很快得出每一账户的本期借、贷方发生额,以简化会计核算工作。单式记账凭证的优点是便于同时汇总计算每一会计科目的发生额,便于会计人员分工记账;缺点是不便于从一张记账凭证中集中反映经济业务的全貌以及会计科目之间的对应关系,同时由于凭证张数较多,填制工作量较大。

## 四、记账凭证的填制

### （一）记账凭证的填制要求

（1）根据审核无误后的原始凭证或原始凭证汇总表,运用复式记账原理,确定应借贷的会计科目,编制会计分录。

（2）按照记账凭证的格式、内容和要求,填制记账凭证。

（3）将记账凭证所属的原始凭证放在该记账凭证的后面,作为附件,并将记账凭证和原始凭证粘贴在一起。

（4）定期将记账凭证及所附的原始凭证送交审核人员审核。

（5）记账人员根据审核无误的记账凭证,登记相关会计账簿,并在记账凭证上标记"记账符号"。

### （二）记账凭证填制的具体方法

（1）记账凭证的"摘要"栏要简单明了,能正确反映经济业务和主要内容。

（2）经济业务所使用的会计科目,必须根据国家统一会计制度的规定使用,不可张冠李戴。

（3）记账凭证中金额、小写的数字必须正确,符号和数字的书写要规范;如有空行,应当在金额栏自最后一笔金额数字下的空行处至合计数上的空行处画线注销。

（4）一张记账凭证填制完毕,应按借贷记账法的记账规则来检查它的平衡关系。

（5）记账凭证必须连续编号备查。各单位应根据本单位业务繁简程度、人员多寡、分工情况等选择适合本单位的编号方法,但都应该按月顺序编号,即每月从1号重新编起,顺序编至月末。例如,采用收款、付款和转账凭证的单位,可按库存现金收、付,银行存款收、付和转账业务三类分别编号,如"现收03""现付11"等。如果一笔经济业务需填制2张或2张以上的记账凭证,可采用"分数编号法"编号,如第15号经济业务需填制2张记账凭证,则这2张记账凭证编号分别为"$15\frac{1}{2}$号"和"$15\frac{2}{2}$号"。

（6）每张记账凭证都要注明所附原始凭证的张数,原始凭证张数的计算一般以原始凭证的自然张数为准。

（7）记账凭证填制完毕之后,填制人员必须签名或盖章,以明确责任。

**（三）记账凭证的填制**

1. 收款凭证填制

【例5-4】 2020年12月10日,采购员李强出差回来,报销完差旅费后,差旅费余款退回现金450元,根据有关原始凭证,如图5-16和图5-17所示,填制收款凭证,如图5-18所示。

## 烟台兴茂机械制造有限公司
### 差旅费报销单

填表日期 2020年12月10日

| 出差人姓名 | | 李强 | | | 所属部门 | | | 采购部 | |
|---|---|---|---|---|---|---|---|---|---|
| 出差地点 | | 济南 | | | 起止日期 | | 自12月08日至12月10日,共3天 | | |
| 出差事由 | 购买钢板材料 | | | | | | | | |
| 交通及住宿费 | 种类 | 单据张数 | 开支金额 | 核准金额 | 出差补助费 | 种类 | 天数 | 标准 | 金额 |
| | 城市间交通费 | 5 | 610.00 | 610.00 | | 伙食补贴 | 3 | 100.00 | 300.00 |
| | 住宿费 | 1 | 460.00 | 460.00 | | 公杂补贴 | 3 | 60.00 | 180.00 |
| | 小计 | | 1,070.00 | 1,070.00 | | 小计 | | 现金付讫 | 480.00 |
| 金额合计 | （大写）壹仟伍佰伍拾圆整 | | | | | | | ￥1,550.00元 | |
| 报销结算情况 | 原出差借款 | | ￥2,000.00 | | | 报销金额 | | ￥1,550.00 | |
| | 退回金额 | | ￥450.00 | | | 补发金额 | | | |

经办人 李强  部门经理：刘英杰  财务经理：张丽  总经理：孔祥瑞  出纳：王小刚

图5-16 差旅费报销单

**收　　据**　　　　　　　　　　　　No.6032445

2019年12月10日

今　收　到

　　　　李强　　　　交来　　差旅费余　　　款

人民币（大写）肆佰元整

　　　（小写）￥450.00　　现金收讫

收款单位（签章）：　　　　　　　财务专用章

出纳：王小刚　　核准：张丽　　会计：李丰富

第三联：记账联

图5-17 收据（记账联）

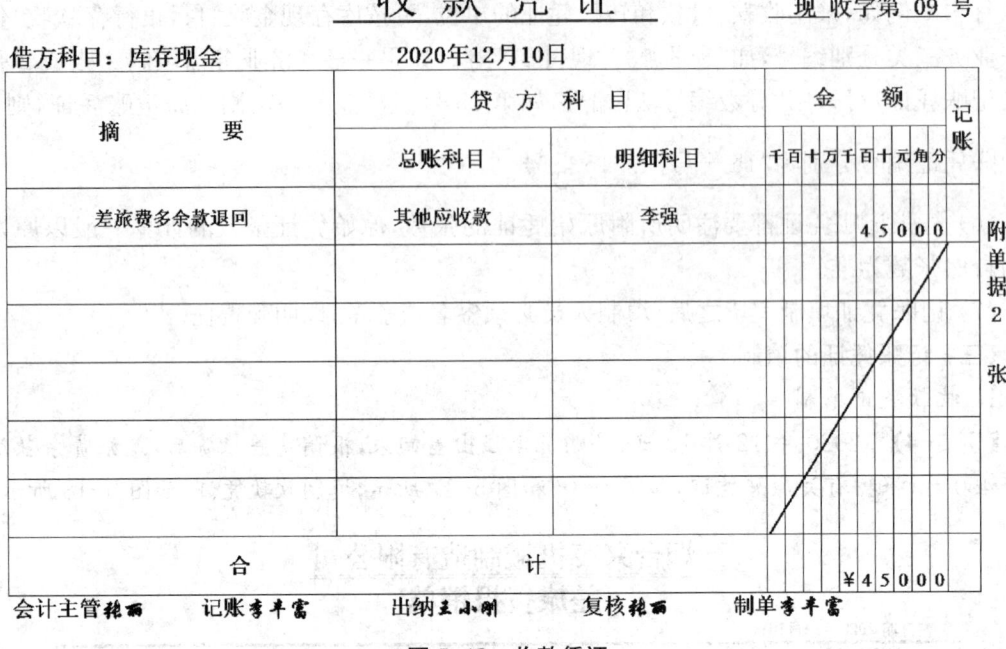

图 5-18  收款凭证

2. 付款凭证填制

【例 5-5】 2020 年 12 月 14 日,烟台兴茂机械制造有限公司通过企业网上银行支付给中通工业集团前欠货款,金额为 76 275.00 元,根据有关原始凭证,如图 5-19 所示,填制收款凭证,如图 5-20 所示。

| 中国农业银行 AGRICULTURAL BANK OF CHINA | | 网上银行电子回单 | | | |
|---|---|---|---|---|---|
| 电子回单号码:37600569453297971120 | | | | | |
| 付款方 | 账号 | 15376201040000182 | 收款方 | 账号 | 15376201061000097 |
| | 户名 | 烟台兴茂机械制造有限公司 | | 户名 | 中通工业集团 |
| | 开户行 | 中国农业银行烟台莱山区支行 | | 开户行 | 中国农业银行烟台莱山区支行 |
| 金额(小写) | | ¥76,275.00 | 金额(大写) | | 柒万陆仟贰佰柒拾伍元整 |
| 币种 | | 人民币 | 交易渠道 | | EBNR |
| 摘要 | | 购买材料货款 | 凭证号 | | 15376201040000182 |
| 交易时间 | | 2020-12-14 12:29:30 | 会计日期 | | 20201214 |
| 附言 | | | | | |

打印日期:2020-12-14

图 5-19  网上银行电子回单

图 5-20 付款凭证

3. 转账凭证填制

【例 5-6】 2020 年 12 月 16 日,因青岛山海机械有限公司破产,应收该公司 5 366 元不能收回,经批准确认为坏账予以核销。采用备抵法核算坏账准备。根据如图 5-21 所示的原始凭证,填制转款凭证,如图 5-22 所示。

### 烟台兴茂机械制造有限公司
### 坏账审批单

所属期间:2020年12月

| 项目 | 公司名称 | 对方科目 | 交易日期 | 坏账原因 | 坏账日期 | 金额 |
|---|---|---|---|---|---|---|
| 坏账准备 | 青岛山海机械有限公司 | 应收账款 | 2016/2/23 | 公司破产 | 2020/12/16 | ¥5,366.00 |
| 合计 | | | - | | | ¥5,366.00 |

会计:李丰富　　销售部经理:刘景军　　财务主管:张丽　　总经理:孔祥瑞

图 5-21 坏账审批单

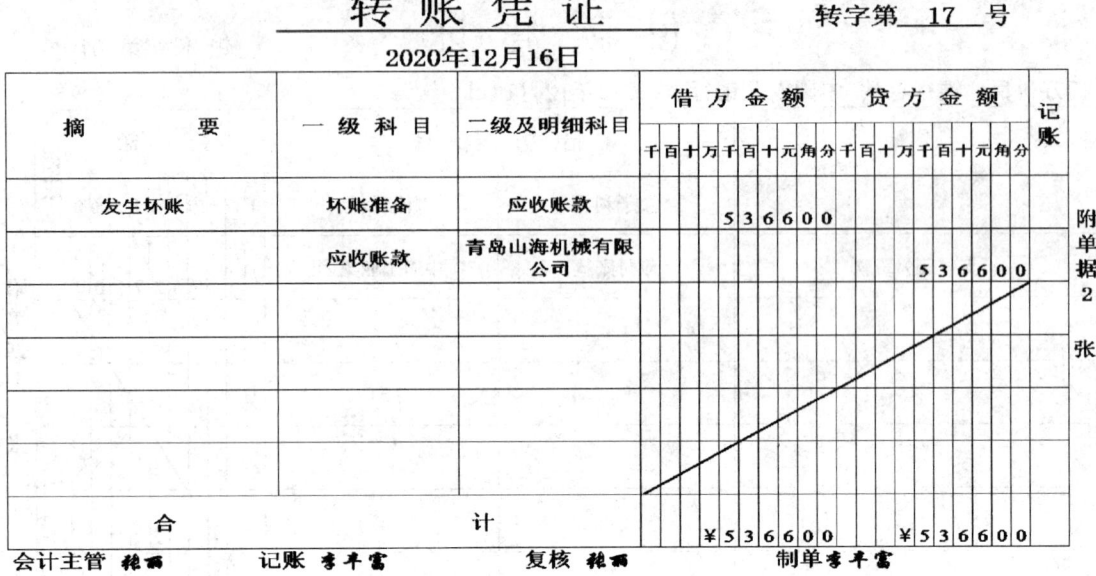

图 5-22　转账凭证

4．通用记账凭证填制

【例 5-7】　假定企业采用通用记账凭证，以上编制的记账凭证分别如图 5-23、图 5-24 和图 5-25 所示。

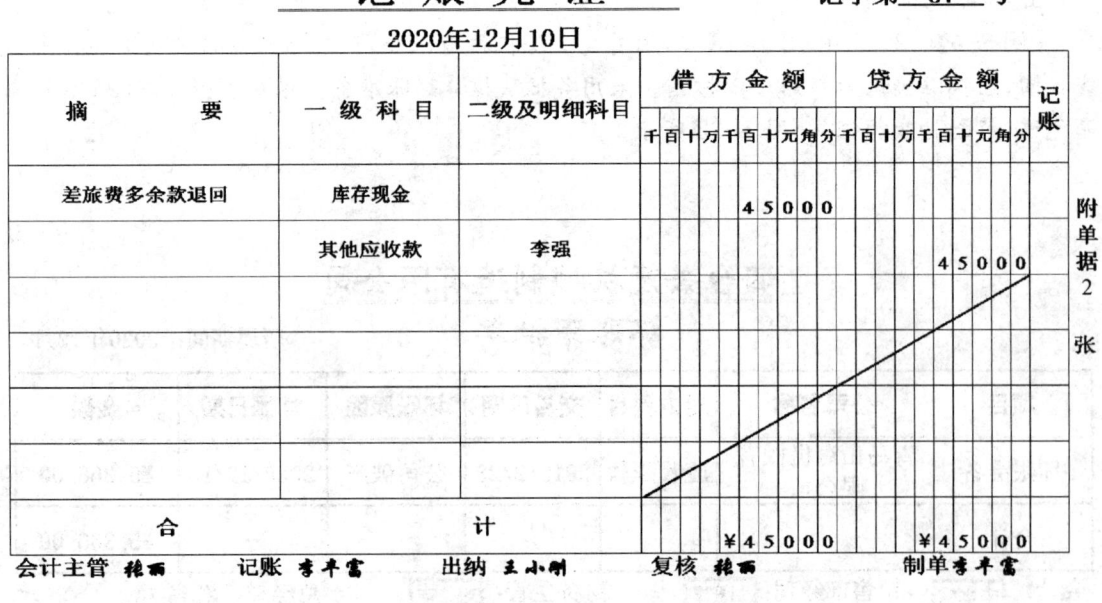

图 5-23　记账凭证(1)

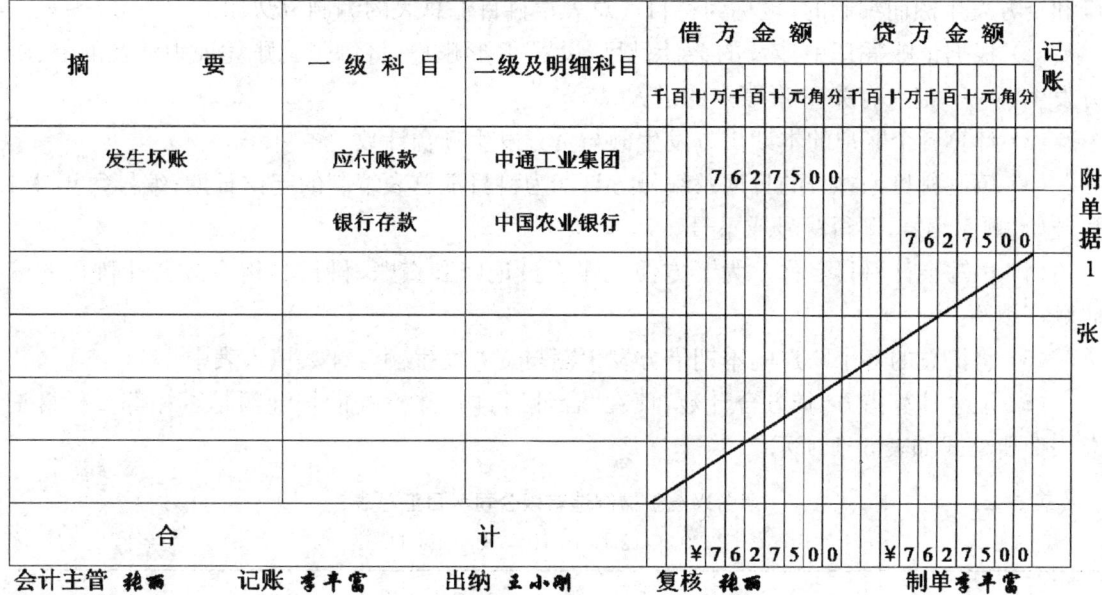

图 5-24　记账凭证(2)

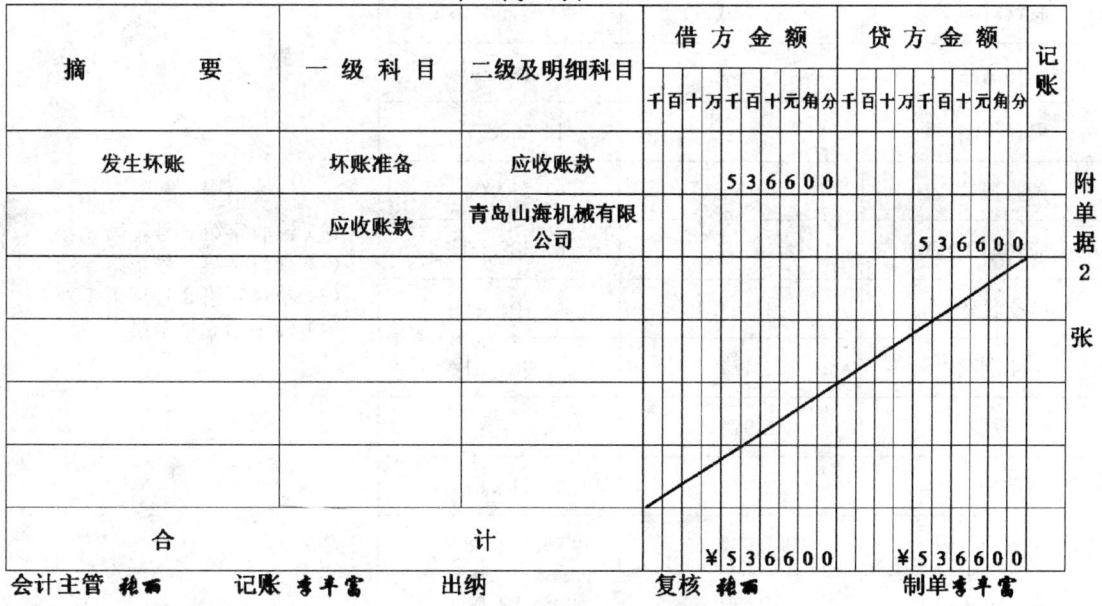

图 5-25　记账凭证(3)

5. 全部汇总记账凭证的编制

全部汇总记账凭证是根据平时编制的所有记账凭证按照相同科目归类汇总其借方发生额和贷方发生额而编制的,也称为科目汇总表。科目汇总表的编制方法如下:

(1) 根据记账凭证中涉及的会计科目,设置 T 形账户,将每张记账凭证中涉及的借、贷方发生额一一记入有关 T 形账户的借方、贷方。

(2) 计算各个账户的本期借方发生额与贷方发生额合计数。

(3) 填制科目汇总表的日期及编号。日期为科目汇总表编制的起讫日期;编号每年从 1 号开始,顺序编号,不得跳号或重号。

(4) 填写会计科目名称。为了方便记账人员记账和查账,科目名称应按会计科目的编码顺序填写。

(5) 将汇总的各个账户的本期借方发生额与贷方发生额合计数填入表中。

(6) 汇总计算借方、贷方合计数,填在"合计"行内,并检查借贷金额是否相等。科目汇总表简要格式如表 5-1 所示。

表 5-1　　　　　　　　　烟台兴茂机械制造有限公司科目汇总表

2020 年 12 月 16 日至 12 月 31 日　　　　　　汇字第 24 号

| 会计科目 | 本期发生额 | | 记账凭证起讫号数 |
| --- | --- | --- | --- |
| | 借方 | 贷方 | |
| 库存现金 | | 875.00 | |
| 银行存款 | 147 000.00 | 38 137.50 | |
| 原材料 | 33 750.00 | | |
| 库存商品 | | 206 488.00 | |
| 累计折旧 | | 14 663.77 | |
| 预收账款 | | 61 750.00 | |
| 应付职工薪酬 | | 67 632.00 | (1) 银收字第 2 号至第 3 号 |
| 应交税费 | 4 488.16 | 11 704.21 | (2) 现付字第 3 号至第 4 号 |
| 本年利润 | 244 474.13 | 257 964.61 | (3) 银付字第 3 号至第 5 号 |
| 生产成本 | 48 914.87 | | (4) 转字第 5 号至第 11 号 |
| 制造费用 | 13 063.67 | 14 414.87 | |
| 主营业务收入 | 257 964.61 | 75 442.48 | |
| 主营业务成本 | 206 488.00 | 206 488.00 | |
| 税金及附加 | 1 896.69 | 1 896.69 | |

(续表)

| 会计科目 | 本期发生额 | | 记账凭证起讫号数 |
|---|---|---|---|
| | 借方 | 贷方 | |
| 销售费用 | 12 503.79 | 12 503.79 | |
| 管理费用 | 23 002.65 | 23 585.65 | |
| 合计 | 993 546.57 | 993 546.57 | |

会计主管:张丽　　　　记账:李丰富　　　　审核:张丽　　　　制表:李丰富

### 五、记账凭证的审核

记账凭证的审核,主要围绕记账凭证填制的要求和具体填制方法进行,具体审核的内容如下。

1. 内容是否真实

审核记账凭证是否附有原始凭证,所附原始凭证的张数与字面附件张数是否相符,原始凭证所记录的经济业务的内容是否与记账凭证所记录经济业务的内容一致。

2. 项目是否齐全

记账凭证格式中所列的各项内容是否填列齐全,有无遗漏和错误,有关人员是否签名或盖章。

3. 科目是否正确

记账凭证所确定的会计分录是否正确,即所记的金额有无错误,借、贷方金额是否相符,一级科目的金额与其所属的明细科目金额之和是否一致等。

4. 书写是否正确

审核记账凭证中的记录是否文字工整、数字清晰,是否按规定进行更正等。

此外,出纳人员在办理收款或付款业务时,应在原始凭证上加盖"收讫"或"付讫"的戳记,以避免重收重付。

### 六、会计凭证的传递与保管

#### (一) 会计凭证的传递

会计凭证的传递是指会计凭证从填制或取得起,经过审核、记账、装订到归档为止,在有关部门和人员之间按规定的时间、路线办理业务手续和进行处理的过程。正确、合理地组织会计凭证的传递,有利于有关部门和人员及时了解经济业务活动的情况,加速对经济业务的处理。同时,有利于加强各有关部门的经济责任,也有利于充分发挥会计的监督作用。

由于企业生产经营的组织不同,经济业务的内容不同,企业管理的要求也不尽相同。在会计凭证的传递中,也应根据具体情况,确定每一种凭证的传递程序和方法,作为业务部门和会计部门处理会计凭证的工作规范。

会计凭证的传递应规定合理的传递程序、传递时间和传递过程中的衔接手续。各单位应根据经济业务的特点、机构设置和人员分工情况,明确会计凭证填制的联数和传递程序,既要保证会计凭证经过必要的环节进行处理和审核,又要避免会计凭证在不必要的环节停留,使有关部门和人员及时了解情况、掌握资料,按规定手续开展工作。

关于凭证的传递时间,应考虑各部门和有关人员的工作内容及工作量在正常情况下完成的时间。明确规定各种凭证在各个环节上停留的最长时间,不能拖延和积压会计凭证,以免影响会计工作的正常秩序。一切会计凭证的传递和处理,都应在报告期内完成,不允许跨期。否则,将影响会计核算的准确性和及时性。

会计凭证传递过程中的衔接手续,应该做到既完备严密又简便易行。凭证的收发、交接都应按一定的手续办理,以保证会计凭证的安全和完整。

会计凭证的传递程序、传递时间和衔接手续明确后,可制成凭证流转图,制定凭证传递程序,规定凭证传递的路线、环节,在各环节上的时间、处理内容及交接手续,使凭证传递工作有条不紊、迅速有效地进行。

### (二) 会计凭证的保管

各种会计凭证在办理各项业务手续并据以记账后,最终应由会计部门按《会计档案管理办法》的规定加以整理、归类、编号,并妥善保管。

会计凭证是各项经济活动的历史记录,是重要的经济档案。为了防止会计凭证的散乱丢失,保证会计凭证的安全和完整,必须认真负责地对其加以整理,妥善保管。会计凭证整理、保管的要求如下。

(1) 各种记账凭证,连同所附原始凭证和原始凭证汇总表,要分类按顺序编号,定期(每天、每5天、每旬或每月)装订成册,并加具封面、封底,注明单位名称、凭证种类、所属年月和起讫日期、起讫号码、凭证张数等。为防止任意拆装,应在装订处贴上封签,并由经办人员在封签处加盖骑缝章。

(2) 对一些性质相同、数量很多或各种随时需要查阅的原始凭证,可以单独装订保管,在封面上写明记账凭证的日期、编号、种类,同时在记账凭证上注明"附件另订"。

(3) 各种经济合同和重要的涉外文件等凭证,应另编目录,单独登记保管,并在有关原始凭证和记账凭证上注明。

(4) 其他单位因有特殊原因需要使用原始凭证时,经本单位领导批准,可以复制,但应在专门的登记簿上进行登记,并由提供人员和收取人员共同签章。

(5) 会计凭证装订成册后,应有专人负责分类保管,年终应登记归档。会计凭证的保管期限和销毁手续,应严格按照《会计档案管理办法》进行。

(6) 会计凭证在归档后,应按年月顺序排列,以便查阅。对已归档凭证的查阅、调用和复制,都应得到批准并办理一定的手续。会计凭证在保管中应防止霉烂破损和鼠咬虫蛀,以确保其安全和完整。

# 课堂结账测试

班级_____  姓名_____  学号_____  日期_____  平时分_____

## 一、原始凭证审核(每小问 10 分,共 60 分)

烟台兴茂机械制造有限公司(纳税人识别号:913706129662088957)购买上海晨光文具股份有限公司(纳税人识别号:01310000677833266F)A4 打印纸 30 包,税价合计 1 050.00 元,如图 5-26 所示,税率为 13％。上海晨光文具股份公司的收款人和开票人:张明磊,复核:邵文翰。

要求:审核该增值税专用发票原始凭证,指出存在的问题。

图 5-26　增值税专用发票(发票联)

错误之处:

1._____

2._____

3._____

4._____

5._____

6._____

## 二、记账凭证填制(共 40 分)

中国农业银行收取烟台兴茂机械制造有限公司的网上银行年费 1 200 元。取得网上银行电子回单 1 张,如图 5-27 所示。

要求:根据原始凭证,填制记账凭证,如图 5-28 所示。

 中国农业银行  网上银行电子回单

| 电子回单号码: | 37600569453297971874 | | | |
|---|---|---|---|---|
| 付款方 | 账 号 | 15376201040000182 | 收款方 | 账 号 | 15386201940053010 |
| | 户 名 | 烟台兴茂机械制造有限公司 | | 户 名 | |
| | 开户行 | 中国农业银行烟台莱山区支行 | | 开户行 | 3862 |
| 金额（小写） | ¥1 200.00 | 金额（大写） | 壹仟贰佰元整 |
| 币种 | 人民币 | 交易渠道 | BTER |
| 摘要 | 转账取款 | 凭证号 | 15376201040000182 |
| 交易时间 | 2020-12-03 14:22:10 | 会计日期 | 20201203 |
| 附言 | 企业网银年费 | | |

打印日期:2020-12-03

图 5-27　网上银行电子回单

## 付 款 凭 证

付字第＿＿号

贷方科目：　　　　　　　　　　　　年　月　日

| 摘　　要 | 借方科目 | | 金　　额 | 记账 |
|---|---|---|---|---|
| | 总账科目 | 明细科目 | 千百十万千百十元角分 | |
| | | | | |
| | | | | |
| | | | | |
| | | | | |
| | | | | |
| 合　　计 | | | | |

会计主管　　记账　　　出纳　　　复核　　　制单

图 5-28　支付银行年费应填制的记账凭证

# 第六章 会计账簿

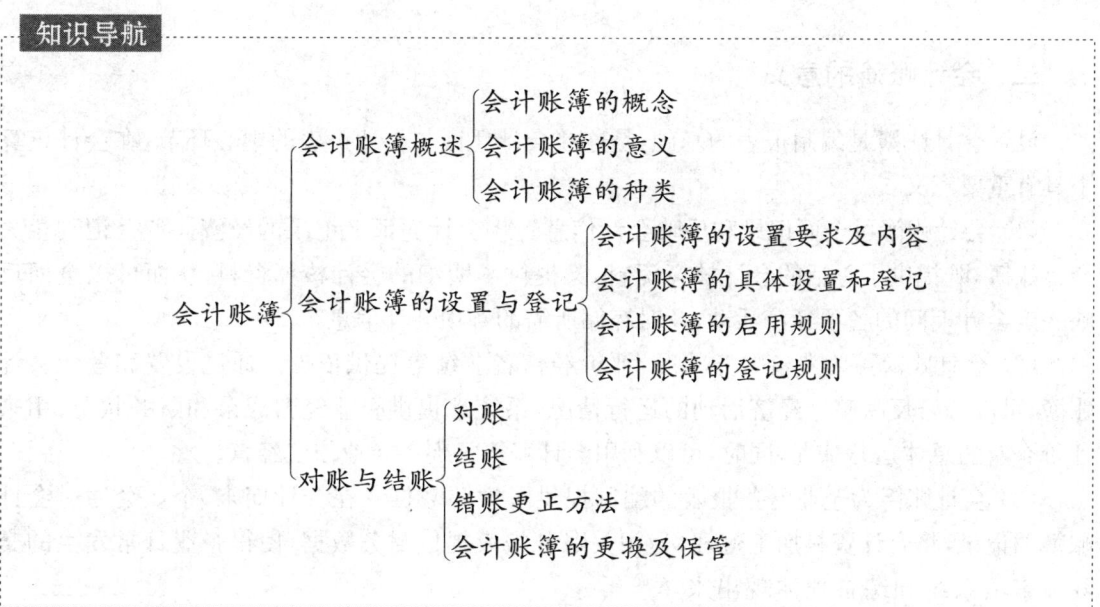

## 学习目标

1. 了解会计账簿的概念及意义
2. 熟悉会计账簿的种类
3. 掌握会计账簿的设置与登记方法
4. 理解对账内容与结账方法
5. 掌握错账的更正方法

## 第一节 会计账簿概述

### 一、会计账簿的概念

会计账簿简称账簿,是指具有一定格式的账页组成的,以审核无误的会计凭证为依据,用以连续、系统、综合及全面地记录和反映企业各项交易或事项的簿籍。设置账簿是会计工作的一个重要环节,登记账簿是一种专门的会计核算方法。可以结合图 6-1 来加深对会计账簿概念的理解。

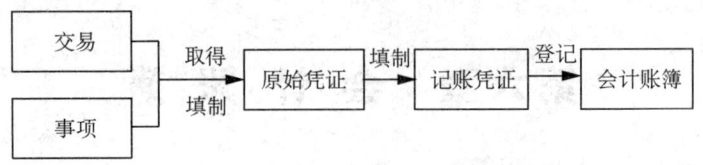

图 6-1　会计账簿登记程序

## 二、会计账簿的意义

设置会计账簿是编制报表的基础,是连接会计凭证与会计报表的中心环节,在会计核算中具有重要意义。

(1) 会计账簿可全面记录和反映会计信息。将会计凭证上记录的经济业务登记到相关会计账簿,既提供了总括的会计核算资料,又提供了明细的会计核算资料,从而可以全面反映一定会计期间的各项经济活动,及时存储所需的各项会计信息。

(2) 会计账簿可为考核财务状况,评价经营者业绩等提供依据。通过设置和登记会计账簿,可以综合反映整个经济活动的运行情况,系统地提供企业经营成果和财务状况,用来评价企业的总体运营情况,同时,可以利用会计账簿督促各企业依法经营。

(3) 会计账簿为企业财务报表的编制提供了主要数据。在会计期末,企业会通过会计账簿的记录,将会计资料加工整理,为相关财务报表提供财务数据,使得企业日常发生的交易或事项系统和综合地体现出来,同时又可以为投资者、债权人及其他财务报表需求者报送有用信息。由此可见,设置和登记会计账簿既关系到会计报表及时编制的重要过程,也关系到企业财务会计目标实现的重要环节。

## 三、会计账簿的种类

企业的账簿很多,可采用不同的方法进行分类,具体如图 6-2 所示。

### (一) 按账簿的用途分类

会计账簿按照用途分类,可分为序时账簿、分类账簿和备查账簿三种。

**1. 序时账簿**

序时账簿又称日记账,是按照

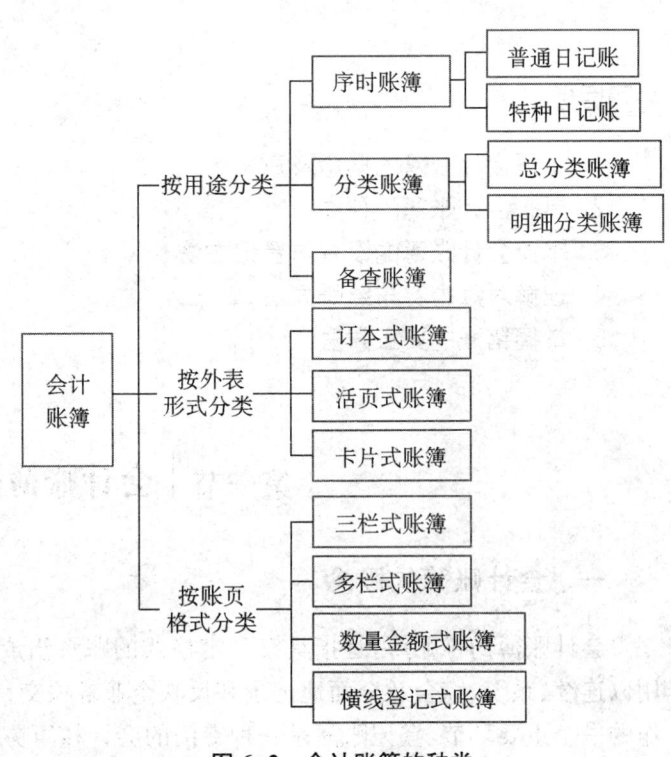

图 6-2　会计账簿的种类

交易或事项发生时间的先后顺序，逐日逐笔进行登记的账簿。日记账按其记录交易或事项内容不同，可分为普通日记账和特种日记账。普通日记账是用来登记所有交易或事项的序时账簿，在实务中企业较少设置。特种日记账是专门用来登记某些重要的交易或事项，在实务中，企业较多设置库存现金日记账（又称现金日记账）和银行存款日记账。

2. 分类账簿

分类账簿是指对发生的全部交易或事项按照会计科目进行分门别类登记的账簿。分类账簿按照反映交易或事项内容的详细程度不同，分为总分类账簿和明细分类账簿。总分类账簿，简称总账，是根据一级会计科目设立的总分类账户，用来总括地登记交易或事项的账簿。明细分类账，简称明细账，是根据明细分类科目设立的明细分类账户，用来详细登记企业各项交易或事项具体内容，并对所属的总分类账户提供的总括信息起到补充和说明的作用。

3. 备查账簿

备查账簿又称辅助账簿，是对一些在序时账簿和分类账簿中不能记载或记载不全的交易或事项进行补充登记，以备查考的账簿，如租入的固定资产登记簿、应收票据备查簿、代销商品登记等。因备查账簿属于辅助性账簿，与其他账簿不存在账务处理上的直接关系，因而在登记时不必遵循复式记账规则，企业可根据具体备忘事项的需要自行设定格式。

（二）按账簿的外表形式分类

会计账簿按照外表形式分类，可分为订本式账簿、活页式账簿和卡片式账簿。

1. 订本式账簿

订本式账簿又称订本账，是指在账簿启用前就把若干账页装订成册，并按顺序进行编号的账簿。一般具有统驭作用的账簿、记录特别重要的交易或事项的账簿均采用订本式账簿，如总分类账、库存现金日记账和银行存款日记账等。

2. 活页式账簿

活页式账簿又称活页账，是指在账簿启用前不对账簿进行装订，也不按顺序编号，其账页放置在活页账夹中，可随时取用，年末将本年所登记的账页装订成册并连续编号的账簿。

3. 卡片式账簿

卡片式账簿又称卡片账，是指使用印有记账格式和特定内容的卡片登记交易或事项的账簿。卡片账主要适用于在企业经营过程中长期存续，需要在多个会计期间进行连续账务处理的交易或事项，如固定资产。在采用卡片式账簿时，应对卡片式账簿分类连续编号，并使用卡片箱装置。

（三）按账页格式分类

会计账簿按照账页格式分类，分为三栏式账簿、多栏式账簿、数量金额式账簿和横线登记式账簿。

1. 三栏式账簿

三栏式账簿是指将账页登记金额的部分分为三栏：借方、贷方和余额三栏的账簿，如总分类账、库存现金日记账、银行存款日记账、债权债务明细分类账等账户登记时多采用这种格式的账簿。

2. 多栏式账簿

多栏式账簿是指将账页登记金额的栏目中根据需要分设若干专栏的账簿,可设在借方或在贷方,或者两方同时设置,如收入、成本、费用、利润等账户登记时多采用这种格式的账簿。

3. 数量金额式账簿

数量金额式账簿是指将账页登记金额的部分分为三栏:借方、贷方和余额三个基础栏目,并在每个栏目下分设数量、单价和金额三小栏,用来反映企业财产物资的具体数量和价值,如原材料、库存商品、产成品等账户明细账一般采用这种格式的账簿。

4. 横线登记式账簿

横线登记式账簿是指利用平行式账页,将同一交易或事项的若干内容在同一行进行登记的账簿,可以反映其完成及变动情况,如应交税费——应交增值税、其他应收款、在途物资等明细账一般采用这种格式的账簿。

## 第二节 会计账簿的设置与登记

### 一、会计账簿的设置要求及内容

**(一) 会计账簿的设置要求**

每一个会计主体需要设置哪些账簿,应当根据企业经济交易或事项的具体需要来确定。设置账簿应当符合以下要求:

(1) 满足需要。账簿的设置要能保证系统、全面地反映和监督经济活动的情况,满足经济管理的需要,为经济管理提供总括的和明细的核算资料。

(2) 组织严密。账簿的设置要能保证组织严密,确保账簿之间既要有明确的分工,又要有密切的联系,节约人力和物力,避免重复或遗漏。

(3) 精简灵便。在满足会计记录的要求后,账簿的设置应精简、适用,便于登记、查找、更正错误和保管。

**(二) 会计账簿的基本内容**

由于企业经济交易或事项登记具体要求不同,所设置的账簿也不同,其形式也各种各样,但账簿一般都应具备以下基本内容:

(1) 封面。封面主要写明账簿名称和记账单位名称。

(2) 扉页。扉页要求填明启用的日期和截止的日期、页数、册次、经管账簿人员一览表、会计主管签章、账户目录等。

(3) 账页。账页的基本内容包括账户的名称、记账日期、凭证种类和号数栏、摘要栏、金额栏、总页次和分页次等。

(4) 封底。封底一般没有具体内容,仅作保护账页的作用。

### 二、会计账簿的具体设置和登记

**(一) 库存现金日记账的设置和登记**

库存现金日记账是按照涉及库存现金的交易或事项发生或完成时间的先后顺序,逐日逐笔连续登记库存现金增减变动及结存情况的账簿。在实务中,出纳人员依据审核无误的库存现金收款凭证、库存现金付款凭证以及银行存款付款凭证,按交易或事项发生的先后顺序逐日逐笔进行登记。企业的库存现金日记账须采用订本式账簿。

库存现金日记账的账页格式分为"三栏式"和"多栏式"两种,较为常用的是三栏式账簿。三栏式库存现金日记账是指账页设有"收入""付出"和"结余"(或"借方""贷方"和"余额")三个金额栏目的日记账,格式如表6-1所示。

库存现金日记账的登记方法如下:

(1)"日期"栏填写与库存现金实际收、付日期一致的记账凭证的日期。

(2)"凭证号数"栏填写依据库存现金的收、付款凭证以及银行存款收、付款凭证的种类和编号,如"库存现金收款凭证""库存现金付款凭证"简写为"收""付"或"现收""现付",还应填写凭证的编号,以便查账和核对。

(3)"摘要"栏填写交易或事项的简要内容。

(4)"对方科目"栏填写与"库存现金"科目发生对应关系的科目名称。

(5)"借方"栏、"贷方"栏填写每笔业务的库存现金实际收、付的金额。其中"借方"栏应根据库存现金收款凭证及银行存款付款凭证(从银行提取现金)填写,"贷方"栏应根据库存现金付款凭证填写。

(6)"余额"栏填写每日收付完毕后,按"本日余额＝上日余额＋本日收入合计－本日付出合计"公式计算得出本日库存现金余额。企业应逐日逐笔结出库存现金账面余额,并与实际库存现金数额进行核对,检查账实是否相符,即"日清"。如账实不符,应及时查明原因,报请领导批准处理。月末应分别结出本月借方合计、贷方合计及月末余额,并将库存现金日记账的余额与库存现金总分类账户的余额和实有库存现金核对相符,即"月结"。

【例6-1】 2020年8月1日企业库存现金余额为2 000元,8月份发生下列涉及库存现金收付的交易或事项:

8月5日,从银行提取现金4 000元备用。

8月12日,采购员许飞回公司报销差旅费退回多余现金100元。

8月20日,将库存现金3 000元存入银行。

8月25日,以现金购买公司办公用品800元。

根据企业2020年8月份发生的涉及库存现金收付的交易或事项编制如下记账凭证(以会计分录代替):

```
银付1号  借:库存现金                    4 000
             贷:银行存款                          4 000

现收1号  借:库存现金                      100
             贷:其他应收款                          100

现付1号  借:银行存款                    3 000
             贷:库存现金                          3 000
```

现付 2 号　借：管理费用　　　　　　　　　　　　　　800
　　　　　　贷：库存现金　　　　　　　　　　　　　　　　800

根据上述记账凭证（以会计分录代替）登记库存现金日记账，如表 6-1 所示。

表 6-1　　　　　　　　　　库存现金日记账

| 2020年 | | 凭证 | | 摘要 | 对方科目 | 借方金额 | 贷方金额 | 借或贷 | 余额 |
|---|---|---|---|---|---|---|---|---|---|
| 月 | 日 | 种类 | 号数 | | | 十亿千百十万千百十元角分 | 十亿千百十万千百十元角分 | | 十亿千百十万千百十元角分 |
| 8 | 1 | | | 期初余额 | | | | 借 | 2　0　0　0　0 |
| 8 | 5 | 银付 | 1 | 提现备用 | 银行存款 | 4　0　0　0　0 | | 借 | 6　0　0　0　0 |
| 8 | 6 | 现收 | 1 | 许飞差旅费退回 | 其他应收款 | 1　0　0　0　0 | | 借 | 6　1　0　0　0 |
| 8 | 20 | 现付 | 1 | 现金存入银行 | 银行存款 | | 3　0　0　0　0 | 借 | 3　1　0　0　0 |
| 8 | 25 | 现付 | 2 | 支付办公费 | 管理费用 | | 8　0　0　0 | 借 | 2　3　0　0　0 |
| 8 | 31 | | | 本月合计 | | 4　1　0　0　0 | 3　8　0　0　0 | 借 | 2　3　0　0　0 |

**（二）银行存款日记账的设置和登记**

银行存款日记账是按照涉及银行存款的交易或事项发生或完成时间的先后顺序，逐日逐笔连续登记银行存款增减变动及结存情况的账簿。在实务中，出纳人员依据审核无误的银行存款收款凭证、银行存款付款凭证以及库存现金付款凭证，按交易或事项发生的先后顺序逐日逐笔进行登记。企业的银行存款日记账须采用订本式账簿。

银行存款日记账的账页格式分为"三栏式"和"多栏式"两种，较为常用的是三栏式账簿。三栏式银行存款日记账是指账页设有"收入""付出"和"结余"（或"借方""贷方"和"余额"）三个金额栏目的日记账，其格式与三栏式库存现金日记账格式相同。

银行存款日记账的登记方法与库存现金日记账的登记方法基本相同。

（1）"日期"栏填写与银行存款实际收、付日期一致的记账凭证的日期。

（2）"凭证号数"栏填写依据银行存款的收、付款凭证以及库存现金付款凭证的种类和编号，如"银行存款收款凭证""银行存款付款凭证"简写为"收""付"或"银收""银付"，还应填写凭证的编号，以便查账和核对。

（3）"结算凭证"栏填写依据银行存款收支凭证的种类和编号。

（4）"对方科目"栏填写与"银行存款"科目发生对应关系的科目名称。

（5）"借方"栏、"贷方"栏填写每笔业务的银行存款实际收、付的金额。其中"借方"栏应根据银行存款收款凭证及库存现金付款凭证（将现金存入银行）填写，"付出"栏应根据银行存款付款凭证填写。

（6）"余额"栏填写每日收付完毕后，按"本日余额＝上日余额＋本日收入合计－本日付出合计"公式计算得出的银行存款余额。企业应逐日逐笔结出银行存款账面余额，并与银行存款对账单数额进行核对，检查账实是否相符，即"日清"。如账实不符，应首先排除未达账项，后及时查明原因，报请领导批准处理。月末应分别结出本月借方合计、贷方合计和月末余额，并将银行存款日记账的余额与银行存款总分类账户的余额和银行存款实有数额核对相符，即"月结"。

**【例 6-2】** 2020 年 8 月 1 日企业银行存款余额为 260 000 元，8 月份发生下列涉及银行存款收、付的交易或事项：

8 月 5 日，从银行提取现金 4 000 元备用。

8 月 6 日，收回客户前欠货款 10 000 元，并存入银行。

8 月 20 日，将库存现金 3 000 元存入银行。

8 月 25 日，开出支票一张，支付 A 公司货款 8 000 元。

根据上述交易或事项编制如下记账凭证（以会计分录代替）：

| 银付 1 号 | 借：库存现金 | 4 000 |
| | 贷：银行存款 | 4 000 |
| 银收 1 号 | 借：银行存款 | 10 000 |
| | 贷：应收账款 | 10 000 |
| 现付 1 号 | 借：银行存款 | 3 000 |
| | 贷：库存现金 | 3 000 |
| 银付 2 号 | 借：应付账款 | 8 000 |
| | 贷：银行存款 | 8 000 |

根据上述记账凭证（以会计分录代替）登记银行存款日记账，如表 6-2 所示。

表 6-2　　　　　　　　　　银行存款日记账

| 2020年 | | 凭证 | | 摘要 | 结算凭证 | | 对方科目 | 借方金额 | 贷方金额 | 借或贷 | 余额 |
|---|---|---|---|---|---|---|---|---|---|---|---|
| 月 | 日 | 种类 | 号数 | | 种类 | 号数 | | | | | |
| 8 | 1 | | | 期初余额 | | | | | | 借 | 260 000 00 |
| 8 | 5 | 银付 | 1 | 提取现金 | 支票 | 3001 | 库存现金 | | 4 000 00 | 借 | 256 000 00 |
| 8 | 6 | 银收 | 1 | 收回欠款 | | | 应收账款 | 10 000 00 | | 借 | 266 000 00 |
| 8 | 20 | 现付 | 1 | 现金存入 | | | 库存现金 | 3 000 00 | | 借 | 269 000 00 |
| 8 | 25 | 银付 | 2 | 支付货款 | 支票 | 3002 | 应付账款 | | 8 000 00 | 借 | 261 000 00 |
| 8 | 31 | | | 本月合计 | | | | 13 000 00 | 12 000 00 | 借 | 261 000 00 |

### （三）总分类账账簿的设置和登记

总分类账也称总账，是按照总分类科目设置，用于对各项交易或事项进行分类核算，总括地反映和记录交易、事项增减变动情况的账簿，在会计账簿中具有核心地位。总分类账是编制会计报告的主要依据，一般采用订本式账簿，因此企业在开设总账时，应为每一个账户预留适当的空白账页。

总分类账一般采用三栏式账簿，通常设有"借方""贷方""余额"三个基本栏。总分类账的账页除采用三栏式格式外，也可根据企业实际需要采用多栏式。三栏式总分类账可以根据记账凭证，按照交易或事项发生时间的先后顺序逐笔登记，也可以先将记账凭证定期汇总，编成汇总记账凭证或者科目汇总表，根据汇总金额进行登记。三栏式总分类账的格式如

表 6-3 所示。

**【例 6-3】** 企业 2020 年 8 月份发生的涉及库存现金收、付的经济业务见[例 6-1]资料，根据所编的记账凭证逐笔登记三栏式总分类账如表 6-3 和表 6-4 所示。

表 6-3　　　　　　　　　　　　　库存现金总分类账

| 2020年 | | 凭证 | | 摘要 | 对方科目 | 借方金额 | 贷方金额 | 借或贷 | 余额 |
|---|---|---|---|---|---|---|---|---|---|
| 月 | 日 | 种类 | 号数 | | | | | | |
| 8 | 1 | | | 期初余额 | | | | 借 | 2 000 00 |
| 8 | 5 | 银付 | 1 | 提现备用 | 银行存款 | 4 000 00 | | 借 | 6 000 00 |
| 8 | 6 | 现收 | 1 | 许飞差旅费退回 | 其他应收款 | 100 00 | | 借 | 6 100 00 |
| 8 | 20 | 现付 | 1 | 现金存入银行 | 银行存款 | | 3 000 00 | 借 | 3 100 00 |
| 8 | 25 | 现付 | 2 | 支付办公费 | 管理费用 | | 800 00 | 借 | 2 300 00 |
| 8 | 31 | | | 本月合计 | | 4 100 00 | 3 800 00 | 借 | 2 300 00 |

表 6-3 库存现金总分类账是根据记账凭证逐日逐笔登记的。

表 6-4　　　　　　　　　　　　　库存现金总分类账

| 2020年 | | 凭证 | | 摘要 | 对方科目 | 借方金额 | 贷方金额 | 借或贷 | 余额 |
|---|---|---|---|---|---|---|---|---|---|
| 月 | 日 | 种类 | 号数 | | | | | | |
| 8 | 1 | | | 期初余额 | | | | 借 | 2 000 00 |
| 8 | 31 | 汇付 | 1 | 1-31日发生额 | 银行存款 | 4 000 00 | | 借 | 6 000 00 |
| 8 | 31 | 汇收 | 1 | 1-31日发生额 | 其他应收款 | 100 00 | | 借 | 6 100 00 |
| 8 | 31 | 汇付 | 2 | 1-31日发生额 | 银行存款 | | 3 000 00 | 借 | 3 100 00 |
| 8 | 31 | | | | 管理费用 | | 800 00 | 借 | 2 300 00 |
| 8 | 31 | | | 本月合计 | | 4 100 00 | 3 800 00 | 借 | 2 300 00 |

表 6-4 库存现金总分类账是根据科目汇总表（汇总记账凭证或科目汇总表账务处理程序下）定期分次或月末一次汇总登记的。"凭证种类""号数"应依据汇总记账凭证或科目汇总表的种类及号数填写。"摘要"栏应填写"某日——某日发生额"。

综上所述，总分类账登记的基本方法如下：

（1）"日期"栏填写登记总分类账所依据的凭证上的日期。

（2）"凭证种类、号数"栏填写登记总分类账所依据的凭证的种类及号数。

（3）"摘要"栏填写登记总分类账所依据凭证的简要内容（总账直接根据记账凭证登记）。如果总分类账是根据汇总记账凭证或科目汇总表登记的应填写"某日—某日发生额"字样。

（4）"对应科目"栏填写与所设总分类账科目发生对应关系的科目。如果总分类账是根据科目汇总表登记的，则总账不设置此栏目。

（5）"借方""贷方"金额栏填写总分类账所依据的凭证上记载的各账户借方、贷方发生额。

（6）"借或贷"栏为余额方向栏，如果余额在借方填写"借"字；如果余额在贷方应填写"贷"字；如果期末余额为0，则应填写"平"字，并在余额栏上填写"0"。

无论总分类账登记的依据和方法如何,月终在全部交易或事项登记入账后,要结出各总分类账户的本期发生额和期末余额,并在余额方向栏中列明余额方向。

**(四)明细分类账簿的设置和登记**

1. 明细分类账账簿的设置

明细分类账是按照二级或明细会计科目设置,用于提供交易或事项明细核算资料,明细分类账账簿外表形式一般采用活页式或卡片式。在格式上,明细分类账账簿通常设置三栏式、多栏式、数量金额式及横线登记式,企业应根据交易或事项明细要求对不同的总分类账户设置所属的明细分类账。

1)三栏式明细分类账

三栏式明细分类账的账页格式与三栏式总分类账的账页格式(如表6-3所示)基本相同,即账页只设"借方""贷方"和"余额"三个金额栏。这种格式的明细分类账主要适用于只进行金额核算而不需要进行数量核算的资本、债权、债务账户,如"应收账款""应付账款""短期借款"等明细分类账。

三栏式明细账应由会计人员根据审核无误的记账凭证及所附原始凭证或原始凭证汇总表,按交易或事项发生的时间先后顺序逐日逐笔进行登记。登记方法与三栏式总账登记方法相同,如表6-5所示。

表6-5　　　　　　　　　应收账款明细账

总第 11 页　分第____页
二级科目编号及名称 青岛通达汽车配件公司
级科目编号及名称

| 2020年 | | 凭证 | | 摘要 | 对方科目 | 借方金额 | 贷方金额 | 借或贷 | 余额 |
|---|---|---|---|---|---|---|---|---|---|
| 月 | 日 | 种类 | 号数 | | | | | | |
| 8 | 15 | 转 | 21 | 销售钢板 | 其他业务收入 | 3842000 | | 借 | 3842000 |
| 8 | 25 | 转 | 31 | 收材料款 | 银行存款 | | 3842000 | 平 | 0 |
| 8 | 28 | | | 本月合计 | | 3842000 | 3842000 | 平 | 0 |

2)多栏式明细分类账

多栏式明细分类账的账页格式是根据交易或事项的需要,在同一账页内将属于同一总账科目的所有明细项目集中,在其账户的"借方"或"贷方"或借、贷双方栏下按有关明细项目分设若干专栏,以集中登记和反映该账户明细核算资料。这种格式的账簿主要适用于成本、费用、收入等需要详细核算分析的明细分类账,如"生产成本""制造费用""管理费用""主营业务收入"明细分类账等。多栏式明细分类账的账页格式具体可以分为借方多栏式、贷方多栏式和借方、贷方多栏式三种格式。

多栏式明细分类账应由会计人员根据审核无误的记账凭证及所附原始凭证或原始凭证汇总表按交易或事项发生的时间先后顺序逐日逐笔登记。其中,不设贷方的借方多栏式明细分类账在登记时,因账页格式中无贷方栏,对于月末转出额,可用红字在借方有关明细项目的专栏内登记;反之,不设借方的贷方多栏式明细分类账登记时,对于月末借方转出额,同样可用红字在贷方有关明细项目的专栏内进行登记。

(1) 借方多栏式明细分类账。借方多栏式明细分类账的账页格式是指只在账户的"借方"栏按明细项目设置若干专栏,它适用于成本、费用账户的明细分类账,如"生产成本""制造费用""管理费用"明细分类账等,如表6-6所示。

(2) 贷方多栏式明细分类账。贷方多栏式明细分类账的账页格式是指只在账户的"贷方"栏按明细项目设置若干专栏,它适用于收入账户的明细分类账,如"主营业务收入""其他业务收入""营业外收入"明细分类账等,如表6-7所示。

表6-6　　　　　　　　　　　　　生产成本明细分类账　　　　　　　　　　总第＿＿页次＿＿页
明细科目　铝合金油箱

| 2020年 | | 凭证号数 | 摘要 | 借方发生额 | 明细项目 | | | | | |
|---|---|---|---|---|---|---|---|---|---|---|
| 月 | 日 | | | | 原材料 | 燃料和动力 | 工资 | 制造费用 | 自制半成品 | 辅助材料 |
| 12 | 1 | | 期初余额 | | 10898913 | | 1480034 | 3485274 | 2603458 | |
| 12 | 3 | 转1 | 生产领用燃料 | 1220 75 | | 122075 | | | | |
| 12 | 4 | 转2 | 生产领用材料 | 12974049 | 12974049 | | | | | |
| 12 | 20 | 转6 | 生产工人工资 | 3450503 | | | 3450503 | | | |
| 12 | 20 | 转7 | 计提生产工人福利费 | 1050000 | | | 1050000 | | | |
| 12 | 31 | 转8 | 分配制造费用 | 2802943 | | | | 2802943 | | |
| 12 | 31 | | 本月合计 | 20399570 | 23872962 | 270109 | 7985777 | 5406401 | | |

表6-7　　　　　　　　　　　　　主营业务收入明细分类账　　　　　　　　总第＿＿页次＿＿页

| 2020年 | | 凭证号数 | 摘要 | 合计 | 明细项目 | |
|---|---|---|---|---|---|---|
| 月 | 日 | | | | 铝合金油箱 | 消音器 |
| 12 | 1 | 收1 | 销售商品 | 41996460 | 29796460 | 12200000 |

(3) 借贷多栏式明细分类账。借贷多栏式明细分类账是指在账户的"借方"和"贷方"栏按明细项目分若干专栏,它适用于"借方"和"贷方"都需要设置多个明细科目或明细项目的账户。如"本年利润""应交税费——应交增值税"明细分类账等,如表6-8所示。

表6-8　　　　　　　　　　　　　应交税费——应交增值税明细账

| 2020年 | | 凭证号数 | 摘要 | 借 方 | | | 贷 方 | | | 余额 |
|---|---|---|---|---|---|---|---|---|---|---|
| 月 | 日 | | | 进项税额 | 已交税金 | 合计 | 销项税额 | 进项税额转出 | 出口退税 | |
| 12 | 1 | 付1 | 购买材料 | 1585675 | | | | | | |
| 12 | 13 | 收15 | 销售商品 | | | | 3787354 0 | | | |

3) 数量金额式明细分类账

数量金额式明细分类账是在"收入""发出"和"结存"栏内分别设置"数量""单价"和"金额"三个栏目,分别登记实物的数量、单价和金额。数量金额式明细账适用于既需进行金额核算,又需进行数量核算的财产物资明细账户,如"原材料"明细分类账、"库存商品"明细分类账等。

数量金额式明细分类账一般由会计人员根据审核无误的记账凭证及所附原始凭证或原

始凭证汇总表按照交易或事项发生的时间先后顺序逐日逐笔进行登记。登记方法为："凭证"栏，填写登记明细分类账所依据记账凭证及所附原始凭证或原始凭证汇总表的种类及编号。"收入""发出"和"结存"栏下的"数量"栏，可根据记账凭证所附的原始凭证或原始凭证汇总表填写财产物资实际入库、出库和结存的数量。"收入""发出"和"结存"栏下的"单价""金额"栏，可根据记账凭证所附的原始凭证或原始凭证汇总表填写财产物资实际入库、出库和结存的单位成本、总成本。

【特别提示】
当财产物资本月有多批次入库，且其单位成本又不同，发出时应根据企业所采用的发出存货的计价方法，如先进先出法、加权平均法等方法计算确定发出单价，再根据发出数量计算发出总成本，如表6-9所示。

表 6-9

材料编号：3001　　　　　　　　　　　　　　原材料明细账　　　　　　　　　　　　　　计量单位：吨
材料类别：原料
品名及规格：钢板　　　　　　　　　　　　　　　　　　　　　　　　　　　　　　　　　存放地点：1号仓库

| 2020年 | | 凭证 | | 摘要 | 借方 | | | 贷方 | | | 结存 | | |
|---|---|---|---|---|---|---|---|---|---|---|---|---|---|
| 月 | 日 | 种类 | 号数 | | 数量 | 单价 | 金额 | 数量 | 单价 | 金额 | 数量 | 单价 | 金额 |
| 10 | 1 | | | 期初余额 | | | | | | | 600 | 200.00 | 120000.00 |
| 10 | 2 | 转 | 1 | 购进钢板 | 200 | 200.00 | 40000.00 | | | | 800 | 200.00 | 160000.00 |
| 10 | 4 | 转 | 2 | 购进钢板 | 400 | 200.00 | 80000.00 | | | | 400 | 200.00 | 240000.00 |
| 10 | 15 | 转 | 3 | 生产领用 | | | | 800 | 200.00 | 160000.00 | 400 | 200.00 | 80000.00 |
| 10 | 31 | | | 本月合计 | 600 | 200.00 | 120000.00 | 800 | 200.00 | 160000.00 | 400 | 200.00 | 80000.00 |

4）横线登记式明细分类账

横线登记式明细分类账是指采用横线登记的方法，将每一相关业务登记在同一横行内，以此来判断该项交易或事项的完成及变动情况，主要适用于材料采购、一次性备用金业务等账户登记，如"材料采购"明细分类账、"其他应收款"明细分类账等。

横线登记式明细分类账由会计人员根据审核无误的记账凭证及所附原始凭证或原始凭证汇总表登记。这种账页格式的明细分类账登记时，"借方"根据会计凭证逐日逐笔登记，"贷方"则不要求，需在该交易或事项完成时在记录借方的同一行内进行登记。

企业预借职工差旅费时，应先登记在"其他应收款"账户的借方，当职工报销该笔差旅费时则登记在记录该笔业务发生（预借职工差旅费）的同一横行的贷方。由于这种登记方法将业务的借方、贷方登记在同一行内，因此同一行内若只有借方记录而没有贷方记录则表示该项交易或事项尚未完成，如果同一行内借方、贷方都有金额的记录则表示该项计交易或事项已完成，如表6-10所示。

综上所述，明细分类账的登记依据和方法不受企业所采用的账务处理程序影响，即各种账务处理程序下登记明细分类账的依据和方法是相同的。明细分类账是可根据记账凭证及所附原始凭证或原始凭证汇总表逐日逐笔登记，也可定期汇总登记。

表 6-10　　　　　　　　　　其他应收款——备用金明细账

| 2020年 | | 凭证号数 | 摘要 | 借方 | | | 2020年 | | 凭证号数 | 摘要 | 贷方 | | | 余额 |
|---|---|---|---|---|---|---|---|---|---|---|---|---|---|---|
| 月 | 日 | | | 原借 | 补付 | 合计 | 月 | 日 | | | 报销 | 退回 | 合计 | |
| 12 | 3 | 付5 | 刘星 | 5000.00 | 1900.00 | 6900.00 | 12 | 2 | 转7 | 报销 | 6900.00 | | 6900.00 | 0 |
| 12 | 18 | 付10 | 李强 | 2000.00 | | 2000.00 | 12 | 20 | 收9 | 报销 | 1550.00 | 450.00 | 2000.00 | 0 |

### （五）总分类账与明细分类账的平行登记

1. 总分类账与明细分类账平行登记的原则

总分类账户与其所属的明细分类账户的平行登记是指对每项经济业务事项都要以会计凭证为依据，一方面记入有关总分类账户，另一方面又要记入其所属明细分类账户。总分类账户与明细分类账户平行登记的原则遵循会计账户平行登记的原则，详见第四章。

2. 总分类账与明细分类账的核对

为了保证总分类账户与其所属明细分类账户的登记准确无误，必须定期核对总分类账与其所属明细分类账的有关记录，及时发现可能存在的记账错误。核对的方法可以根据明细分类账的记录，编制"总分类账户所属明细分类账户发生额及余额表"。

## 三、会计账簿的启用规则

账簿是积累会计原始资料的重要工具。为保证账簿记录的合法性，明确记账人员的责任，在启用会计账簿时，应遵循相关启用规则。

1. 订本式账簿启用规则

（1）账簿封面上应清晰写明单位名称、账簿名称和会计年度，如库存现金日记账、总分类账等。

（2）账簿扉页上应填写启用和经管人员，如见表 6-11 所示，包括单位名称、账簿名称、启用日期、记账人员和主管人员姓名等。

表 6-11　　　　　　　　　账簿启用及经管人员一览表

| 单位名称 | | | | | | | 单位公章 | |
|---|---|---|---|---|---|---|---|---|
| 账簿名称 | | | | | | | | |
| 账簿页数 | 本账簿为第　册，自　页起至　页，共　页。 | | | | | | | |
| 启用日期 | 　　　　　年　　月　　日 | | | | | | | |
| 停用日期 | 　　　　　年　　月　　日 | | | | | | | |
| 经管人员 | 负责人 | | 主管会计 | | 复核 | | 记账 | |
| | 姓名 | 签章 | 姓名 | 签章 | 姓名 | 签章 | 姓名 | 签章 |
| 交接记录 | 经管人员 | | 接管 | | | 交出 | | |
| | 职别 | 姓名 | 日期 | 签章 | | 日期 | | 签章 |
| | | | 年　月　日 | | | 年　月　日 | | |
| | | | 年　月　日 | | | 年　月　日 | | |
| | | | 年　月　日 | | | 年　月　日 | | |
| 备注 | | | | | | | | |

2. 活页账或卡片账启用规则

在启用活页式或卡片账时,应按账户顺序,定期装订成册,装订后按照实际使用账页顺序编定页码,并填写账户目录表,如表6-12所示,注明账户名称及所在页码,以便于查找和登记。

表6-12　　　　　　　　　　　　　　账户目录

| 账户名称 | 页数 | 账户名称 | 页数 | 账户名称 | 页数 | 账户名称 | 页数 |
|---|---|---|---|---|---|---|---|
|  |  |  |  |  |  |  |  |
|  |  |  |  |  |  |  |  |
|  |  |  |  |  |  |  |  |
|  |  |  |  |  |  |  |  |

### 四、会计账簿的登记规则

1. 登记要及时准确完整

登记会计账簿时,应根据审核无误的会计凭证,将会计凭证上有关日期、编号、交易或事项内容摘要、金额和其他有关资料逐项登记入账,做到内容准确完整、摘要清晰、登记及时、字迹工整。登记完毕后,要在会计凭证上签字、盖章,并注明已入账的符号,即在会计凭证上所设的专栏中注明"√",表示已经记账,以避免发生重记或漏记。

2. 登记要使用蓝黑墨水

登记会计账簿要用规定的蓝黑墨水或碳素墨水书写,不得使用圆珠笔(银行的复写账簿除外)或铅笔书写。红色墨水只能在某些特殊情况可以使用,具体应用如下:

(1) 根据红字冲账的记账凭证,使用红色墨水登记账簿,冲销账簿错误记录。

(2) 在不设"借方"或"贷方"等栏的多栏式账页中,使用红色墨水登记减少的金额。

(3) 在三栏式账户的余额栏前,如未注明余额方向的,在余额栏内可使用红色墨水登记负数余额。

(4) 根据国家统一会计制度的规定可以用红字登记的其他会计记录。

3. 登记要连续

登记账簿要按事先编好的页码逐行逐页顺序连续登记,不得出现跳行、隔页。如果出现跳行、隔页,应当将空行、空页划线注销,注明"此行空白""此页空白"字样,并由记账人员签名或盖章。

4. 登记要书写规范

登记会计账簿时,应书写规范。书写的文字或数字应紧靠底线,一般位于空格的下1/2处,上部要留有适当的空格,不要写满格或超格,便于账簿登记发生错误时,方便进行更正。

5. 结出余额

需要结出余额的账户,应当在账页"借或贷"栏填写"借"字或"贷"字,以标明余额的方向;没有余额的账户,应当在账页"借或贷"栏填写"平"字,并在"余额"栏内的"元"位上用"0"表示。

6. 账页结转处理

每一张账页登记完毕需结转下页时,应当结出本页合计数额及余额,并填写到本页最后一行和下页第一行金额栏,同时在"摘要"栏内填写"过次页"和"承前页"字样;也可以将本页合计数及余额只写在下页第一行有关栏内,并在摘要栏内注明"承前页"字样。

对需要结计本月发生额的账户,结计"过次页"的本页合计数应当为自本月初起至本页末止的发生额合计数;对需要结计本年累计发生额的账户,结计"过次页"的本页合计数应当为自年初起至本页末止的累计数;对既不需要结计本月发生额,也不需要结计本年累计发生额的账户,可以只将每页末的余额结转次页。

7. 正确更正登记错误

登记账簿时发生错误,不得涂、改、刮、擦、挖、补,应根据错误的情况,按规定的方法进行更正。

## 第三节 对账与结账

### 一、对账

对账是指定期对各类会计账簿进行核对,及时发现记账过程中的错误,以保证账簿登记准确、完整,做到账证相符、账账相符及账实相符。

对账的内容主要包括账证核对、账账核对和账实核对。

1. 账证核对

账证核对是指将各类账簿记录与据以登记入账的会计凭证进行核对。核对内容主要包括账簿记录与原始凭证、记账凭证所反映的交易或事项的时间、凭证字号、内容、数量、金额以及所用的会计科目是否一致,以保证账证相符。

2. 账账核对

账账核对是指在账证核对的基础上,将各类账簿之间的相关记录进行核对。这种核对是检查日记账、总分类账与其所属明细分类账户等各类账簿的登记是否有误,以保证账账相符。

账账核对主要包括以下内容:

(1) 总分类账的核对。它是将总分类账中全部账户期初借方余额合计与全部账户期初贷方余额合计进行核对,全部账户本期借方发生额合计与全部账户本期贷方发生额合计进行核对,全部账户期末借方余额合计与全部账户期末贷方余额合计进行核对。

(2) 总分类账户与其所属明细分类账户的核对。它是将总分类账中各账户的期初余额、本期借方发生额、本期贷方发生额、期末余额与其所属的各明细分类账的期初余额合计、本期借方发生额合计、本期贷方发生额合计、期末余额合计进行核对。

(3) 总分类账与日记账之间的核对。它是将总分类账中的"库存现金""银行存款"账户的期初余额、本期借方发生额、本期贷方发生额和期末余额直接与库存现金日记账、银行存款日记账的相应金额进行核对,检查总分类账与日记账的记录是否相符。

(4)财产物资明细分类账与财产物资保管账(卡)的核对。它是将会计部门的财产物资明细分类账结存(数量或金额)与财产物资保管或使用部门的财产物资保管账结存(数量或金额)进行核对,检查财产物资明细分类账与财产物资保管账(卡)记录是否相符。

3. 账实核对

账实核对是指将各财产物资的账面结存数额与实有数额进行核对。这种核对通常是结合财产清查工作进行的,通过财产清查确定财产物资的实存数额,并据以与账面结存数额进行核对,保证账实相符(账实核对具体内容将在本教材第九章"财产清查"部分详细讲解)。

账实核对主要包括以下内容:

(1)库存现金日记账的账面余额与库存现金实际库存数核对。这种核对是将库存现金日记账的账面余额与采用实地盘点法确定的库存现金实际库存数进行核对。在日常核算工作中,由现金出纳将库存现金日记账的账面余额与其每日清点的库存现金实有数核对;在会计期末或专门组织的清查工作中,由相关人员将库存现金日记账的账面余额与清查盘点人员在出纳在场情况下查点出的库存现金实有数核对,如有不符,及时对账面余额进行调整,以保证账实相符。

(2)银行存款日记账的账面余额与开户银行对账单余额核对。这种核对是将银行存款日记账的账面余额与开户银行对账单余额每月核对,每月至少一次,如有不符可通过编制银行存款余额调节表调节,以查明不符原因及时进行更正。

(3)各种应收、应付款项明细分类账账面余额与有关债务人债权人相关账面余额核对。这种核对是将本企业的各种应收款项(应付款项)明细分类账账面余额通过发函询证方式与有关债务人(债权人)的就相关应付款项(应收款项)明细分类账账面余额核对,根据对方单位回函确定余额是否相符,如有不符应查明原因及时加以调整,以保证债权(债务)与实际情况相符。

(4)各种财产物资明细分类账账面结存数额与财产物资的实存数额核对。这种核对是通过定期或不定期盘点,确定财产物资的实存数额,与各种财产物资明细分类账账面结存数额核对,查明账实是否相符,如有不符应查明财产物资盘盈、盘亏数额的原因并及时加以调整,以保证账实相符。

二、结账

结账是指在将一定时期发生的经济业务全部登记入账的基础上,在会计期末对会计账簿记录进行汇总,计算出各个账户的本期发生额和期末余额并作相应结转的工作。通过结账可以全面、系统地反映企业在一定会计期间发生的全部经济活动所引起的会计要素增减变动情况及其结果,为考核企业经营成果,及时编制财务报表提供依据。

(一)结账的程序

1. 检查本期内发生的交易或事项是否已经全部编制记账凭证并登记入账

在结账前,应将本期发生的各项经济业务全部编制记账凭证并登记入账,并通过对账来确保账簿记录正确无误。

2. 按权责发生制基础进行账项调整

对于采用权责发生制核算的企业,期末应按权责发生制进行账项调整,即编制调整分录,以科学、正确地反映本期的收入和费用。期末账项调整的内容主要包括:

(1) 应计收入的调整,即应收未收的本期收入,是指本期已发生,应归属确认为本期的收入,但款项尚未收到的销售收入或劳务收入,应计入本期收入。

(2) 预收收入的调整,即已预收应确认本期收入,是指以前会计期间已预收的款项,由于未提供商品或劳务,因而没有确认为收入入账的收入,若在本期已提供相应的商品或劳务,应在本期确认收入,如本期销售发出上月已预收货款商品而获得的收入。

(3) 应计费用的调整,即应付未付的本期费用,是指本期已确认发生且符合确认条件,但款项尚未支付的费用应确认为本期费用,如计提本期银行短期借款利息。

(4) 预付费用的调整,即已预付应确认本期费用,是指以前会计期间已经支付但在本期受益的,应计入本期费用,如摊销上年12月份预付本年度的房屋租金。

3. 期末账项结转

期末的账项结转是在期末账项调整基础上,将所有的损益类账户结转到"本年利润"账户,结平所有损益类账户。

4. 期末余额结转

期末应结出所有账户的本期发生额和期末余额,并将余额结转到下期。

(二) 结账的方法

结账按其时间不同,可分为月结、季结和年结。结账时应结出每个账户的期末余额,有些账户还需结出本期发生额。对于有余额的账户,应在余额栏前的"借或贷"栏内写明"借"或"贷"字样,对于无余额的账户,应在余额栏前的"借或贷"栏内写上"平"字,并在余额栏内用"0"表示。结账一般采用划线的方法进行,月末、季末结账划通栏单红线,年末结账划通栏双红线。

1. 月结

月度终了,要进行月结。月结是指在月末结出各账户的本月发生额和余额。

月结时,对于需要按月结计发生额的账户,如库存现金、银行存款日记账等,应在各账户本月记录的最后一笔交易或事项下面划一条通栏单红线表示当月经济业务记录完毕,并在红线下的"摘要"栏内写明"本月合计"字样,同时,结算出本月借方和贷方发生额及余额,并标明余额方向,然后再在本行下面划一条通栏单红线,表示月结完毕。

对于不需要按月结计发生额的账户,如各种应收、应付款明细账和财产物资明细账等,每次记账以后,都要随时结出余额,每月最后一笔余额即为月末余额,结账时只要在最后一笔交易或事项记录行下划一条通栏单红线即可,不需要再结计一次余额。

2. 季结

季度终了,要进行季结。季结是指结计出各账户的本季发生额和季末余额。季度结账时,应在本季度末最后一个月进行月结后,在季终月的"月结"行的下面一行的"摘要"栏内注明"本季合计"字样,同时将本季度3个月的借方、贷方发生额月结数加总,分别结算出本季度借方、贷方本期发生额合计数及季末余额,并标明余额方向,然后再在季结行下划一条通栏单红线。对于总分类账户一般都需要季结,以减轻年终结账时加计全年借贷发生额的工作量。半年度结账方法与季度结账方法相同。

3. 年结

年度终了,要进行年结。年度终了时,所有总分类账户都应结出全年的发生额及年末余额。年度结账时,应在本年的第四季度季结的下面一行结算出全年4个季度的借方、贷方本期发生额合计数及年末余额,并标明余额方向,在摘要栏内注明"本年合计"字样,并在下面划通栏双红线,表示封账。

对于需要结计本年累计发生额的账户,如"本年利润""利润分配"账户,每月结账时,应在该月最后一笔交易或事项记录的下面划一条通栏单红线进行月结,然后在月结的下一行,结出自年初起至本月末止的累计发生额和余额,并在摘要栏内填明"本年累计"字样,在本行的下面再划一条通栏单红线。

### 三、错账更正方法

登记账簿要做到认真仔细,要按照会计账簿的登记规则进行。但在实务中,当发现账簿记录错误时,不得随意更正,而应根据错误的具体情况,采用不同的错账更正方法进行更正。错账更正方法常用的有划线更正法、红字更正法和补充登记法三种,可结合图6-3具体学习错账类型及更正方法。

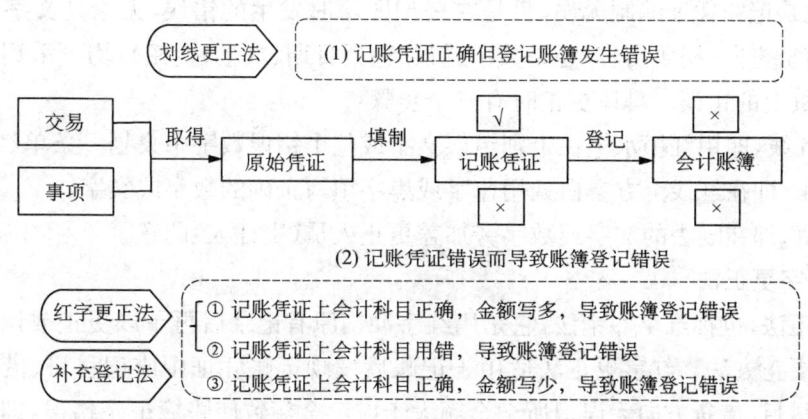

**图6-3 错账类型及更正方法**

### (一) 划线更正法

划线更正法是指在账簿记录的错误之处划红线予以注销,然后在注销错误记录的上方填写正确记录的一种错账更正方法。划线更正法适用于结账前发现账簿记录中的文字或数字有误,而其所依据的记账凭证无误,即纯属登记入账时笔误或计算上的错误可采用此种方法更正。

采用划线更正法更正时,先用一条红线划去错误的文字或整个数字,然后在红线上方空白处用蓝字或黑字填写正确的文字或数字,并由更正人员在更正处签章,以示明确责任。划线时,文字错误可只划去错误的字,数字错误要将整个错误记录的数字全部划去,不能只划去其中个别错误的数字,并保证原字迹仍清晰可辨认,以备查核。

【例6-4】 2020年12月2日,烟台兴茂机械制造有限公司出纳根据当日一张记账凭证(购买公司办公用品1 040元)登记管理费用总账时,将付出金额1 040元误记为1 400元,而该记账凭证编制无误。

记账凭证上编制的分录为:

现付1号　借:管理费用　　　　　　　　　　　　　　　　　　　　1 040
　　　　　　贷:库存现金　　　　　　　　　　　　　　　　　　　　　　1 040

因记账凭证无误,仅在登记管理费用总账时将金额1 040误写为1 400,此时可采用划线更正法更正,错账的情况与更正方法如图6-4所示。

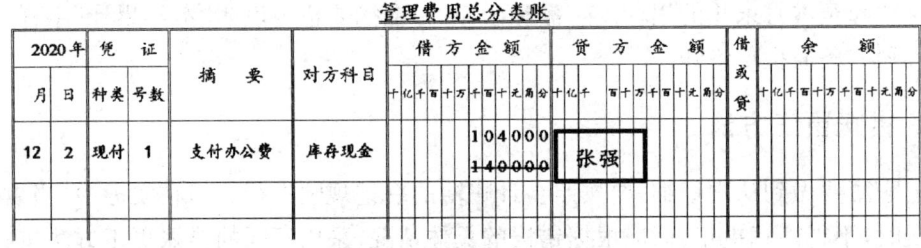

图6-4　划线更正法更正错账

注:表中划去错误数字的横线为红线,□内"张强"为印章。

总之,凡是记账凭证编制无误,只是在登记账簿时发生的错误,无论是文字错误(包括:科目名称、借贷方向、摘要内容)还是数字错误(包括日期、数量、金额),均可采用划线更正法直接更正账页上的错误。具体更正时有三个步骤:

(1) 划红线,即用红墨水笔在个别错误文字或整个错误数字中央划一条单红线。

(2) 更正,即在红线上方空白处用蓝字或黑字填写正确的数字或文字。

(3) 签章,即在划去的文字或数字旁加盖更正人员(责任人)印章。

**(二)红字更正法**

红字更正法,也称红字冲销法,它是用红字冲销原有记录后再予以更正或调整账簿记录的一种错账更正方法。红字更正法适用于记账后发现记账凭证中应记科目、借贷方向有错误或者应记科目、借贷方向无误但所记金额大于应记金额致使账簿记录错误,即由于记账凭证错误(科目用错或金额多记)引起账簿记录错误可采用红字更正法更正。

1. 记账凭证上会计科目正确,金额写多,导致账簿登记错误

【例6-5】 2020年12月31日,计提生产车间固定资产折旧4 000元,会计人员在编制记账凭证时误将金额写为40 000元,并已登记入账。

记账凭证上编制的分录为:

转24号　借:制造费用　　　　　　　　　　　　　　　　　　　　40 000
　　　　　　贷:累计折旧　　　　　　　　　　　　　　　　　　　　　　40 000

账簿登记如表 6-13 所示。

**表 6-13** 制造费用总分类账

| 2020年 | | 凭证 | | 摘要 | 对方科目 | 借方金额 十亿千百十万千百十元角分 | 贷方金额 十亿千百十万千百十元角分 | 借或贷 | 余额 十亿千百十万千百十元角分 |
|---|---|---|---|---|---|---|---|---|---|
| 月 | 日 | 种类 | 号数 | | | | | | |
| 12 | 31 | 转 | 24 | 计提折旧 | 累计折旧 | 4 0 0 0 0 0 0 | | | |
| | | | | | | | | | |
| | | | | | | | | | |

更正步骤如下：

(1) 记账凭证上编制的分录为：

转 37 号　借：制造费用　　　　　　　　　　　　　　　　　　　　36 000
　　　　　　　贷：累计折旧　　　　　　　　　　　　　　　　　　　　　　36 000

(2) 根据上述凭证登记账簿如表 6-14 所示。

**表 6-14** 制造费用总分类账

| 2020年 | | 凭证 | | 摘要 | 对方科目 | 借方金额 十亿千百十万千百十元角分 | 贷方金额 十亿千百十万千百十元角分 | 借或贷 | 余额 十亿千百十万千百十元角分 |
|---|---|---|---|---|---|---|---|---|---|
| 月 | 日 | 种类 | 号数 | | | | | | |
| 12 | 31 | 转 | 24 | 计提折旧 | 累计折旧 | 4 0 0 0 0 0 0 | | | |
| 12 | 31 | 转 | 37 | 冲销错账 | 累计折旧 | 3 6 0 0 0 0 0 | | | |

注：记账凭证上□内及制造费用总分类账簿中，"冲销错账"业务借方金额 36 000 为红色字体。

会计人员记账后发现该错误为：记账凭证上会计科目正确，金额写多，导致账簿登记错误，按多记的金额 36 000 元用红字金额填制一张与原错误记账凭证的会计科目、借贷方向相同的记账凭证，摘要栏内注明"冲销 2020 年 12 月 31 日转 24 号记账凭证多记金额"并据以登记入账，对原错误金额 40 000 元进行调整。

2. 记账凭证上会计科目用错，导致账簿登记错误

【例 6-6】 2020 年 12 月 31 日，计提生产车间固定资产折旧 4 000 元，会计人员在编制记账凭证时使用了错误的会计科目，并以登记入账。

记账凭证上编制的分录为：

转 24 号　借：管理费用　　　　　　　　　　　　　　　　　　　　4 000
　　　　　　　贷：累计折旧　　　　　　　　　　　　　　　　　　　　　　4 000

账簿登记如表 6-15 所示。

更正步骤如下：

(1) 记账凭证上编制的分录为：

转 37 号　借：管理费用　　　　　　　　　　　　　　　　　　　　4 000
　　　　　　　贷：累计折旧　　　　　　　　　　　　　　　　　　　　　　4 000

表 6-15　　　　　　　　　管理费用总分类账

| 2020年 | | 凭证 | | 摘要 | 对方科目 | 借方金额 十亿千百十万千百十元角分 | 贷方金额 十亿千百十万千百十元角分 | 借或贷 | 余额 十亿千百十万千百十元角分 |
|---|---|---|---|---|---|---|---|---|---|
| 月 | 日 | 种类 | 号数 | | | | | | |
| 12 | 31 | 转 | 24 | 计提折旧 | 累计折旧 | 4 0 0 0 0 0 | | | |
| | | | | | | | | | |
| | | | | | | | | | |

(2) 根据上述凭证登记账簿如表 6-16 所示。

表 6-16　　　　　　　　　管理费用总分类账

| 2020年 | | 凭证 | | 摘要 | 对方科目 | 借方金额 十亿千百十万千百十元角分 | 贷方金额 十亿千百十万千百十元角分 | 借或贷 | 余额 十亿千百十万千百十元角分 |
|---|---|---|---|---|---|---|---|---|---|
| 月 | 日 | 种类 | 号数 | | | | | | |
| 12 | 31 | 转 | 24 | 计提折旧 | 累计折旧 | 4 0 0 0 0 0 | | | |
| 12 | 31 | 转 | 37 | 冲销错账 | 累计折旧 | 4 0 0 0 0 0 | | | |
| | | | | | | | | | |

注：账簿中"冲销错账"业务借方金额 4 000 应为红色字体。

(3) 记账凭证上编制的分录为：

转 38 号　　借：制造费用　　　　　　　　　　　　　　4 000
　　　　　　　　贷：累计折旧　　　　　　　　　　　　　　　　4 000

(4) 根据上述凭证登记账簿如表 6-17 和表 6-18 所示。

先用红字金额填制一张与原错误记账凭证内容完全一致的记账凭证，在摘要中注明"冲销某年某月某日某号记账凭证"，并据以登记入账（登记到账簿中的金额与记账凭证中的金额完全一致均为红字金额），以冲销原来的账簿记录；然后再用蓝字或黑字填制一张正确的记账凭证，在摘要中注明"订正某年某月某日某号凭证"，并据以登记入账。对于冲销和订正的记账凭证可不附原始凭证。

表 6-17　　　　　　　　　制造费用总分类账

| 2020年 | | 凭证 | | 摘要 | 对方科目 | 借方金额 十亿千百十万千百十元角分 | 贷方金额 十亿千百十万千百十元角分 | 借或贷 | 余额 十亿千百十万千百十元角分 |
|---|---|---|---|---|---|---|---|---|---|
| 月 | 日 | 种类 | 号数 | | | | | | |
| 12 | 31 | 转 | 38 | 订正24号凭证 | 累计折旧 | 4 0 0 0 0 0 | | | |
| | | | | | | | | | |
| | | | | | | | | | |

表 6-18　　　　　　　　　累计折旧总分类账

| 2020年 | | 凭证 | | 摘要 | 对方科目 | 借方金额 十亿千百十万千百十元角分 | 贷方金额 十亿千百十万千百十元角分 | 借或贷 | 余额 十亿千百十万千百十元角分 |
|---|---|---|---|---|---|---|---|---|---|
| 月 | 日 | 种类 | 号数 | | | | | | |
| 12 | 31 | 转 | 24 | 计提折旧 | 管理费用 | | 4 0 0 0 0 0 | | |
| 12 | 31 | 转 | 37 | 冲销错账 | 管理费用 | | 4 0 0 0 0 0 | | |
| 12 | 31 | 转 | 38 | 订正24号凭证 | 制造费用 | | 4 0 0 0 0 0 | | |

注：累计折旧总分类账中，"冲销错账"业务，贷方金额 4 000 应为红色字体。

### （三）补充登记法

补充登记法，也称蓝字更正法，它是将原记账凭证和账簿记录中少记的金额用蓝字或黑字再填制一张记账凭证,以此来调整账簿记录的一种更正方法。补充登记法适用于记账后发现记账凭证中应记科目、借贷方向无误但所记金额小于应记金额致使账簿记录错误,即由于记账凭证错误(金额少记)引起账簿记录错误(金额少记)。

【例6-7】 2020年12月31日,计提生产车间固定资产折旧4 000元,会计人员在编制记账凭证时误将金额写为400元,并已登记入账。

记账凭证上编制的分录为:

转24号　借:制造费用　　　　　　　　　　　　　　400
　　　　　贷:累计折旧　　　　　　　　　　　　　　　　400

账簿登记如表6-19所示。

表6-19　　　　　　　　　累计折旧总分类账

| 2020年 | | 凭证 | | 摘要 | 对方科目 | 借方金额 | 贷方金额 | 借或贷 | 余额 |
|---|---|---|---|---|---|---|---|---|---|
| 月 | 日 | 种类 | 号数 | | | 十亿千百十万千百十元角分 | 十亿千百十万千百十元角分 | | 十亿千百十万千百十元角分 |
| 12 | 31 | 转 | 24 | 计提折旧 | 管理费用 | | 　　　　　　40000 | | |

更正步骤如下:

(1)记账凭证上编制的分录为:

转37号　借:制造费用　　　　　　　　　　　　　　3 600
　　　　　贷:累计折旧　　　　　　　　　　　　　　　3 600

(2)根据上述凭证登记账簿如表6-20和表6-21所示。

表6-20　　　　　　　　　制造费用总分类账

| 2020年 | | 凭证 | | 摘要 | 对方科目 | 借方金额 | 贷方金额 | 借或贷 | 余额 |
|---|---|---|---|---|---|---|---|---|---|
| 月 | 日 | 种类 | 号数 | | | 十亿千百十万千百十元角分 | 十亿千百十万千百十元角分 | | 十亿千百十万千百十元角分 |
| 12 | 31 | 转 | 24 | 计提折旧 | 累计折旧 | 　　　　　　40000 | | | |
| 12 | 31 | 转 | 37 | 补充登记24号凭证 | 累计折旧 | 　　　　　360000 | | | |

表6-21　　　　　　　　　累计折旧总分类账

| 2020年 | | 凭证 | | 摘要 | 对方科目 | 借方金额 | 贷方金额 | 借或贷 | 余额 |
|---|---|---|---|---|---|---|---|---|---|
| 月 | 日 | 种类 | 号数 | | | 十亿千百十万千百十元角分 | 十亿千百十万千百十元角分 | | 十亿千百十万千百十元角分 |
| 12 | 31 | 转 | 24 | 计提折旧 | 制造费用 | | 　　　　　　40000 | | |
| 12 | 31 | 转 | 37 | 补充登记24号凭证 | 制造费用 | | 　　　　　360000 | | |

会计人员记账后发现该错误为记账凭证上会计科目正确,金额写少,导致账簿登记错误,按少记的金额3 600元用蓝黑字金额填制一张与原错误记账凭证的会计科目、借贷方向相同的记账凭证,摘要栏内注明"补充2020年12月31日转24号记账凭证少记金额"并据以登记入账,对原错误金额400元进行调整。

需要注意的是,对上述两种错误的更正,不得用蓝字或黑字金额填制与原错误记账凭证借贷记账方向相反的记账凭证来冲销原错误记录或错误金额,这是由于蓝字或黑字记账凭证反方向编制的会计分录反映着某种经济业务,并不能反映错账更正情况。

### 四、会计账簿的更换及保管

#### (一) 会计账簿的更换

会计账簿更换是指在会计年度终了时,将本年度的账簿更换为次年度新账簿的工作。企业在每一新的会计年度开启时都需要建立新账,一般应将上一年度登记过的会计账簿更换为新账簿,以满足在新的会计年度登记交易或事项的需要,可根据企业实际需要将账簿进行更换。一般而言,总分类账簿、序时账簿和绝大多数明细分类账簿需要每年度更换一次,而用来登记企业财产物资的卡片式账簿,其连续记录的要求比较强,可以跨年度使用。

会计账簿更换具体包括以下操作程序:

(1) 全部账户结清。检查本年度账簿记录在年终结账时是否全部结清,账户中借方、贷方合计数额是否确实已经平衡相等,应结转下年的账户余额是否已在账簿中做"结转下年"的处理。

(2) 账户结转处理。根据本年度有余额账户的"结转下年"数字直接记入新年度账户的第一行的"余额"栏,在日期栏注明"1月1日";在"摘要"栏注明"上年结转"字样;在"借或贷"栏注明余额方向。进行年度之间余额的结转时,不必填制记账凭证。因此,新年度登记余额行中的"凭证编号"栏、"借方"栏和"贷方"栏都空置不填,只填写余额即可。

#### (二) 会计账簿的保管

1. 账簿管理的要求

(1) 专人管理、保证安全。对各种账簿应指定专人管理,做到分工明确,责任清楚。账簿保管人员即负责记账、对账和结账的会计人员,应保证账簿的安全完整。

(2) 查阅复制、须经批准。会计账簿未经会计部门负责人等批准,非经管人员不能随意翻阅查看、摘抄或复制。

(3) 除非必要、不得外带。会计账簿一般不能携带外出,确实需要携带外出时,应指定专人负责,保证账簿安全。

2. 使用过的账簿归档保管要求

使用过的账簿是指年度终了时更换下来的账簿。在这些账簿中记录了企业过去发生的交易或事项,是企业重要的经济档案,更应按要求归档保管。

(1) 归类整理,保证齐全。归档前应对更换下来的旧簿进行分类整理,检查使用过的账簿是否齐全。

(2) 装订成册,手续完备。对更换下来的账簿应分类装订成册处理,并办理必要的手续。

(3) 编制清单,更换下来的账簿应填写移交清单,办理移交手续,及时交给单位档案管理部门,档案保管人员应按照档案管理办法的要求编制索引、分类储存,以便于日后查阅。

(4) 妥善保存。更换下来的账簿,应采取一定的安全措施妥善保存,不得随意销毁。保管期满后,应按照规定的审批程序,报经批准后方可销毁。根据规定需要永久保存的账簿不能销毁。

# 课堂结账测试

班级_____ 姓名_____ 学号_____ 日期_____ 平时分_____

一、会计账簿登记(共3题,合计80分)

1. 烟台兴茂机械制造有限公司2020年10月1日开始建账,负责人:孔祥瑞,会计主管:张丽,复核:张丽,制单:李丰富,出纳:王小刚。

要求:根据上述资料进行会计账簿的启用,如表6-22所示。(10分)

表6-22　　　　　　　　账簿启用及经管人员一览表

| 单位名称 | | | | | | | 单位公章 | |
|---|---|---|---|---|---|---|---|---|
| 账簿名称 | | | | | | | | |
| 账簿页数 | 本账簿为第　册,自　页起至　页,共　页。 | | | | | | | |
| 启用日期 | 　　　年　月　日 | | | | | | | |
| 停用日期 | 　　　年　月　日 | | | | | | | |
| 经管人员 | 负责人 | | 主管会计 | | 复核 | | 记账 | |
| | 姓名 | 签章 | 姓名 | 签章 | 姓名 | 签章 | 姓名 | 签章 |
| 交接记录 | 经管人员 | | 接管 | | | 交出 | | |
| | 职别 | 姓名 | 日期 | 签章 | | 日期 | 签章 | |
| | | | 年　月　日 | | | 年　月　日 | | |
| | | | 年　月　日 | | | 年　月　日 | | |
| | | | 年　月　日 | | | 年　月　日 | | |
| 备注 | | | | | | | | |

2. 2020年10月1日"银行存款"总账期初余额为借方300 000元。本月发生的经济业务如下:

(1) 2日,购买固定资产价值4 500元,款项已付。

(2) 7日,向济南曼华包装公司和中通工业集团分别偿付货款50 000元和20 000元。

(3) 11日,销售给济南西城机械有限公司抗性消音器,价款40 000元,增值税税率为13%,价税款45 200元均已收到。

(4) 20日,从银行提取现金500元备用。

要求:根据上述资料登记"银行存款"总分类账,如表6-23所示。(40分)

3. 2020年10月份的原材料钢板账户期初余额借方为120 000元,数量为600吨,单价200元/吨。根据相关资料登记"原材料钢板"明细账(提示:原材料钢板所有的进价和出库单价都是200元/吨)。本月发生的经济业务如下:

表 6-23　　　　　　　　　　　银行存款总分类账

(1) 2 日,购进钢板 200 吨,增值税税率为 13%,价税款 45 200 元已支付。
(2) 4 日,购进钢板 400 吨,增值税税率为 13%,价税款 90 400 元未支付。
(3) 15 日,生产领用钢板 800 吨。

要求:根据上述资料进行明细分类账的登记,如表 6-24 所示。(30 分)

表 6-24　　　　　　　　　　　原材料明细账
材料编号:3001　　　　　　　　　　　　　　　　　　　计量单位:吨
材料类别:原料
品名及规格:钢板　　　　　　　　　　　　　　　　　　存放地点:1 号仓库

## 二、错账更正(共 20 分)

2020 年 10 月 1 日,车间生产铝合金油箱领用钢板 3 500 元。会计人员根据领料单编制记账凭证如表 6-25 所示。

会计人员审核时,没有发现问题,并据以登记入账。

要求:根据上述资料进行错账更正。(20 分)

表 6-25　　　　　　　　　　　记账凭证
　　　　　　　　　　　　　　2020 年 10 月 1 日　　　　　　　　　　　　记字第 3 号

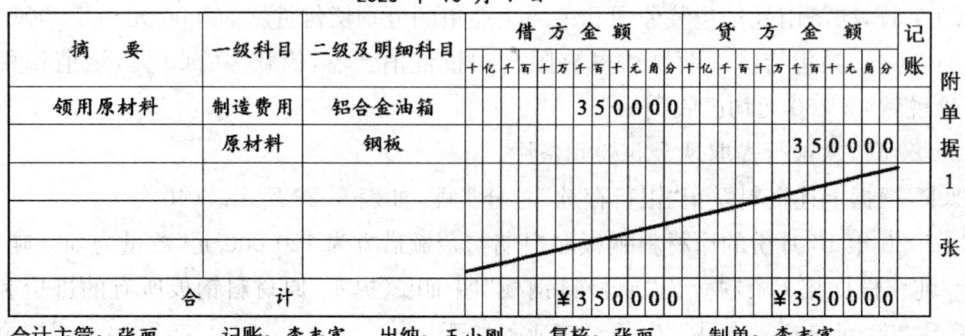

# 第七章 企业主要经济业务的核算

知识导航

企业主要经济业务的核算
- 企业主要经济业务概述
- 筹资业务过程的会计核算
  - 筹资过程主要经济业务内容
  - 投入资本业务的核算
  - 借入资金业务的核算
- 采购业务过程的会计核算
  - 采购过程主要经济业务内容
  - 固定资产购置业务的核算
  - 材料物资采购业务的核算
- 生产业务过程的会计核算
  - 生产过程主要经济业务内容
  - 产品制造成本的计算
  - 存货发出成本的计算
  - 生产制造业务的核算
- 销售业务过程的会计核算
  - 销售过程主要经济业务内容
  - 销售过程业务的核算
- 利润形成与分配业务的会计核算
  - 利润的形成
  - 利润的分配

## 学习目标

1. 学习和掌握筹资过程、采购过程、生产过程、销售过程和利润形成与分配过程的经济业务内容与会计处理
2. 学习和掌握材料采购成本、产品生产成本以及营业利润、利润总额和净利润的计算
3. 利用所学经济业务的会计核算，灵活运用到会计实务工作当中去

## 第一节 企业主要经济业务概述

制造业是以产品的生产和销售为主要活动内容的经济组织，经济业务的内容最为完整，主要包括采购、生产、销售三个主要阶段，前面章节讲解到的资金运动过程，主要包括资金投入、资金周转、资金退出三个主要环节。企业要想进行生产经营活动，生产适销对路的产品，

必须筹集一定数量的资金,而这些资金都是从一定的渠道取得的。经营资金在生产经营过程中被具体运用时,表现为不同的占用形态,一般可分为货币资金、长期资金、储备资金、生产资金、成品资金、结算资金等形态,而且随着生产经营过程的不断进行,这些资金形态不断转化,形成经营资金的循环与周转。制造业企业的日常经营业务过程如图7-1所示。

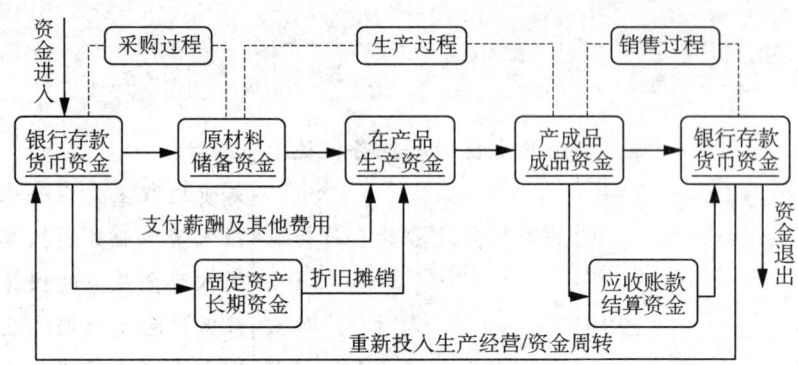

图7-1　制造业企业资金运动及日常经营业务过程图

企业从各种渠道筹集生产经营所需要的资金,其筹资渠道主要包括接受投资者的投资和向债权人借入款项。完成筹资任务即接受投资或者形成负债,筹集到的资金投入企业开展正常的经营业务,进入采购、生产和销售过程。

企业一开始筹集到的资金主要表现为货币资金形态,所以也可以说,货币资金形态是资金运动的起点。企业利用筹集到的资金进入采购过程,进行企业生产的前期准备工作,在这个过程中,企业用货币资金购买机器设备等固定资产形成长期资金,购买原材料等资产形成储备资金,为生产产品做好物资上的准备。由于固定资产一旦购买完成将长期供企业使用,因而供应过程的主要核算内容是用货币资金(或形成结算债务)购买原材料的业务,主要采购成本计算、支付价款和税款、材料验收入库结转成本等。完成采购过程的核算,为生产产品做好各项准备,企业就可以进入生产过程。

生产过程是制造业企业经营过程的中心环节。在生产过程中,劳动者运用各项生产资料进行加工生产,其过程中产生各项生产耗费,最终生产出适销对路的各类产品。从消耗或者加工对象的实物形态及其变化来看,原材料等生产资料通过加工形成在产品,随着生产过程不断进行,在产品最终转化为产成品。从价值形态来看,生产过程中发生的各项生产耗费形成企业的生产费用,主要包括生产产品耗费材料形成的材料费用,工人生产劳动发生的工资福利等人工费用,使用厂房、机器等资料形成的折旧费用等。生产过程中发生的生产费用的总和构成产品的生产成本。其资金形态从储备资金、固定资金和一部分货币资金形态转化为生产资金形态,最终产品生产完成验收入库,由生产资金形态转化为成品资金形态。生产费用的发生、归集、分配以及完工产品生产成本的计算构成了生产过程核算的基本内容。

销售过程是产品价值实现的过程。销售过程中企业通过出售产品实现营业收入,按照销售价格与客户办理各种款项的结算,收回款项后,使得成品资金转化为货币资金的形式,完成了一次资金的循环。在销售过程中的主要核算内容，除了取得营业收入，还包括结转营业成本，同时支付广告费等销售费用，计算各项税金等。

对于企业而言，生产和销售产品是其主要的经济业务，其中销售产品是主营业务，在销售产品之外，企业还会发生一些例如销售材料、出租固定资产等其他业务，以及进行对外投资以获取收益的投资业务。主营业务、其他业务以及投资业务构成了企业的经营业务，在营业活动之外企业还会发生一些非营业业务，从而获得营业外的收入或发生营业外的支出。企业在生产经营过程中所获得的各项收入遵循要求抵偿了各项成本、费用之后的差额，形成了企业利润。企业实现的利润一部分要上缴国家，形成国家的财政收入，另一部分即企业的税后利润，最后要按照规定的程序对利润进行合理的分配，一部分资金退出企业，一部分资金重新投入企业继续进行资金周转。

综上所述，资金投入、资金周转、资金退出过程中发生的主要经济业务内容包括：筹资过程业务、采购过程业务、生产过程业务、销售过程业务、利润形成与分配业务。

## 第二节 筹资业务过程的会计核算

### 一、筹资过程主要经济业务内容

筹资业务是指企业为了满足生产经营对资金的需求而发生的筹措资金的业务活动。一个企业的生存和发展，离不开资产要素，资产是企业进行生产经营活动的物质基础，对于任何企业而言，形成其资产的资金来源主要有两条渠道：权益资金以及债权资金。

权益资金，主要通过投资者的投资及其增值、发行股票、企业内部留存收益等方式来形成，具体反映为企业的实收资本（或股本）、资本公积、其他综合收益、盈余公积和未分配利润等项目，形成企业的所有者权益。债权资金，主要通过向银行等金融机构借款、发行债券、商业信用等方式形成的，具体反映为企业的短期借款、长期借款、应付债券和各类应付款项等项目，形成企业的债权人权益，即负债。

筹资业务过程主要涉及的经济业务可以总结为投入资本和借入资金两类。

投入资本是指企业所有者按照企业章程、合同或协议的约定，实际投入企业的资本，即企业在工商行政管理部门登记注册的资金。有限责任公司称之为实收资本，股份有限公司称之为股本。实收资本是企业投资者作为资本投入到企业中的各种资产的价值反映，投资者投入企业的资本可以是货币资金，也可以是设备、原材料等实物资产，还可以是知识产权、土地使用权等无形资产。

借入资金是指企业通过发行债券、向银行或其他金融机构借款等方式筹集的资金。企业从银行取得的借款，按偿还期的长短分为短期借款和长期借款。短期借款一般用于企业生产经营临时周转需要，又称流动资金借款，偿还期一般在1年以内（含1年）。长期借款一般用于特定的项目，如购置大型设备、技术改造等，偿还期一般在1年以上。

## 二、投入资本业务的核算

**（一）账户设置**

为了明确核算和监督，投资者投入资本及其变动情况，企业一般需要设置以下账户：

（1）"银行存款"账户。该账户核算企业存放银行或其他金融机构的各类款项的收付和结存情况。账户性质为资产类账户。账户结构为借方登记银行存款的增加数，贷方登记银行存款的减少数，期末余额在借方，表示企业期末银行存款的实有数额。本账户一般按开户银行和其他金融机构及存款种类进行明细账核算；有外币存款的企业，按人民币和各种外币设置明细账户，进行明细分类核算。

（2）"固定资产"账户。该账户核算企业为生产产品、提供劳务、出租或经营管理而持有的，使用寿命超过1个会计年度的有形资产的原价，如机器设备、厂房等。账户性质为资产类账户，账户结构为借方登记固定资产增加的原始价值，贷方登记固定资产减少的原始价值，期末借方余额，表示结存的固定资产原始价值。本账户一般按固定资产类别和项目设置明细账户，进行明细分类核算。

（3）"无形资产"账户。该账户核算企业为生产产品、提供劳务、出租给他人或为管理目的而持有的，没有实物形态的非货币性长期资产，如专利权、商标权等。账户性质为资产类账户，账户结构为借方登记无形资产增加的原始价值，贷方登记无形资产减少的原始价值，期末借方余额，表示结存的无形资产原始价值。本账户一般按无形资产类别和项目设置明细账户，进行明细分类核算。

（4）"实收资本"账户或"股本"账户。该账户核算所有者投入企业的资本金变化过程及其结果。账户性质为所有者权益类账户。账户结构为贷方登记所有者投入企业资本金的增加，借方登记所有者投入企业资本金的减少，期末余额在贷方，表示所有者投入企业资本金的结余额。由于投资者的投资是一种永久资本，在没有减资的情况下，借方一般没有发生额。本账户一般按照投资者不同设置明细账户，进行明细分类核算。

（5）"资本公积"账户。该账户核算资本公积的增减变化和结余情况。账户性质为所有者权益类账户，账户结构为贷方登记企业因资本溢价等原因而增加的资本公积数额，借方登记由于按法定程序转增注册资本等原因而减少的资本公积数额，期末余额在贷方，表示企业期末资本公积的结余数。资本公积是投资者投入企业资本金额超过法定资本部分以及直接计入所有者权益的利得和损失部分，本账户按"资本或股本溢价""其他资本公积"等设置明细账户，进行明细分类核算。

**（二）业务处理**

投入资金是投资者投入企业的资本金，包括货币和实物等，它是所有者权益的主要来源和表现形式，是投资者拥有的根本权益，对企业的盈余分配和净资产处置权利起着直接影响作用。企业收到的投资者以货币形式投入的投资，应按实际收到的金额入账，以实物资产、无形资产等形式投入的投资，应按投资合同或协议约定的价值（但合同或协议约定的价值不公允的除外）金额入账。

## 企业主要经济业务的核算 第七章

【例7-1】 烟台兴茂机械制造有限公司接受某单位的投资3 000 000元,款项通过银行划转。

这项经济业务一方面使企业的银行存款增加3 000 000元,另一方面使企业所有者对公司的投资增加3 000 000元。因此该项经济业务涉及"银行存款"和"实收资本"两个账户,银行存款增加是资产的增加,借记"银行存款"账户;投资者投入资本是所有者权益的增加,贷记"实收资本"账户。这项经济业务应编制的会计分录如下:

借:银行存款　　　　　　　　　　　　　　　　　　　　　　3 000 000
　　贷:实收资本　　　　　　　　　　　　　　　　　　　　　　　3 000 000

【例7-2】 烟台兴茂机械制造有限公司接受某投资方投入的一台全新生产设备,确定价值为200 000元,假定不考虑相关税费。

这项经济业务一方面使企业的机器设备增加200 000元,另一方面使企业所有者对公司的投资增加200 000元。因此该项经济业务涉及"固定资产"和"实收资本"两个账户,机器设备增加是资产的增加,借记"固定资产"账户;投资者投入资本是所有者权益的增加,贷记"实收资本"账户。这项经济业务应编制的会计分录如下:

借:固定资产　　　　　　　　　　　　　　　　　　　　　　　200 000
　　贷:实收资本　　　　　　　　　　　　　　　　　　　　　　　　200 000

【例7-3】 烟台兴茂机械制造有限公司接受某单位以一项专利权作为投资,经投资双方共同确认价值为500 000元;同时收到某投资者投入资金1 000 000元,款项存入银行。该投资者投入资本与其在烟台兴茂机械制造有限公司注册资本中应享有的份额一致,假定不考虑相关税费。

这项经济业务一方面使企业的专利权增加500 000元,银行存款增加1 000 000元;另一方面使企业所有者对公司的投资增加1 500 000元。因此该项经济业务涉及"无形资产""银行存款"和"实收资本"三个账户,机器设备增加和银行存款增加都是资产的增加,借记"无形资产""银行存款"账户;投资者投入资本是所有者权益的增加,贷记"实收资本"账户。这项经济业务应编制的会计分录如下:

借:无形资产　　　　　　　　　　　　　　　　　　　　　　　500 000
　　银行存款　　　　　　　　　　　　　　　　　　　　　　　1 000 000
　　贷:实收资本　　　　　　　　　　　　　　　　　　　　　　　1 500 000

【特别提示】
　　投资人投入的资本金,即对于实际收到的货币资金额或投资各方确认的资产价值,超过其在注册资本中所占的份额的部分,不能计入实收资本或股本,只能作为资本或股本溢价,计入资本公积。

【例7-4】 烟台兴茂机械制造有限公司收到某投资者投入资金2 600 000元,存入银行。该投资者在烟台兴茂机械制造有限公司注册资本中应享有的份额为2 000 000元。

153

这项经济业务是一项接受投资且又涉及超过法定份额资本的业务。这项经济业务一方面使企业的银行存款增加 2 600 000 元,另一方面使企业所有者对公司的投资即注册资本份额内的资本增加 2 000 000 元,同时产生了 600 000 元的资本溢价。因此该项经济业务涉及"银行存款""实收资本"和"资本公积"三个账户,银行存款增加是资产的增加,借记"银行存款"账户;投资者投入资本以及资本溢价都是所有者权益的增加,贷记"实收资本""资本公积"账户。这项经济业务应编制的会计分录如下:

借:银行存款　　　　　　　　　　　　　　　　　　　　　　　2 600 000
　　贷:实收资本　　　　　　　　　　　　　　　　　　　　　　2 000 000
　　　　资本公积　　　　　　　　　　　　　　　　　　　　　　　600 000

投入资本业务的总分类核算过程,如图 7-2 所示。

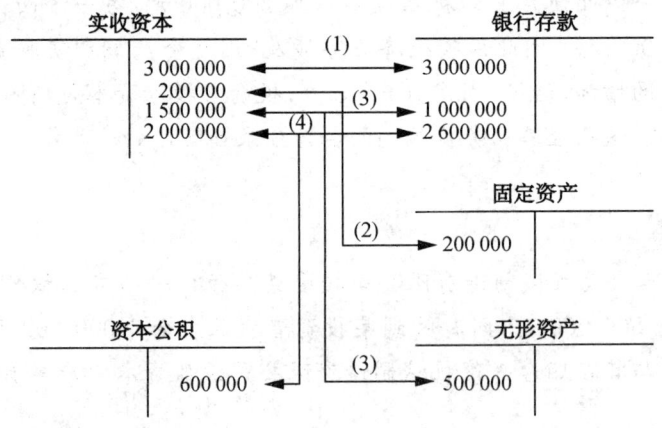

图 7-2　投资者投入资本业务的账务处理

图 7-2 说明:(1)为例题[7-1]投资者以货币资金投入资金;(2)为例题[7-2]投资者以固定资产投资;(3)为例题[7-3]投资者以无形资产投资;(4)为例题[7-4]投资者投入资本超出其在注册资本中所占份额。

## 三、借入资金业务的核算

### (一)账户设置

为了明确核算和监督,向债权人借入资金及其变动情况,企业一般需要设置以下账户:

(1)"短期借款"账户。该账户核算企业向银行或其他金融机构等借入的,偿还期在 1 年以下(含 1 年)的各种借款本金的发生、偿还等情况。账户性质为负债类账户。账户结构为贷方登记取得借款本金的数额,借方登记偿还借款本金的数额,期末贷方余额,反映企业尚未偿还的短期借款的本金。本账户一般按借款种类、贷款人和币种设置明细账户,进行明细分类核算。

(2)"长期借款"账户。该账户核算企业向银行等金融机构借入,偿还期限在 1 年以上的各种借款本息的增减变动及其结余情况。账户性质为负债类账户。账户结构为贷方登记长期借款的增加数(包括本金和各期未付利息)的数额,借方登记长期借款的减少数(偿还的借款本金和利息),期末贷方余额,反映企业尚未偿还的长期借款的本金。本账户一般按债权人设置明细账户,进行明细分类核算。

(3)"应付利息"账户。该账户核算企业因借入款项而按约定已经发生的但尚未实际支付的利息费用。账户性质为负债类账户。账户结构为贷方登记企业按照约定利率计算的应付未付的利息,借方登记企业实际支付的利息,期末余额在贷方,反映企业应付未付的利息。

(4)"财务费用"账户。该账户核算企业为筹集生产经营所需资金等而发生的各种筹资费用,包括利息支出(减利息收入)、佣金以及相关手续费等。账户性质为损益类账户。借方登记发生的财务费用,贷方登记发生的应冲减财务费用的利息收入等,期末余额应转入"本年利润"账户,结转后账户没有余额。本账户一般按照费用项目设置明细账户,进行明细分类核算。

(二) 业务处理

企业在生产经营过程中,由于周转资金不足,可以向银行或其他金融机构借款,以补充资金的不足,企业从银行或其他金融机构借入的款项,必须按贷款单位借款规定办理手续支付利息,到期归还。

1. 短期借款的会计核算

企业为满足其生产经营活动对资金的临时需要而向银行或其他金融机构等借入的,偿还期限在1年以内的各种款项。短期借款必须按期归还本金并按时支付利息。

【例7-5】 烟台兴茂机械制造有限公司因生产经营的临时需要,于2020年4月1日向银行申请取得期限为6个月的借款600 000元,已存入银行。

这项经济业务一方面使企业的银行存款增加600 000元,另一方面使企业的短期借款增加600 000元,因此这项经济业务涉及"银行存款"和"短期借款"两个账户,银行存款的增加是资产的增加,应借记"银行存款"账户;短期借款增加是负债的增加,应贷记"短期借款"账户。这项经济业务应编制的会计分录如下:

借:银行存款 600 000
　　贷:短期借款 600 000

在会计核算中,企业应将利息作为期间费用(财务费用)加以确认。如果银行对企业的短期借款按季或半年等较长期间计收利息,或者是在借款到期收回本金时一并计收利息,为了正确计算各期的损益额,企业通常按权责发生制核算基础的要求,采用预提的方法,按月预提借款利息计入预提期间损益(财务费用),待结息期终了或到期支付利息时再冲销应付利息这项负债。

【例7-6】 承[例7-5],假如烟台兴茂机械制造有限公司取得借款年利率为6%,利息按季度结算,经计算其4月份应负担的利息为3 000元。

这项经济业务,首先按照权责发生制核算基础的要求,计算本月已经发生的利息费用,也就是本月应负担的利息额为3 000元(600 000×6%÷12)。借款的利息费用属于企业的一项财务费用,由于利息是按季度结算的,所以本月的利息由本月来计算并确认,但并不在本月实际支付。因而该经济业务,一方面形成企业本月的一项费用,另一方面形成本月的一项负债,涉及"财务费用"和"应付利息"两个账户,财务费用的增加属于费用的增加,应借记"财务费用"账户;应付利息的增加属于负债的增加,应贷记"应付利息"账户。这项经济业务应编制的会计分录如下:

　　借:财务费用　　　　　　　　　　　　　　　　　　　　　　　　　　3 000
　　　　贷:应付利息　　　　　　　　　　　　　　　　　　　　　　　　　　3 000

**【例 7-7】** 承[例 7-6],烟台兴茂机械制造有限公司 6 月末用银行存款 9 000 元支付本季度的借款利息(5 月、6 月份的利息计算和处理方法基本同于 4 月份,此处省略会计处理)。

　　该项经济业务实际上是偿还银行借款利息这项负债的业务,一方面使企业的银行存款减少 9 000 元,另一方面使企业的应付利息减少 9 000 元。因此这项经济业务涉及"银行存款"和"应付利息"两个账户,银行存款的减少是资产的减少,应贷记"银行存款"账户,应付利息的减少是负债的减少,应借记"应付利息"账户。这项经济业务应编制的会计分录如下:

　　借:应付利息　　　　　　　　　　　　　　　　　　　　　　　　　　9 000
　　　　贷:银行存款　　　　　　　　　　　　　　　　　　　　　　　　　　9 000

**【例 7-8】** 烟台兴茂机械制造有限公司于 2020 年 9 月 30 日用银行存款偿还 4 月 1 日借入为期 6 个月的短期借款 600 000 元借款本金(假设不考虑利息核算)。

　　该项经济业务一方面使企业的银行存款减少 600 000 元,另一方面使企业的短期借款减少 600 000 元,因此这项经济业务涉及"银行存款"和"短期借款"两个账户,银行存款的减少是资产的减少,应贷记"银行存款"账户;短期借款的减少是负债的减少,应借记"短期借款"账户。这项经济业务应编制的会计分录如下:

　　借:短期借款　　　　　　　　　　　　　　　　　　　　　　　　　　600 000
　　　　贷:银行存款　　　　　　　　　　　　　　　　　　　　　　　　　　600 000

**【例 7-9】** 烟台兴茂机械制造有限公司于 2020 年 9 月 30 日用银行存款偿还 4 月 1 日借入为期 6 个月的短期借款 600 000 元借款本金,并支付第三季度利息。

　　该项经济业务既要偿还短期借款本金,又要支付 7 月、8 月和 9 月的短期借款利息,其中 7 月和 8 月的借款利息均已预提,9 月的短期借款利息需要在本期确认财务费用。因此该项经济业务,一方面使企业的银行存款减少 609 000 元,另一方面使企业的短期借款减少 600 000 元,应付利息减少 6 000 元,财务费用增加 3 000 元。这项经济业务涉及"银行存款""短期借款""应付利息"和"财务费用"四个账户。银行存款的减少是资产的减少,应贷记"银行存款"账户;短期借款和应付利息的减少是负债的减少,应借记"短期借款""应付利息"账户,财务费用的增加属于费用的增加,应借记"财务费用"账户。这项经济业务应编制的会计分录如下:

　　借:短期借款　　　　　　　　　　　　　　　　　　　　　　　　　　600 000
　　　　财务费用　　　　　　　　　　　　　　　　　　　　　　　　　　　3 000
　　　　应付利息　　　　　　　　　　　　　　　　　　　　　　　　　　　6 000
　　　　贷:银行存款　　　　　　　　　　　　　　　　　　　　　　　　　　609 000

### 2. 长期借款的会计核算

企业向银行或其他金融机构借入的偿还期限在 1 年以上或超过 1 年的 1 个经营周期以上的借款即为长期借款。长期借款的本金及利息的取得和还款情况，均可在"长期借款"账户来登记核算。

【例 7-10】 烟台兴茂机械制造有限公司 2020 年 1 月 1 日从银行贷款 800 000 元，期限为 2 年，年利率为 9%，每半年付息一次，到期还本。实际收到款项 790 000 元，差额 10 000 元为支付的借款手续费。

该项经济业务一方面使企业的银行存款增加 790 000 元，另一方面使企业的长期借款增加 800 000 元，其中差额 100 000 元应计为财务费用。因此这项经济业务涉及"银行存款""财务费用"和"长期借款"三个账户，银行存款的增加是资产的增加，应借记"银行存款"账户；长期借款的增加是负债的增加，应贷记"长期借款"账户；财务费用增加应借记"财务费用"。这项经济业务应编制的会计分录如下：

借：银行存款　　　　　　　　　　　　　　　　　　　　　　790 000
　　财务费用　　　　　　　　　　　　　　　　　　　　　　 10 000
　　贷：长期借款　　　　　　　　　　　　　　　　　　　　　　　800 000

借入资金主要业务的总分类核算过程，如图 7-3 所示。

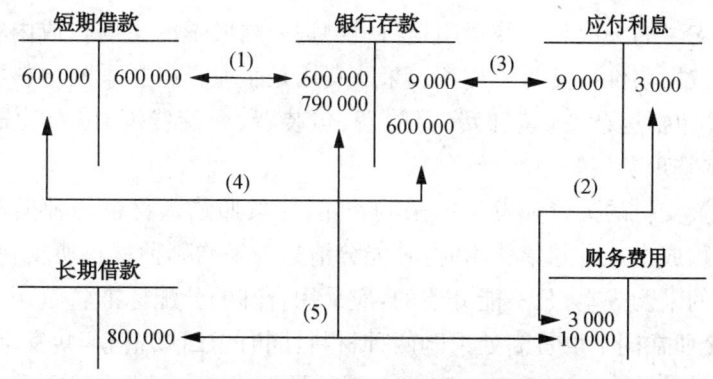

**图 7-3　向债权人借入资金业务的账务处理**

图 7-3 说明：(1)为[例 7-5]向银行借入短期借款；(2)为[例 7-6]计提本期利息费用；(3)为[例 7-7]偿还借款利息；(4)为[例 7-8]偿还短期借款本金；(5)为[例 7-10]向银行借入长期借款。

## 第三节　采购业务过程的会计核算

### 一、采购过程主要经济业务内容

制造企业生产经营过程的第一个阶段，即为采购阶段，也称生产准备阶段。企业用货币资金购买各种材料物资保证生产的进行。企业的生产经营活动是以一定的房屋建筑物与机器设备等固定资产、专利权与专有技术等无形资产、原材料等存货为基础的。通过筹资环节企业取得了生产经营所需的资金,再利用这些资金购置固定资产、无形资产,购入原材料等存货,为生产经营做准备。因此采购环节主要经济业务内容可以总结为购置固定资产业务及材料物资采购业务。由于购置的固定资产以及无形资产可以在较长的时间内使用,不需要重复购置。原材料等存货,在生产经营过程中被不断消耗,需不断补充,因此企业日常的采购活动发生频繁的是采购生产经营所需材料的业务。

### (一)采购成本核算

#### 1. 固定资产购置成本

《企业会计准则》规定,固定资产应当按照成本进行初始计量。固定资产取得时的实际成本,是指企业购建固定资产达到预定可使用状态前,所发生的一切合理的必要的支出,如支付的固定资产买价、包装费、运杂费、安装费等,反映了固定资产达到预定可使用状态时的实际成本。

对于建造的固定资产尚未办理竣工决算的,准则规定,自达到预定可使用状态之日起,根据实际成本相关资料,按估计的价值转入"固定资产"并计提折旧。因此是否达到"预定可使用状态"是衡量可否作为固定资产进行核算和管理的标志,而不拘泥于"竣工决算"这个标准,这也是实质重于形式原则的一个具体应用。

#### 2. 材料物资采购成本

购买材料所支付的买价和采购费用是材料物资采购成本的主要构成内容。买价是企业采购材料物资时按发票价格支付的货款。采购费用是企业在材料采购材料物资过程中发生的各项费用,具体包括运杂费(装卸费、保险费、包装费、仓储费等)以及运输途中的合理损耗、入库前的挑选整理费用等。

采购材料物资支付的买价和发生的采购费用,应按照购入材料的种类加以归集计算各种材料的实际采购成本。在归集费用时,凡能分清是为采购哪种材料所支付的费用的,应直接计入该种材料的采购成本;凡不能分清的,应采用合理的分配标准将费用分配进入各种采购成本中,如某企业在同一供货商处采购两种材料,同时运回该企业,共发生一笔运输费,这时就产生应如何将该笔运输费合理分配计入两种材料成本的问题,需要采用合理的分配标准,该分配标准应与费用的发生有密切的联系,以使实际导致较多费用发生的材料分摊较多。常见的分配标准有采购材料物资的重量、体积、买价、数量等。费用分配公式如下:

$$\text{分配率} = \frac{\text{待分配费用总额}}{\text{分配标准总额}}$$

某材料物资应分配的采购费用 = 该材料的分配标准额 × 分配率

**【例 7-11】** 烟台兴茂机械制造有限公司购入 A 材料 200 千克,单价 10 元;购入 B 材料 400 千克,单价 8 元。两种材料共发生运杂费 660 元。若本例中运杂费分配标准为采购材料的重量,则 A 材料和 B 材料的实际采购成本应做如下计算。

分配率 = 660 ÷ (200 + 400) = 1.1(元/千克)

A 材料应分摊的运杂费 = 200 × 1.1 = 220(元)

B材料应分摊的运杂费 = 400×1.1 = 440(元)
采购A材料的实际成本 = 10×200+220 = 2 220(元)
采购B材料的实际成本 = 8×400+440 = 3 640(元)

### (二) 增值税

企业购入固定资产和材料物资以及出售产品等，均涉及增值税的缴纳。增值税是对在中华人民共和国内，销售货物或者提供加工修理修配劳务以及进口货物的单位和个人，就其取得的货物或应税劳务销售额计算税款，并实行税款抵扣制的一种流转税。由于增值税是对商品生产或流通各个环节的新增价值或商品附加值进行征税，所以称之为增值税，是一种价外税，采取两段征收法，分为增值税进项税额和销项税额。

企业应缴纳的增值税采用税款抵扣的办法，根据公式"应纳税额＝销项税额－进项税额"进行计算，纳税人以销项税额抵扣其进项税额的余额，为实际应向税务机关缴纳的增值税税额。

## 二、固定资产购置业务的核算

### (一) 账户设置

为了明确核算和监督固定资产购置业务，企业一般需要设置以下账户：

(1)"在建工程"账户。该账户核算企业安装、建造或改造固定资产过程中发生的需要计入固定资产成本的各项耗费。账户性质为资产类账户。账户结构为借方登记固定资产安装、建造或改造过程中发生的耗费，包括购入的需要安装的固定资产的原价，在安装建造改造过程中发生的工程物资、劳务费用以及需要计入固定资产成本的其他各项耗费；贷方登记安装建造或改造完毕转出的固定资产总成本；期末余额一般在借方，反映企业期末正在安装建造或改造的固定资产成本。本账户一般按工程内容，如建筑工程、安装工程、在安装设备、待摊支出以及单项工程的设置明细账户，进行明细分类核算。

(2)"应交税费"账户。该账户核算企业按税法规定应缴纳的各种税费的计算与实际缴纳情况，账户性质为负债类账户。账户结构为贷方登记计算出的各项应交而未交的税费的增加，包括计算出的增值税、消费税、城市维护建设税、所得税、资源税、房产税、城镇土地使用税、教育费附加等；借方登记实际缴纳的各项税费；期末余额方向不固定，如果在贷方表示未交税费的结余额，如果在借方表示多交的税费。本账户按照税种设置明细账户，进行明细分类核算。

【特别提示】
　　采购业务中设置"应交税费"账户主要是为了核算增值税。"应交税费"账户下设置"应交增值税"明细分类账户，核算企业应交和实交增值税的结算情况。该账户借方发生额反映企业购进货物及进口货物的单位和个人应缴纳增值税的进项税额，贷方发生额反映企业销售货物或提供应税劳务应缴纳的销项税额，以及转出或已支付或应分担的增值税。期末借方余额反映多上缴或尚未抵扣的增值税，期末贷方余额反映企业尚未缴纳的增值税。

(3) "应付职工薪酬"账户。该账户核算企业按照规定应付给职工的各种薪酬。账户性质为负债类账户。账户结构为贷方登记应支付给职工的薪酬,借方登记实际支出的金额,期末贷方余额反映企业应付未付的职工薪酬。本账户一般可按"工资""职工福利"的项目设置明细账户,进行明细分类核算。

(二)业务处理

固定资产购入一般分为两种情况:一是购置不需要安装的固定资产。企业购入不需安装的固定资产,应将固定资产的买价、包装费、运杂费和保险费等作为固定资产的成本计入"固定资产"账户。二是购置需要安装的固定资产。企业购入需要安装的固定资产,由于购入后需要发生安装调试成本,因此应将购入的固定资产的成本计入"在建工程"账户,然后将安装调试成本计入"在建工程"账户的借方,安装完毕,达到预定可使用状态并交付使用时,再转入"固定资产"账户。

如果企业自行建造固定资产,则需要将固定资产从建造开始至达到预定可使用状态前发生的必要支出,计入"在建工程"账户,建造完成达到预定可使用状态时,结转固定资产成本。

【例7-12】 烟台兴茂机械制造有限公司购入一台不需要安装的生产用设备,该设备的买价150 000元,增值税额19 500元,包装运杂费等2 000元,全部款项使用银行存款支付,设备当即投入使用。

由于公司购入一台不需要安装的设备,购买完成之后就意味着该项资产达到了预定可使用状态,在购买过程中发生的货款和包装运杂费支出形成了该资产的采购成本,共计152 000元(150 000+2 000)。采购过程中发生增值税,应作为进项税额计入"应交税费——应交增值税"账户。该项经济业务的发生,一方面使企业的固定资产增加152 000元,增值税进项税额增加19 500元,另一方面使企业的银行存款减少171 500元。因此,该项经济业务涉及"固定资产""应交税费——应交增值税""银行存款"三个账户。固定资产增加是资产的增加,应借记"固定资产"账户;增值税进项税额增加可以抵扣应交增值税,即负债的减少,应借记"应交税费——应交增值税"账户;银行存款的减少是资产的减少,应贷记"银行存款"账户。这项经济业务应编制的会计分录如下:

借:固定资产　　　　　　　　　　　　　　　　　　　　152 000
　　应交税费——应交增值税(进项税额)　　　　　　　　 19 500
　贷:银行存款　　　　　　　　　　　　　　　　　　　　171 500

【例7-13】 烟台兴茂机械制造有限公司购入一台需要安装的生产用设备,该设备的买价550 000元,增值税额71 500元,包装运杂费等3 000元,全部款项使用银行存款支付,设备投入安装。

由于公司购入一台需要安装的设备,购买价款以及包装运杂费支出构成购置设备的安装工程成本,设备尚未达到预定可使用状态,因此安装工程成本应计入"在建工程"账户进行归集。该项经济业务的发生,一方面使得企业的在建工程支出增加 553 000 元(550 000＋3 000),增值税进项税额增加 71 500 元,另一方面使得企业的银行存款减少 624 500 元(553 000＋71 500),因此该项经济业务涉及"在建工程""应交税费——应交增值税""银行存款"三个账户。在建工程支出的增加是资产的增加,应借记"在建工程"账户;增值税进项税额增加是负债的减少,应借记"应交税费——应交增值税"账户;银行存款的减少是资产的减少,应贷记"银行存款"账户。这项经济业务应编制的会计分录如下:

借:在建工程　　　　　　　　　　　　　　　　　　　　　　553 000
　　应交税费——应交增值税(进项税额)　　　　　　　　　　71 500
　　贷:银行存款　　　　　　　　　　　　　　　　　　　　　624 500

【例 7-14】　承[例 7-13],烟台兴茂机械制造有限公司的上述设备在安装过程中发生的安装费用如下:领用本企业的原材料价值 13 000 元,应付本企业安装工人的薪酬 24 000 元。

设备在安装过程中发生的安装费也构成固定资产安装工程支出。该项经济业务的发生,一方面使得企业固定资产安装工程支出(安装费)增加 37 000 元(13 000＋24 000),另一方面使得企业的原材料减少 13 000 元,应付职工薪酬增加 24 000 元,因此,该项经济业务涉及"在建工程""原材料""应付职工薪酬"三个账户。在建工程支出的增加是资产的增加,应借记"在建工程"账户;原材料的减少是资产的减少,应贷记"原材料"账户;应付职工薪酬的增加是负债的增加,应贷记"应付职工薪酬"账户。这项经济业务应编制的会计分录如下:

借:在建工程　　　　　　　　　　　　　　　　　　　　　　37 000
　　贷:原材料　　　　　　　　　　　　　　　　　　　　　　13 000
　　　　应付职工薪酬　　　　　　　　　　　　　　　　　　　24 000

【例 7-15】　承[例 7-13]和[例 7-14],上述设备安装完毕,达到预定可使用状态,并经验收合格办理竣工决算手续,现已交付使用,结转工程成本。

工程安装完毕,交付使用,意味着固定资产已达到可使用状态,应将安装成本 590 000 元(553 000＋37 000)全部转入固定资产成本。该项经济业务的发生,一方面使得企业固定资产成本增加 590 000 元,另一方面使得企业的在建工程成本减少 590 000 元。因此,该项经济业务涉及"在建工程""固定资产"两个账户。固定资产成本增加是资产的增加,应借记"固定资产"账户;在建工程成本的结转是资产的减少,应贷记"在建工程"账户。这项经济业务应编制的会计分录如下:

借:固定资产　　　　　　　　　　　　　　　　　　　　　　590 000
　　贷:在建工程　　　　　　　　　　　　　　　　　　　　　590 000

固定资产采购主要业务的总分类核算过程,如图 7-4 所示。

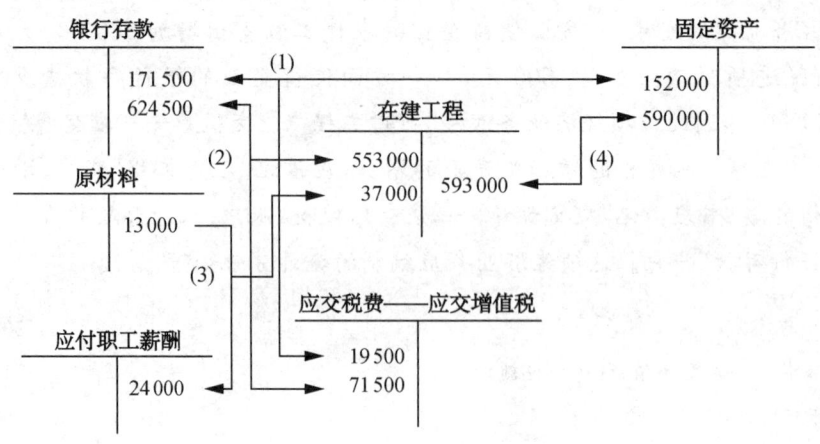

图 7-4 采购固定资产业务的账务处理

图 7-4 说明:(1)为[例 7-12]采购不需安装的固定资产;(2)为[例 7-13]采购需要安装的固定资产;(3)为[例7-14]归集安装成本;(4)为[例 7-15]结转安装成本。

### 三、材料物资采购业务的核算

#### (一)账户设置

(1)"在途物资"账户。该账户核算企业采用实际成本进行材料物资日常核算时,外购材料的买价和各种采购费用。账户性质为资产类账户。账户结构为借方登记购入材料的买价和采购费用(实际采购成本),贷方登记结转完成采购过程、验收入库材料的实际采购成本,期末余额一般在借方,反映尚未运达企业或者已经运达企业但尚未验收入库的在途材料的成本。本账户一般按供应单位和购入材料的品种或种类设置明细账户,进行明细分类核算。

(2)"原材料"账户。该账户核算企业库存材料实际成本的增减变动及其结存情况。账户性质为资产类账户。账户结构为借方登记已验收入库材料实际成本的增加,贷方登记发出材料的实际成本(即库存材料实际成本的减少),期末余额在借方,反映库存材料的实际成本。本账户一般按材料的品种设置明细账户,进行明细分类核算。

(3)"库存现金"账户。该账户核算企业库存现金的增减变动及结存情况。账户性质为资产类账户。账户结构为借方登记实际收到的金额,贷方登记实际支出的金额,期末余额在借方,反映库存现金的实际数额。

(4)"应付账款"账户。该账户核算企业因购买原材料、商品和接受劳务供应等经营活动应支付的款项。账户性质为负债类账户。账户结构为贷方登记应付供应单位款项的增加(即应付未付的款项),借方登记应付供应单位款项的减少(即应付款项的清偿),期末余额一般在贷方,反映尚未偿还的应付账款结余额,若为借方余额则表示预付的款项。本账户一般按照供应商的名称设置明细账户,进行明细分类核算,反映企业与不同供应商之间的结算关系。

(5)"应付票据"账户。该账户核算企业采用商业汇票结算方式,购买材料物资等而开出、承兑商业汇票的增减变动及其结余情况。账户性质为负债类账户。账户结构为贷方登记企业开出承兑商业汇票的增加,借方登记到期商业汇票的减少,期末余额在贷方,反映尚未到期的商业汇票的期末结余额。本账户一般按照债权人设置明细账户,进行明细分类核算,同时设置"应付票据备查簿",详细登记商业汇票的种类号数、出票日期、到期日、票面金额、交易合同号和收款人姓名或收款单位名称以及付款日期和金额等资料。应付票据到期结清时,在备查账簿中注销。

(6)"预付账款"账户。该账户核算企业因购买材料,商品和接受劳务等,按照合同规定向供应单位预付购料款而与供应单位形成的结算债权的增减变动及其结余情况。账户性质为资产类账户。账户结构为借方登记向供应商预付或补付的款项,贷方登记收到供应商发来的材料或收回预付货款。期末余额一般在借方,反映企业预付的款项;期末余额如为贷方余额,则反映企业尚未补付的款项,属于应付账款,预付账款不多的企业可以不设置本账户,本账户一般按供应单位的名称设置明细账户,进行明细分类核算。

(二)业务处理

购进材料时,可能发生的情况包括材料验收入库的同时支付款项;材料已验收入库,货款尚未支付;前期支付材料款项,本期材料验收入库;支付材料采购费用;结转材料采购成本等经济业务。

【例7-16】 烟台兴茂机械制造有限公司向中通公司购入A材料3 000千克,单价13元/千克,共计买价39 000元,增值税额5 070元,发生运输费5 000元。上述款项尚未支付,材料未到(本教材不考虑运费涉及的增值税)。

该项经济业务发生的买价和运输费构成了A材料的采购成本,共计44 000元(39 000+5 000)。采购过程中发生增值税,应作为进项税额计入"应交税费——应交增值税"账户。该项经济业务的发生,一方面使企业的材料增加,由于材料尚未到公司,因此企业在途物资增加44 000元,同时增值税进项税额增加5 070元;另一方面由于款项尚未支付,使公司的应付账款增加49 070元。因此,该项经济业务涉及"在途物资""应交税费——应交增值税""银行存款"三个账户。在途物资增加是资产的增加,应借记"在途物资"账户;增值税进项税额增加可以抵扣应交增值税,即负债的减少,应借记"应交税费——应交增值税"账户;银行存款的减少应贷记"应付账款"账户。这项经济业务应编制的会计分录如下:

借:在途物资——A材料　　　　　　　　　　　　　　　　　　　　　　　　44 000
　　应交税费——应交增值税(进项税额)　　　　　　　　　　　　　　　　　5 070
　　贷:应付账款——中通公司　　　　　　　　　　　　　　　　　　　　　49 070

【例7-17】 上述购入的A材料运达并已验收入库,结转实际采购成本。

该经济业务应将A材料的采购成本44 000元转入"原材料"账户。一方面使原材料增加,另一方面在途物资减少。原材料的增加是资产的增加,应借记"原材料"账户;在途物资的减少是资产的减少,应贷记"在途物资"账户。这项经济业务应编制的会计分录如下:

借:原材料——A材料　　　　　　　　　　　　　　　　　　　　　　　　　44 000
　　贷:在途物资——A材料　　　　　　　　　　　　　　　　　　　　　　44 000

【例7-18】 烟台兴茂机械制造有限公司向环宇公司采购B、C两种材料,B材料30 000千克,单价4元/千克,共计买价120 000元;C材料20吨,单价10 000元/吨,共计买价200 000元;增值税额41 600元,上述款项由银行存款支付,材料尚未入库。

该项经济业务发生的买价是材料的采购成本,B材料成本120 000元,C材料成本200 000元。采购过程中发生增值税,应作为进项税额计入"应交税费——应交增值税"账户。该项经济业务的发生,一方面使企业的材料增加,由于材料尚未到公司,因此公司在途物资增加,同时增值税进项税额增加41 600元;另一方面使企业的银行存款减少320 000元(120 000+200 000+41 600)。因此,该项经济业务涉及"在途物资""应交税费——应交增值税""银行存款"三个账户。在途物资增加是资产的增加,应借记"在途物资"账户;增值税进项税额增加可以抵扣应交增值税,即负债的减少,应借记"应交税费——应交增值税"账户;银行存款的减少是资产的减少,应贷记"银行存款"账户。这项经济业务应编制的会计分录如下:

借:在途物资——B材料　　　　　　　　　　　　　　　120 000
　　　　　——C材料　　　　　　　　　　　　　　　　200 000
　　应交税费——应交增值税(进项税额)　　　　　　　　41 600
　　贷:银行存款　　　　　　　　　　　　　　　　　　361 600

【例7-19】 烟台兴茂机械制造有限公司用银行存款支付上述B、C材料的运输费20 000元,按B、C材料重量比例进行分配。

上述采购材料支付的运费属于材料采购成本的构成内容,应将其计入B、C两种材料的采购成本中。由于运输费是B、C两种材料共同发生的,应选择一定的标准在两种材料之间进行分配,由B、C材料分别承担运输成本,分配标准为材料重量比例,具体分配过程如下:

分配率=20 000÷(30+20)=400(元/吨)
B材料应负担的运输费 = 400×30 = 12 000(元)
C材料应负担的运输费 = 400×20 = 8 000(元)

根据分配结果将其分别计入B、C材料的采购成本中。

该项经济业务一方面使企业材料采购成本增加,一方面使企业银行存款减少。因此,该项经济业务涉及"在途物资""银行存款"两个账户。在途物资的增加是资产的增加,应借记"在途物资"账户;银行存款减少是资产的减少,应贷记"银行存款"账户。这项经济业务应编制的会计分录如下:

借:在途物资——B材料　　　　　　　　　　　　　　　12 000
　　　　　——C材料　　　　　　　　　　　　　　　　8 000
　　贷:银行存款　　　　　　　　　　　　　　　　　　20 000

【例7-20】 上述购入的B、C材料运达并已验收入库,结转实际采购成本。

该经济业务应将B材料的采购成本132 000元(120 000+12 000),C材料的采购成本208 000元(200 000+8 000)转入"原材料"账户。一方面使原材料增加,另一方面在途物资减少。原材料的增加是资产的增加,应借记"原材料"账户;在途物资的减少是资产的减少,应贷记"在途物资"账户。这项经济业务应编制的会计分录如下:

| 借：原材料——B材料 | 132 000 |
| ——C材料 | 208 000 |
| 贷：在途物资——B材料 | 132 000 |
| ——C材料 | 208 000 |

**【例 7-21】** 烟台兴茂机械制造有限公司以银行存款归还之前欠中通公司的A材料购料款49 070元。

该项经济业务的发生，一方面使企业的应付账款减少，"应付账款"是负债类账户，负债的减少应借记"应付账款"账户；另一方面使企业的银行存款减少，"银行存款"是资产类账户，资产的减少应贷记"银行存款"。这项经济业务应编制的会计分录如下：

| 借：应付账款——中通公司 | 49 070 |
| 贷：银行存款 | 49 070 |

**【例 7-22】** 烟台兴茂机械制造有限公司按照合同规定，用银行存款预付给环宇公司订货款18 000元。

该项经济业务的发生，一方面使得企业预付的订货款增加180 000元，另一方面使得企业的银行存款减少180 000元，因此该项经济业务涉及"预付账款"和"银行存款"两个账户。预付订货款的增加是资产（债权）的增加，应借记"预付账款"账户；银行存款的减少是资产的减少，应贷记"银行存款"。该项经济业务应编制的会计分录如下：

| 借：预付账款——环宇公司 | 180 000 |
| 贷：银行存款 | 180 000 |

**【例 7-23】** 烟台兴茂机械制造有限公司收到环宇公司发运来的之前已预付货款的B材料50 000千克，随货物附来的发票注明该批B材料的价款300 000元，增值税额39 000元，材料尚未验收入库，除冲销原预付款180 000元外，不足款项立即用银行存款支付。

该项经济业务的发生，一方面使得企业的材料采购支出增加300 000元，增值税进项税额增加39 000元；另一方面使得企业的预付款减少180 000元，银行存款减少159 000元（339 000－180 000）。因此该项经济业务涉及"在途物资""应交税费——应交增值税""预付账款""银行存款"四个账户。材料采购支出的增加是资产的增加，应借记"在途物资"账户；增值税进项税额的增加是负债的减少，应借记"应交税费——应交增值税"账户；预付款的减少是资产的减少，应贷记"预付账款"账户；银行存款的减少是资产的减少，应贷记"银行存款"账户。这项经济业务应编制的会计分录如下：

| 借：在途物资——B材料 | 300 000 |
| 应交税费——应交增值税（进项税额） | 39 000 |
| 贷：预付账款 | 180 000 |
| 银行存款 | 159 000 |

B材料验收入库，应做如下会计分录：

| 借：原材料——B材料 | 300 000 |
| 贷：在途物资——B材料 | 300 000 |

**【例7-24】** 烟台兴茂机械制造有限公司签发并承兑一张商业汇票购入A材料17 000千克,该批材料的含税总价款293 800元,增值税税率13%。

该笔经济业务中出现的是含税总价款293 800元,应将其分解为不含税价款和税额两部分：

不含税价款 = 含税价款÷(1+税率) = 293 800÷(1+13%) = 260 000(元)

增值税税额 = 293 800 - 260 000 = 33 800(元)

该项经济业务的发生,一方面使得企业的材料采购支出增加260 000元,增值税进项税额增加33 800元;另一方面使得企业的应付票据增加293 800元。因此该项经济业务涉及"在途物资""应交税费——应交增值税""应付票据"三个账户,材料采购支出的增加是资产的增加,应借记"在途物资"账户;增值税进项税额的增加是负债的减少,应借记"应交税费——应交增值税"账户;应付票据的增加是负债的增加,应贷记"应付票据"账户。该项经济业务应编制的会计分录如下:

借：在途物资——A材料                    260 000
　　应交税费——应交增值税(进项税额)      33 800
　　贷：应付票据                                    293 800

A材料验收入库,应做如下会计分录：

借：原材料——A材料                      260 000
　　贷：在途物资——A材料                          260 000

材料物资采购主要业务的总分类核算过程,如图7-5所示。

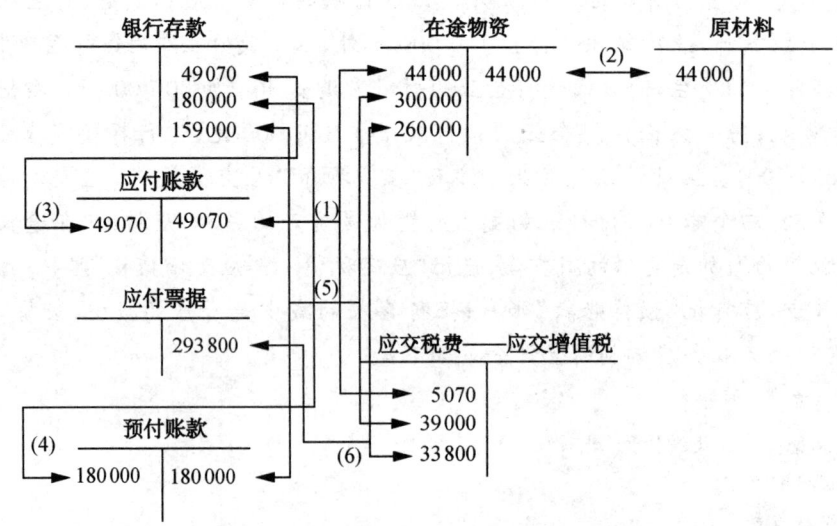

图7-5　材料物资采购业务的账务处理

图7-5说明:(1)为[例7-16]赊购方式购入材料;(2)为[例7-17]材料入库,结转成本;(3)为[例7-21]偿还前欠购货款;(4)为[例7-22]预付货款;(5)为[例7-23]收到已预付货款的材料;(6)为[7-24]购入材料,以商业汇票抵付价款。

## 第四节 生产业务过程的会计核算

### 一、生产过程主要经济业务内容

企业的主要经济活动是生产符合社会需要的产品生产过程,同时也是生产的耗费过程。生产业务是制造业企业的核心经济业务,这个过程中生产人员运用房屋建筑物与机器设备等固定资产对原材料进行加工,生产出市场所需的产品。生产过程既是产品的制造过程,也是固定资产、原材料以及劳动力等的消耗过程。

企业在生产过程中发生的,用货币形式表现的生产耗费称作生产费用,这些费用最终都要归集分配到一定种类的产品上去,从而形成各种产品的成本。企业为生产一定种类、一定数量产品所支出的各种生产费用的总和,对象化于产品就形成了这些产品的成本。由此可见,费用与成本有着密切的联系,费用的发生过程也就是成本的形成过程,费用是产品成本形成的基础。但是费用与成本之间也有一定的区别,费用是在一定期间为了进行生产经营活动而发生的各项耗费,费用与发生的"期间"直接相关;而成本则是为生产某一产品或提供某一劳务所消耗的费用,成本与"成本对象"之间相关。

1. 生产费用的含义和内容

产品生产过程中发生的一切资金耗费称为生产费用,生产费用按其计入产品成本的方式不同,可以分为直接费用和间接费用。直接费用是指企业生产产品过程中实际消耗的直接材料和直接人工。间接费用是指企业为生产产品和提供劳务而发生的各项间接支出,通常称为制造费用。各成本项目的具体内容如下:

(1) 直接材料。直接材料指企业在产品生产和提供劳务过程当中消耗的直接用于产品生产,并构成产品实体的原材料及主要材料、外购半成品和辅助材料。

(2) 直接人工。直接人工指企业在生产产品和提供劳务过程当中发生的,直接从事产品生产的工人工资及其他各种形式的职工薪酬。

(3) 制造费用。制造费用指企业各个生产车间为组织和管理生产而发生的各项间接费用,包括生产车间管理人员的工资等职工薪酬,生产车间固定资产折旧费、办公费、差旅费、水电费、劳动保护费、机物料消耗、季节性和修理期间的停工损失等。

2. 期间费用的含义和内容

期间费用是指企业在生产经营过程中发生的,与特定产品生产没有直接关系,不能直接归属于某种产品成本,而应计入当期损益的各种费用,包括管理费用、销售费用和财务费用。

### 二、产品制造成本的计算

产品制造成本是指为生产一定种类、数量的产品所发生的耗费,是对象化的费用。生产过程发生的主要经济业务是归集和分配生产费用,计算产品生产成本。产品生产成本公式如下:

产品生产成本 = 直接费用(直接材料、直接人工) + 间接费用(制造费用)

直接为产品生产而发生的各项费用,直接计入产品成本。生产车间为组织和管理产品生产而发生的间接费用,月末归集分配后再计入产品成本;企业行政管理部门为组织和管理生产经营活动而发生的管理费用,属于期间费用不计入产品成本,月末直接计入当期损益。

生产费用和产品生产成本分类情况,总结如表 7-1 所示。

表 7-1　　　　　　　　　　　生产费用分类情况表

| 费用按经济用途 | 生产费用 | 直接费用(直接构成产品成本) | 直接材料(产品原料耗费等) | 生产成本 |
|---|---|---|---|---|
| | | | 直接人工(生产工人人工费) | |
| | | 间接费用(分配计入产品成本) | 制造费用(车间折旧费等) | |
| | 期间费用 | 管理费用(办公费等) | | |
| | | 销售费用(广告费等) | | |
| | | 财务费用(利息费等) | | |

### 三、存货发出成本的计算

作为生产储备的材料,属于企业的存货,确定发出材料的数量和成本,属于存货数量的确定和发出存货计价的问题。相同的存货可能在不同时间、不同批次购进或生产,其单位成本不尽相同,在实务中一般根据不同的存货流转假设来确定发出存货的成本。存货流转假设主要有先取得的存货先发出、存货均匀发出等假设。在不同的存货流转假设基础上,产生了不同的存货发出计价方法,如先进先出法、加权平均法和个别计价法等。

1. 先进先出法

先进先出法是假设先入库的存货先发出,即按照存货入库的先后顺序,用先入库存货的单位成本,确定发出存货成本的一种方法。采用先进先出法对存货进行计价,其优点是可以将发出存货的计价工作分散在平时进行,减轻了月末的计算工作量;随时确定发出存货的成本,保证了产品成本和销售成本计算的及时性;期末存货的计价标准为后入库存货的价格,从而使反映在资产负债表上的存货价值比较接近当前的市价。其缺点是在物价上涨时,本期发出存货成本要比当前市价低,从而使本期利润偏高,高估存货价值;反之,则会低估当期利润和存货价值。

【例 7-25】　烟台兴茂机械制造有限公司 2020 年 7 月 1 日结存 B 材料 3 000 千克,每千克实际成本为 5 元;7 月 5 日和 7 月 20 日分别购入该材料 9 000 千克和 6 000 千克,每千克实际成本分别是 6 元和 8 元;7 月 10 日和 7 月 25 日分别发出材料 10 000 千克和 5 000 千克。按先进先出法核算时,发出和结存材料的成本如表 7-2 所示。

从表 7-2 中可以看出,用先进先出法,7 月 10 日发出的 B 材料,10 000 千克的实际成本为 57 000 元,其由两部分组成,一是首先全部发出月初结存 B 材料 3 000 千克,实际成本为

15 000元(5×3 000);二是不足部分再发出7月5日新购入B材料中的7 000千克(10 000－3 000),成本为42 000元(6×7 000),以此类推。

表7-2　　　　　　　　　　B材料购销明细账(先进先出法)

| 日期 | | 摘要 | 收入 | | | 发出 | | | 结存 | | |
|---|---|---|---|---|---|---|---|---|---|---|---|
| 月 | 日 | | 数量 | 单价 | 金额 | 数量 | 单价 | 金额 | 数量 | 单价 | 金额 |
| 7 | 1 | 期初结存 | | | | | | | 3 000 | 5 | 15 000 |
|  | 5 | 购入 | 9 000 | 6 | 54 000 | | | | 3 000<br>9 000 | 5<br>6 | 15 000<br>54 000 |
|  | 10 | 发出 | | | | 3 000<br>7 000 | 5<br>6 | 15 000<br>42 000 | 2 000 | 6 | 12 000 |
|  | 20 | 购入 | 6 000 | 8 | 48 000 | | | | 2 000<br>6 000 | 6<br>8 | 12 000<br>48 000 |
|  | 25 | 发出 | | | | 2 000<br>3 000 | 6<br>8 | 12 000<br>24 000 | 3 000 | 8 | 24 000 |
|  | 31 | 合计 | 15 000 | | 102 000 | 15 000 | | 93 000 | 3 000 | 8 | 24 000 |

7月10日发出B材料成本 ＝ 5×3 000＋6×7 000 ＝ 57 000(元)
7月25日发出B材料成本 ＝ 6×2 000＋8×3 000 ＝ 36 000(元)
7月合计发出B材料 ＝ 57 000＋36 000 ＝ 93 000(元)
月末结存B材料成本 ＝ 8×3 000 ＝ 24 000(元)

2. 加权平均法

加权平均法是把可供发出的存货总成本平均分配给所有可供发出的存货数量。因此本期发出存货成本和期末存货成本都要按这一平均单价计算。在平均单价的计算过程中,考虑了各批存货的数量因素,即批量越大的存货,其成本对平均单价的影响也越大。由于数量对单价起权衡轻重的作用,故由此计算的平均单价称为加权平均单价。加权平均法又分为月末一次加权平均和移动加权平均,本教材重点介绍月末一次加权平均法。

月末一次加权平均法是指以月初结存存货数量和本月各批收入存货数量作为权数,计算本月存货的加权平均单位成本,据以确定本月发出存货成本和月末结存存货成本的一种方法。相关计算公式如下:

$$加权平均单位成本 = \frac{月初结存存货成本＋本月收入存货成本}{月初结存存货数量＋本月收入存货数量}$$

本月发出存货成本 ＝ 加权平均单位成本×本月发出存货的数量
月末结存存货成本 ＝ 加权平均单位成本×月末结存存货的数量

由于在计算加权平均单位成本时,往往不能除尽,实务中应当先按加权平均单位成本计算月末结存存货成本,然后倒挤出本月发出存货成本,将计算尾差计入发出存货成本,即:

月末结存存货成本 ＝ 加权平均单位成本 × 本月结存存货的数量

本月发出存货成本 ＝（月初结存存货成本 ＋ 本月收入存货成本）－ 月末结存存货成本

**【例7-26】** 承［例7-25］，烟台兴茂机械制造有限公司2020年7月份B材料的购进、发出和结存材料如上例，假如采用月末一次加权平均法，计算B材料的成本如下：

  B材料加权平均单位成本＝（15 000＋102 000）÷（3 000＋15 000）＝6.5（元/件）

  月末结存A商品成本 ＝ 6.5×3 000 ＝ 19 500（元）

  本月发出B材料成本 ＝（15 000＋102 000）－19 500 ＝ 97 500（元）

则7月B材料本期收入、发出和结存情况如表7-3所示。

表7-3　　　　　　　　B材料购销明细账（月末一次加权平均法）

| 日期 | | 摘要 | 收入 | | | 发出 | | | 结存 | | |
|---|---|---|---|---|---|---|---|---|---|---|---|
| 月 | 日 | | 数量 | 单价 | 金额 | 数量 | 单价 | 金额 | 数量 | 单价 | 金额 |
| 7 | 1 | 期初结存 | | | | | | | 3 000 | 5 | 15 000 |
| | 5 | 购入 | 9 000 | 6 | 54 000 | | | | 12 000 | | 69 000 |
| | 10 | 发出 | | | | 10 000 | | | 2 000 | — | — |
| | 20 | 购入 | 6 000 | 8 | 48 000 | | | | 8 000 | | |
| | 25 | 发出 | | | | 5 000 | — | — | 3 000 | | |
| | 31 | 合计 | 15 000 | | 102 000 | 15 000 | 6.5 | 97 500 | 3 000 | 6.5 | 19 500 |

采用月末一次加权平均法，只在月末一次性计算加权平均单位成本，并结转发出存货成本即可。其优点是平时不对发出存货计价，因而日常核算工作量较小、简便易行，适用于存货收发比较频繁的企业；其缺点是因为存货计价集中在月末进行，所以平时无法提供发出存货和结存存货的单价及金额，不利于存货的管理。

**3. 个别计价法**

个别计价法亦称个别认定法或具体辨认法，是指本期发出存货和期末结存存货的成本，完全按照该存货所属购进批次或生产批次入账时的实际成本进行确定的一种方法。由于采用该方法，要求各批发出的存货必须可以逐一辨认所属的购进批次或生产批次，因此需要对每一类存货的品种规格、入账时间、单位成本、存放地点等做详细记录。

个别计价法的特点是存货的成本流转与实物流转完全一致，因而能准确地反映本期发出存货和期末结存存货的成本。该方法日常核算非常繁琐，存货实物流转的操作程序也相当复杂。个别计价法只适用于不能替代使用的存货，会为特定项目专门购入或制造的存货的计价，以及品种不多、单位价值较高或体积较大、容易辨认的存货的计价，如房产、船舶、飞机、重型设备以及珠宝、名画等贵重物品。

## 四、生产制造业务的核算

**(一)账户设置**

(1)"生产成本"账户。该账户核算企业在生产产品、自制材料、自制工具的过程中发生的各项生产费用。账户性质为成本类账户。账户结构为借方登记产品生产过程中发生的直接材料费用、直接人工费用和分配结转的制造费用;贷方登记验收入库的完工产品生产成本的结转数;期末余额在借方,反映尚未完工的在产品的生产成本。本账户一般按成本核算对象,如产品品种设置明细账户,进行明细分类核算。

(2)"制造费用"账户。该账户核算企业为生产产品和提供劳务而发生的各项间接生产费用。账户性质为成本类账户。账户结构为借方登记实际发生的各项间接费用的数额;贷方登记分配转入"生产成本"账户的应由各受益对象负担的间接费用的数额。该账户期末结转后一般无余额。本账户一般按生产车间设置明细账户,进行明细分类核算。

(3)"库存商品"账户。该账户核算企业库存的各种商品的收入发出和结存情况。账户性质为资产类账户。账户结构为借方登记生产完工入库的产成品的成本;贷方登记因为销售等原因发出的产成品的成本。期末余额通常在借方,反映企业库存产成品的成本。本账户一般按产品的品种规格设置明细账户,进行明细分类核算。

(4)"应付职工薪酬"账户。该账户核算企业按照规定应付给职工的各种薪酬。账户性质为负债类账户。账户结构已于上一节作明确表述。

(5)"累计折旧"账户。该账户核算固定资产因损耗而发生的价值的转移。账户性质为资产类账户。账户结构为贷方登记逐期计提的固定资产折旧;借方登记处置固定资产时结转的累计折旧;期末余额在贷方,反映企业固定资产的累计折旧额。该账户为"固定资产"账户的备抵账户,期末"固定资产"账户余额减去"累计折旧"账户余额的差额,反映企业期末固定资产的净值。

(6)"管理费用"账户。该账户核算企业为了组织和管理生产经营活动所发生的各种耗费,包括行政管理部门人员的职工薪酬、管理部门使用的固定资产的折旧费、管理部门办公费以及各部门发生的固定资产修理费等费用。账户性质为损益类账户。账户结构为借方登记企业发生的各项管理费用数额,期末该期间归集的管理费用全部从本账户贷方结转至"本年利润"账户的借方,结转后应无余额。本账户一般按费用种类设置明细账户,进行明细分类核算。

**(二)业务处理**

生产过程账务处理的主要内容,包括生产经营过程中消耗的原材料、职工薪酬等直接费用的归集与分配,固定资产折旧等制造费用的归集与分配,生产成本的计算,以及完工产品成本的结转。

1. 生产费用的归集和分配

1) 材料费用的归集与分配

为了更好地进行材料费用的核算,一般按领用部门和用途进行归集,并按其用途分配,计入产品成本或期间费用。生产某种产品领用的材料,可直接计入该产品生产成本明细账中的直接材料成本项目;对于几种产品共同耗用的原材料,应采用适当的方法将材料费用在各种产品之间进行分配,分别计入各产品生产成本明细账中。生产车间用于间接消耗的材料应计入"制造费用"账户,行政管理部门消耗的材料应计入"管理费用"账户。

【例 7-27】根据上节例题中烟台兴茂机械制造有限公司 7 月购入 A、B 两种购原材料的情况,假定材料均匀发出,运用加权平均法计算,得出 A、B 两种材料的加权平均平均成本如下:

A 材料的加权平均成本 = (44 000 + 260 000) ÷ (3 000 + 17 000) = 15.2(元/千克)

B 材料的加权平均成本 = (132 000 + 300 000) ÷ (30 000 + 50 000) = 5.4(元/千克)

根据 A、B 材料加权平均成本,烟台兴茂机械制造有限公司 7 月发料凭证汇总如表 7-4 所示。

表 7-4 　　　　　　　　　　发出材料汇总表　　　　　　　　　　单位:元

| 项目 | A 材料(15.2 元/千克) | | B 材料(5.4 元/千克) | | 合　计 |
| --- | --- | --- | --- | --- | --- |
| | 数量 | 金额 | 数量 | 金额 | |
| 生产甲产品领用 | 1 000 | 15 200 | 2 000 | 10 800 | 26 000 |
| 生产乙产品领用 | 500 | 7 600 | 1 200 | 6 480 | 14 080 |
| 车间一般耗用 | 400 | 6 080 | 800 | 4 320 | 10 400 |
| 行政管理部门耗用 | 100 | 1 520 | 200 | 1 080 | 2 600 |
| 合　计 | 2 000 | 30 400 | 4 200 | 22 680 | 53 080 |

从表 7-4 所列资料可以看出,一方面本月库存 A、B 两种材料减少共计 53 080 元,另一方面材料耗费 53 080 元转入成本费用。根据领用材料的用途不同,需要将耗用的材料费用转入不同的成本费用账户。其中材料直接投入生产甲产品,使甲产品的生产成本增加 26 000 元的直接材料费用;材料直接投入乙产品生产,使乙产品的生产成本增加 14 080 元的直接材料费用;材料用于车间一般耗用,即为了生产甲乙两种产品共同耗用材料 10 400 元,属于间接费用;管理部门领用材料 2 600 元用于经营管理,使管理费用增加。因此,该项经济业务涉及"生产成本""制造费用""管理费用"和"原材料"四个账户。直接材料费用的增加、间接费用的增加以及管理费用的增加都是企业成本费用的增加,应借记"生产成本""制造费用"和"管理费用"账户;原材料的耗用是企业资产的减少,应贷记"原材料"账户。这项经济业务应编制的会计分录如下:

借:生产成本——甲产品　　　　　　　　　　　　　　　　　　　26 000
　　　　　　——乙产品　　　　　　　　　　　　　　　　　　　14 080
　　制造费用　　　　　　　　　　　　　　　　　　　　　　　　10 400
　　管理费用　　　　　　　　　　　　　　　　　　　　　　　　 2 600
　贷:原材料　　　　　　　　　　　　　　　　　　　　　　　　　　53 080

2) 人工费用的归集与分配

人工费用是产成品生产成本和期间费用的重要组成部分,应按其发生的地点进行归集,并按其用途分别计入产品生产成本和期间费用。直接从事产品生产的工人工资及各种职工薪酬等属于生产费用,应计入"生产成本"账户;对几种产品共同发生的人工费用,应采用适当的标准和方法,将人工费用在各种产品之间进行分配,分别计入各产品生产成本明细账中。管理部门人员的薪酬应计入"管理费用"账户;销售机构人员的工资及职工薪酬等,应计入"销售费用"账户。

【例7-28】 2020年7月31日,烟台兴茂机械制造有限公司分配结转本月工资费用,根据工资结算汇总表编制工资费用分配汇总表,如表7-5所示。

表7-5　　　　　　　　　　工资费用分配汇总表

2020年7月31日　　　　　　　　　　　　　　　单位:元

| 车间、部门 | | 应分配金额 |
| --- | --- | --- |
| 车间生产人员 | 甲产品 | 18 000 |
| | 乙产品 | 15 020 |
| | 小计 | 33 020 |
| 车间管理人员 | | 12 900 |
| 厂部管理人员 | | 11 380 |
| 合　计 | | 57 300 |

该项经济业务一方面使企业产品成本中的人工费用增加,其中,计提生产工人的工资,生产成本增加;计提车间管理人员的工资,制造费用增加;计提厂部管理人员的工资,管理费用增加。另一方面使企业计提的工人工资增加。因此,该项经济业务涉及"生产成本""制造费用""管理费用"和"应付职工薪酬"四个账户。直接人工、制造费用以及管理费用的增加是企业成本费用的增加,应借记"生产成本""制造费用""管理费用"账户;计提的工人工资增加是企业负债的增加,应贷记"应付职工薪酬"账户。这项经济业务应编制的会计分录如下:

```
借:生产成本——甲产品                            18 000
          ——乙产品                            15 020
    制造费用                                    12 900
    管理费用                                    11 380
    贷:应付职工薪酬                                  57 300
```

【例7-29】 2020年8月10日,烟台兴茂机械制造有限公司根据7月工资结算汇总表签发转账支票一张,金额为57 300元,将职工工资委托银行发放到职工工资卡中。

该项经济业务一方面使企业应付职工薪酬减少，另一方面使企业银行存款减少。因此，涉及"应付职工薪酬"和"银行存款"两个账户。应付职工薪酬的减少是负债的减少，应借记"应付职工薪酬"账户；银行存款减少是资产的减少，应贷记"银行存款"账户。这项经济业务应编制的会计分录如下：

```
借：应付职工薪酬                                          57 300
    贷：银行存款                                              57 300
```

3) 制造费用的归集与分配

制造费用是企业为生产产品发生的间接费用，间接生产费用是生产多种产品或劳务的共同耗费，不能直接计入某成本核算对象，应先在"制造费用"账户进行归集汇总，期末采用恰当的分配标准和方法，分配计入相关的成本核算对象中。其主要内容是企业的生产部门（包括基本生产车间和辅助生产车间）为组织和管理生产活动，以及为生产活动服务而发生的费用，如车间管理人员的工资及福利费、车间生产使用的照明费、取暖费、运输费、劳动保护费等。制造费用的分配应根据不同的情况选择适当的分配标准，如生产工人的工时、机器工时、生产工人工资等，都可以作为制造费用的分配标准。

【例7-30】 烟台兴茂机械制造有限公司计提当月固定资产折旧51 000元，其中生产车间固定资产折旧39 000元，企业管理部门固定资产折旧12 000元。

固定资产在使用过程中，由于磨损而逐步损耗的价值称为固定资产折旧，企业应按月计提固定资产折旧。提取固定资产折旧时，一方面意味着当期的费用成本增加，应区分不同的空间范围，计入不同的费用成本类账户。其中，车间固定资产提取的折旧额，应借记"制造费用"账户；厂部固定资产提取的折旧额，应借记"管理费用"账户。另一方面，固定资产计提折旧额的增加，实际上是固定资产价值的减少，本应计入"固定资产"账户的贷方，但由于固定资产账户只负责记录固定资产取得原值的增减变动（在固定资产使用期内一般是不变的），因此对于固定资产提取的折旧额，应贷记"累计折旧"账户，表示固定资产已计提折旧额的增加。这项经济业务应编制的会计分录如下：

```
借：制造费用                                              39 000
    管理费用                                              12 000
    贷：累计折旧                                              51 000
```

【例7-31】 烟台兴茂机械制造有限公司以现金支付生产车间办公用品费用700元，厂部办公用品费用300元。

该项经济业务的发生，一方面使企业车间的办公用品费增加700元，厂部办公用品费增加300元，另一方面使企业现金减少1 000元，因此该项经济业务涉及"制造费用""管理费用"和"库存现金"三个账户，其中车间及厂部办公用品费的增加是费用的增加，应借记"制造费用""管理费用"账户；现金减少是资产的减少，应贷记"库存现金"账户。这项经济业务应编制的会计分录如下：

| 借：制造费用 | 700 | |
| 管理费用 | 300 | |
| 贷：库存现金 | | 1 000 |

**【例 7-32】** 烟台兴茂机械制造有限公司以银行存款支付本月生产车间水电费 2 000 元。

该项经济业务的发生，一方面使企业车间水电费增加 2 000 元，另一方面使企业银行存款减少 2 000 元。因此该项经济业务涉及"制造费用"和"银行存款"两个账户。水电费增加是成本的增加，应借记"制造费用"账户；银行存款的减少是资产的减少，应贷记"银行存款"账户。这项经济业务应编制的会计分录如下：

| 借：制造费用 | 2 000 | |
| 贷：银行存款 | | 2 000 |

**【例 7-33】** 承[例 7-30]、[例 7-31]、[例 7-32]，烟台兴茂机械制造有限公司在月末将本月发生的制造费用，按照生产工时比例分配计入甲、乙两种产品中。其中，甲产品生产工时为 3 000 工时，乙产品生产工时为 2 000 工时。

对于该项经济业务，首先归集本月发生的制造费用总额 65 000 元（10 400＋12 900＋39 000＋700＋2 000）。其次按照生产工人的工时比例进行分配，计算制造费用分配率。最后确定每种产品应负担的制造费用数额。具体计算如下，企业可以根据"制造费用"账户的情况编制制造费用分配表，如表 7-6 所示。

制造费用分配率＝制造费用总额÷分配标准之和（即生产工人工时之和）
＝65 000÷（3 000＋2 000）＝13（元/工时）
甲产品负担的制造费用＝3 000×13＝39 000（元）
乙产品负担的制造费用＝2 000×13＝26 000（元）

表 7-6　　　　　　　　　　　　　制造费用分配表

2020 年 7 月 31 日　　　　　　　　　　　　　　　单位：元

| 应借科目 | | 分配标准（工时） | 分配率 | 分配金额 |
| --- | --- | --- | --- | --- |
| 总分类账 | 明细分类账 | | | |
| 生产成本 | 甲产品 | 3 000 | 13 | 39 000 |
| | 乙产品 | 2 000 | 13 | 26 000 |
| 合　计 | | 5 000 | 13 | 65 000 |

该项经济业务将分配的结果记入产品成本，一方面使得企业产品生产费用增加 65 000 元，另一方面使得公司的制造费用减少 65 000 元。因此，该项经济业务涉及"生产成本"和"制造费用"两个账户。产品生产费用的增加，应借记"生产成本"账户；制造费用的减少是成本费用的结转，应贷记"制造费用"账户。这项经济业务应编制的会计分录如下：

借：生产成本——甲产品　　　　　　　　　　　　　　　　　　　　39 000
　　　　　　——乙产品　　　　　　　　　　　　　　　　　　　　26 000
　　贷：制造费用　　　　　　　　　　　　　　　　　　　　　　　　65 000

2. 产品生产成本的计算和结转

在制造费用分配至各种产品的生产成本中后，应计入产品生产成本的直接材料费用、直接人工费用和制造费用等都已归集在"生产成本"账户的借方，在此基础上可以进行产品生产成本的计算。产品生产成本计算是指在产品生产完工之后，编制产品生产成本计算表，计算验收入库的完工产品生产总成本和单位成本。

月末，如果某种产品全部完工，该产品生产成本明细账所归集的费用总额即为该种完工产品的生产总成本。如果某种产品全部没有完工，该产品生产成本明细账所归集的费用总额即为该种在产品的生产总成本。如果某种产品部分完工，该产品生产成本明细账所归集的费用总额，还应采取一定的方法在完工产品和在产品之间进行分配，然后计算出完工产品的生产总成本和单位成本。生产费用如何在完工产品和在产品之间进行分配，是成本计算中的一个既重要而又复杂的问题，关于这方面的具体内容，将在《成本会计》课程中进行具体学习。

完工产品成本的简单计算公式为：

完工产品生产成本 = 期初在产品成本 + 本期发生的生产费用 - 期末在产品成本

【例 7-34】 烟台兴茂机械制造有限公司 7 月初甲产品的在产品成本为 28 000 元，其中直接材料 17 000 元、直接人工 8 000 元、制造费用 3 000 元，乙产品月初无在产品。至本月末，甲、乙两种产品全部完工，产量分别为 600 件和 500 件，

根据上述资料分别登记甲、乙两种产品的生产成本明细分类账，如表 7-7 和表 7-8 所示，并进行成本计算编制产品成本汇总计算表，如表 7-9 所示。

表 7-7　　　　　　　　　　　　　生产成本明细分类账

产品名称：甲产品

| 2020 年 | | 摘要 | 借方（成本项目） | | | | 贷方 | 余额 |
|---|---|---|---|---|---|---|---|---|
| 月 | 日 | | 直接材料 | 直接人工 | 制造费用 | 合　计 | | |
| 7 | 1 | 月初在产品成本 | 17 000 | 8 000 | 3 000 | 28 000 | | 28 000 |
| | 31 | 领用材料 | 26 000 | | | 26 000 | | 54 000 |
| | 31 | 分配职工薪酬 | | 18 000 | | 18 000 | | 72 000 |
| | 31 | 分配制造费用 | | | 39 000 | 39 000 | | 111 000 |
| | 31 | 结转完工产品成本 | | | | | 111 000 | 0 |
| | 31 | 合　计 | 43 000 | 26 000 | 42 000 | 111 000 | 111 000 | 0 |

表 7-8　　　　　　　　　　　生产成本明细分类账

产品名称：乙产品

| 2020年 | | 摘要 | 借方(成本项目) | | | | 贷方 | 余额 |
|---|---|---|---|---|---|---|---|---|
| 月 | 日 | | 直接材料 | 直接人工 | 制造费用 | 合　计 | | |
| 7 | 1 | 月初在产品成本 | 0 | 0 | 0 | 0 | | 0 |
| | 31 | 领用材料 | 14 080 | | | 14 080 | | 14 080 |
| | 31 | 分配职工薪酬 | | 15020 | | 15 020 | | 29 100 |
| | 31 | 分配制造费用 | | | 26 000 | 26 000 | | 55 100 |
| | 31 | 结转完工产品成本 | | | | | 55 100 | 0 |
| | 31 | 合　　计 | 14 080 | 15 020 | 26 000 | 55 100 | 55 100 | 0 |

表 7-9　　　　　　　　　　　产品成本汇总计算表

2020年7月31日　　　　　　　　　　　　　　　　　　　　　单位：元

| 成本项目 | 甲产品(600件) | | 乙产品(500件) | |
|---|---|---|---|---|
| | 总成本 | 单位成本 | 总成本 | 单位成本 |
| 直接材料 | 43 000 | | 14 080 | |
| 直接人工 | 26 000 | | 15 020 | |
| 制造费用 | 42 000 | | 26 000 | |
| 合　计 | 111 000 | 185 | 55 100 | 110.20 |

产品完工入库结转成本的经济业务，一方面使企业的库存商品成本增加，其中甲产品成本增加 111 000 元，乙产品成本增加 55 100 元。另一方面由于本月全部产品均已完工入库，结转入库产品实际成本，产品生产成本减少。因此，该项经济业务涉及"库存商品"和"生产成本"两个账户。库存商品成本的增加是资产的增加，应借记"库存商品"账户；生产成本的结转是成本的减少，应贷记"生产成本"账户。这项经济业务应编制的会计分录如下：

借：库存商品——甲产品　　　　　　　　　　　　　　　　　　　　　111 000
　　　　　　——乙产品　　　　　　　　　　　　　　　　　　　　　　55 100
　　贷：生产成本——甲产品　　　　　　　　　　　　　　　　　　　　111 000
　　　　　　　　——乙产品　　　　　　　　　　　　　　　　　　　　55 100

生产过程主要业务的总分类核算过程，如图 7-6 所示。

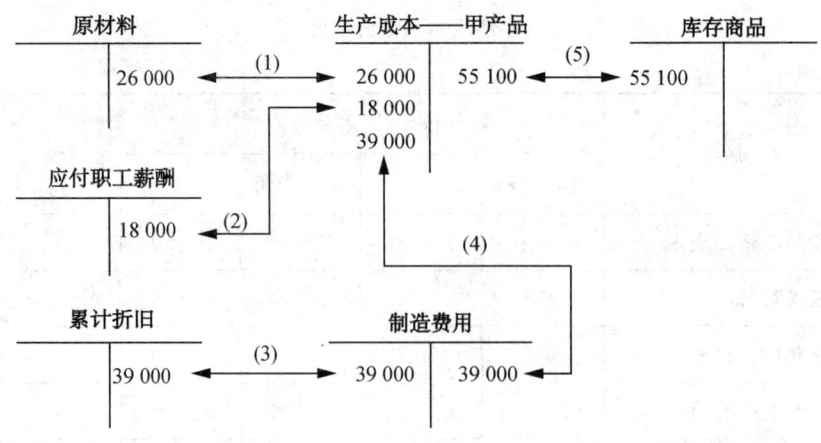

图 7-6 生产过程主要业务的账务处理

图 7-6 说明：(1)为[例 7-27]材料费用的核算；(2)为[例 7-28]人工费用的核算；(3)为[例 7-30]制造费用的核算；(4)为[例 7-33]制造费用的分配；(5)为[例 7-34]产品完工入库结转成本。

## 第五节 销售业务过程的会计核算

### 一、销售过程主要经济业务内容

企业经过了生产过程，生产出符合要求、可对外销售的产品，形成了商品存货，接下来就要进入销售过程，通过销售过程将生产出来的产品销售出去，实现其价值。商品销售的过程是企业经营过程的最后一个阶段。企业产品售出后，企业取得销售货款，生产经营资金的形态又由成品资金转化为货币资金，至此企业的生产经营资金完成了整个资金循环。在销售过程中，企业一方面按合同规定给客户提供产品，另一方面与客户办理款项结算，企业用收回的资金，重新购买原材料等物资，开展新一轮的产品生产活动。如果产品资金无法顺利转化为货币资金，企业的资金循环将中断，因此销售业务是制造业企业经营过程以及资金循环过程的重要环节。

企业销售过程的主要经济业务包括通过销售产品确认和计量商品销售收入，计算增值税销项税额，记录同客户之间的款项结算；根据配比原则在确认销售收入的当期，将售出产品的成本确认为销售成本；按照国家税法的规定计算缴纳的各项销售税金；确认在销售过程中发生的运输、包装、广告等销售费用。

### 二、销售过程业务的核算

#### (一) 账户设置

(1) "应收账款"账户。该账户核算企业因销售商品、提供劳务等经营活动应向购货单位或接受劳务单位收取的款项。账户性质为资产类账户。账户结构为借方登记因经营活动发生的应收款的金额，反映一种债权；贷方登记收回的应收款项，反映债权的收回。该账户期末若为借方余额，反映企业尚未收回的应收款项；若为贷方余额，反映企业预收的款项。

不单独设置"预收账款"账户的企业,预收的账款也在该账户核算。本账户一般按购货单位或接受劳务单位设置明细账户,进行明细分类核算。

(2)"应收票据"账户。该账户核算企业因赊销而收到的商业汇票,包括银行承兑汇票和商业承兑汇票。账户性质为资产类账户。账户结构为借方登记企业因销售产品而收到购货方,交来的商业汇票;贷方登记到期收回或未到期向银行贴现的商业汇票。期末余额一般在借方,反映尚未到期的票据款项。本账户一般按开出承兑商业汇票的单位设置明细账户,进行明细分类核算。

(3)"预收账款"账户。该账户核算企业销售商品时,根据合同向购货单位预收货款及发货后进行结算的账户。账户性质为负债类账户。账户结构为贷方登记预收购货单位的款项,由于还没有履行合同规定的发出商品等义务,无法确认销售收入,因此预收的款项实际上是负债,以后需要提供商品或劳务进行偿还;借方登记发货后与购货单位结算的款项,即履行相关义务,实现销售时,应借记本账户。期末余额若在贷方反映企业预收的款项,即已预收但尚未用产品或劳务偿付的款项;若为借方余额则反映应由购货单位补付的款项,实质为企业应收但尚未收回的款项。本账户按购货单位或接受劳务单位设置明细账户,进行明细分类核算。

(4)"主营业务收入"账户。该账户核算企业在销售商品、提供劳务等主营业务中所取得的收入。账户性质为损益类账户。账户结构为贷方登记企业实现的主营业务收入(即主营业务收入的增加);借方登记发生销售退回和销售折让时,应冲减本期的主营业务收入,以及期末转入"本年利润"账户的主营业务收入额(按净额结转)。期末结转后,该账户没有余额。本账户一般按主营业务的种类设置明细账户,进行明细分类核算。

(5)"其他业务收入"账户。该账户核算企业除主营业务活动以外,其他经营活动实现的收入,包括出租固定资产、出租无形资产、出租包装物、销售材料等取得的收入,账户结构为贷方登记实现的其他业务收入额(即其他业务收入的增加);借方登记期末转入"本年利润"账户的其他业务收入。期末结转后,该账户没有余额。本账户一般可按其他业务收入种类设置明细账户,进行明细分类核算。

(6)"主营业务成本"账户。该账户核算企业因销售商品、提供劳务等而应结转的成本。账户性质为损益类账户。账户结构为借方登记主营业务成本发生的实际成本,贷方登记期末转入"本年利润"账户的主营业务成本额。期末结转后该账户没有余额。本账户一般按主营业务的种类设置明细账户,进行明细分类核算。

(7)"其他业务成本"账户。该账户核算企业除经营活动以外,其他经营活动发生的支出,包括销售材料的成本、出租固定资产的折旧额、出租无形资产的摊销额、出租包装物的成本或摊销额等。账户性质为损益类账户,账户结构为借方登记其他业务成本,包括材料销售成本,提供劳务的成本、费用的发生,即其他业务成本的增加;贷方登记期末转入"本年利润"账户的其他业务成本额。期末结转后,该账户没有余额,本账户一般按其他业务的种类设置明细账户,进行明细分类核算。

(8)"税金及附加"账户。该账户核算企业经营活动中发生的消费税、城市维护建设税、资源税、教育费附加及房产税、土地使用税、车船使用税、印花税等相关税费。交纳的相关税费属于销售收入的抵减项目，因此本账户的账户性质是损益类账户。账户结构为借方登记按税法规定计算的经营活动应交的上述税费；贷方登记期末转入"本年利润"账户的税金。期末结转后，该账户没有余额。本账户一般按税种及附加项目设置明细账户，进行明细分类核算。

（9）"销售费用"账户。该账户核算企业销售商品，提供劳务过程中发生的费用，包括运输费、装卸费、包装费、保险费、展览费和广告费等。账户性质为损益类账户。账户结构为借方登记发生的相关销售费用，贷方登记期末转入"本年利润"账户的同销售收入相配比的相关销售费用金额。期末结转后，该账户没有余额。本账户一般按费用项目设置明细账户，进行明细分类核算。

（二）业务处理

1. 营业收入的会计核算

营业收入包括主营业务收入和其他业务收入。工业企业的主营业务收入，主要包括销售商品、自制半成品、代制品、代修品、提供工业性劳务等实现的收入；商业企业的主营业务收入，主要包括销售商品实现的收入；咨询公司的主营业务收入，主要包括提供咨询服务实现的收入；安装公司的主营业务收入，主要包括提供安装服务实现的收入。

企业在经营过程中除了要发生主营业务之外，还会发生一些非经常性的、具有经营性的其他业务，属于企业日常活动中次要交易实现的收入，一般占企业总收入的比重较小。其他业务是指企业在经营过程中发生的除主营业务以外的其他销售业务，一般企业的其他业务包括销售材料、出租包装物、出租固定资产、出租无形资产等活动。对于不同的企业而言，主营业务和其他业务的内容划分并不是绝对的，一个企业的主营业务，可能是另一个企业的其他业务；即便在一个企业里，不同期间的主营业务和其他业务的内容也不是固定不变的。

企业取得的收入，应当按照从购货方已收或应收的合同或协议价款，确定销售商品收入金额，但已收或应收的合同或协议价款不公允的除外。

关于增值税，采购环节有具体讲解。增值税销项税额是指企业销售应税货物或提供应税劳务而收取的增值税税额，应按照增值税专用发票记载的货物售价和规定税率进行计算。销项税额计算出来之后，应贷记"应交税费——应交增值税"账户。

【例7-35】 烟台兴茂机械制造有限公司销售1 000件甲产品给西城机械公司，每件售价300元，增值税专用发票上注明的价款为300 000元，增值税额39 000元。产品已发出，价款已存入银行。

该项经济业务的发生，一方面企业应确认一笔主营业务收入，同时随同价款一并收取的，由购货方承担的增值税销项税额增加；另一方面使企业银行存款增加339 000元（300 000+39 000）。因此该经济业务涉及"银行存款""主营业务收入""应交税费——应交增值税"三个账户。其中，银行存款增加是资产的增加，应借记"银行存款"账户；销售收入增加是企业收入的增加，应贷记"主营业务收入"账户；增值税销项税额的增加是企业

负债的增加,应贷记"应交税费——应交增值税"。这项经济业务应编制的会计分录如下:

借:银行存款　　　　　　　　　　　　　　　　　　　　　　　　　339 000
　　贷:主营业务收入——甲产品　　　　　　　　　　　　　　　　　300 000
　　　　应交税费——应交增值税(销项税额)　　　　　　　　　　　 39 000

【例7-36】 烟台兴茂机械制造有限公司销售2 000件乙产品给通达汽车公司,每件售价200元,增值税专用发票上注明的价款为400 000元,增值税额52 000元。产品已发出,价款尚未收到。

该项经济业务的发生,一方面企业应确认一笔主营业务收入,同时随同价款一并收取的、由购货方承担的增值税销项税额增加;另一方面使企业应收款增加452 000元(400 000+52 000)。因此该经济业务涉及"主营业务收入""应交税费——应交增值税""应收账款"三个账户。其中,应收账款增加是资产的增加,应借记"应收账款"账户;销售收入增加是企业收入的增加,应贷记"主营业务收入"账户;增值税销项税额的增加是企业负债的增加,应贷记"应交税费——应交增值税"。这项经济业务应编制的会计分录如下:

借:应收账款——通达汽车公司　　　　　　　　　　　　　　　　 452 000
　　贷:主营业务收入——乙产品　　　　　　　　　　　　　　　　　400 000
　　　　应交税费——应交增值税(销项税额)　　　　　　　　　　　 52 000

【例7-37】 烟台兴茂机械制造有限公司向通达汽车公司销售500件甲产品,每件售价320元;销售200件乙产品,每件售价190元。增值税专用发票上注明的价款为198 000元,增值税额25 740元。产品已发出,收到一张买方签发并已承兑的含全部款项的商业汇票。

该项经济业务的发生,一方面企业应确认一笔主营业务收入,同时随同价款一并收取的、由购货方承担的增值税销项税额增加;另一方面使企业应收票据增加223 740元(198 000+25 740)。因此该经济业务涉及"主营业务收入""应交税费——应交增值税""应收票据"三个账户。其中,应收票据增加是资产的增加,应借记"应收票据"账户;销售收入增加是企业收入的增加,应贷记"主营业务收入"账户;增值税销项税额的增加是企业负债的增加,应贷记"应交税费——应交增值税"。这项经济业务应编制的会计分录如下:

借:应收票据——通达汽车公司　　　　　　　　　　　　　　　　 223 740
　　贷:主营业务收入——甲产品　　　　　　　　　　　　　　　　　160 000
　　　　　　　　　　——乙产品　　　　　　　　　　　　　　　　　 38 000
　　　　应交税费——应交增值税(销项税额)　　　　　　　　　　　 25 740

【例7-38】 烟台兴茂机械制造有限公司按照合同规定,预收西城机械公司订购的甲产品的货款500 000元，存入银行。

该项经济业务的发生，一方面使得公司的银行存款增加，另一方面使得公司的预收款增加。因此该项经济业务涉及"银行存款""预收账款"两个账户。银行存款的增加是资产的增加，应借记"银行存款"账户；预收账款增加是负债的增加，应贷记"预收账款"账户。这项经济业务应编制的会计分录如下：

借：银行存款　　　　　　　　　　　　　　　　　　　　　　　　500 000
　　贷：预收账款——西城机械公司　　　　　　　　　　　　　　　　500 000

【例7-39】承[例7-38]，烟台兴茂机械制造有限公司向西城机械发出甲产品1 600件，发票注明价款496 000元，增值税额64 480元。原预收款不足，其差额部分当即收到并存入银行。

烟台兴茂机械制造有限公司按合同约定，原收西城机械公司货款500 000元，现发货的价税合计560 480元（496 000+64 480），不足款项的差额为60 480元（560 480－500 000）。这项经济业务的发生，一方面使得公司的预收款减少500 000元，银行存款增加60 480；另一方面使得公司的商品销售收入增加496 000元，增值税销项税额增加64 480元。因此该项经济业务涉及"预收账款""银行存款""主营业务收入""应交税费——应交增值税"四个账户。预收款的减少是企业负债的减少，应借记"预收账款"账户；银行存款的增加是资产的增加，应借记"银行存款"账户；销售收入增加是企业收入的增加，应贷记"主营业务收入"账户；增值税销项税额的增加是企业负债的增加，应贷记"应交税费——应交增值税"。这项经济业务应编制的会计分录如下：

借：预收账款——西城机械公司　　　　　　　　　　　　　　　　500 000
　　银行存款　　　　　　　　　　　　　　　　　　　　　　　　 60 480
　　贷：主营业务收入——甲产品　　　　　　　　　　　　　　　　 496 000
　　　　应交税费——应交增值税（销项税额）　　　　　　　　　　　64 480

【特别提示】
　　以上是该业务的合并会计分录，也可以将此会计分录拆解成两个一般会计分录。先确认全部的销售收入，直接计入"预收账款"账户，然后再进行债权债务的结算。这种情况通常用于销售收入确认和款项结算不在同一时间的经济业务，大部分企业发货与结算款项时间不一致。这样的处理方式，更有利于明晰往来款项的债权债务关系。

【例7-40】承[例7-38]，烟台兴茂机械制造有限公司向西城机械公司发出甲产品1 300件，发票注明价款403 000元，增值税额52 390元。烟台兴茂机械制造有限公司多收货款，其差额部分5日后结清款项，退回西城机械公司。

烟台兴茂机械制造有限公司按合同约定，原收西城机械公司货款500 000元，现发货的价税合计 455 390 元(403 000＋52 390)，多余款项的差额为 44 610 元(500 000－455 390)。该项经济业务分为两部分，一部分确认销售收入，预收账款减少；另一部分结清款项，退回多收的货款。

(1) 确认销售收入。企业主营业务收入增加，增值税销项税额增加，预收账款减少。预收款减少是负债的减少，应借记"预收账款"账户；销售收入增加是企业收入的增加，应贷记"主营业务收入"账户；增值税销项税额的增加是企业负债的增加，应贷记"应交税费——应交增值税"。这项经济业务应编制的会计分录如下：

借：预收账款——西城机械公司　　　　　　　　　　　　　　　　455 390
　　贷：主营业务收入——甲产品　　　　　　　　　　　　　　　　403 000
　　　　应交税费——应交增值税(销项税额)　　　　　　　　　　　 52 390

(2) 结算债权债务，结清款项。企业预收西城机械公司货款 500 000 元，先发货价税合计 455 390 元，应退回多收的款项。"预收账款"账户贷方预收 500 000 元，借方确认本次合同价税合计 455 390 元，借贷方差额 44 610 元系贷方余额，是企业的负债(即应付款项)，需结算清相关款项。预收账款的退回是负债的减少，应借记"预收账款"账户；以银行存款退回多余款项，银行存款减少是资产的减少，应贷记"银行存款"账户。这项经济业务应编制的会计分录如下：

借：预收账款——西城机械公司　　　　　　　　　　　　　　　　 44 610
　　贷：银行存款　　　　　　　　　　　　　　　　　　　　　　　 44 610

【例 7-41】 烟台兴茂机械制造有限公司销售一批原材料，价值 38 000 元，增值税销项税额 4 940 元，价款收到，存入银行。

对于一般制造类企业，销售原材料是企业的其他业务。该项经济业务的发生，一方面企业应确认一笔其他业务收入，同时随同价款一并收取的、由购货方承担的增值税销项税额增加；另一方面使企业银行存款增加 42 940 元。因此该经济业务涉及"银行存款""其他业务收入""应交税费——应交增值税"三个账户。其中，银行存款增加是资产的增加，应借记"银行存款"账户；销售收入增加是企业收入的增加，应贷记"其他业务收入"账户；增值税销项税额的增加是企业负债的增加，应贷记"应交税费——应交增值税"。这项经济业务应编制的会计分录如下：

借：银行存款　　　　　　　　　　　　　　　　　　　　　　　　 42 940
　　贷：其他业务收入　　　　　　　　　　　　　　　　　　　　　 38 000
　　　　应交税费——应交增值税(销项税额)　　　　　　　　　　　  4 940

营业收入业务核算的总分类核算过程，如图 7-7 所示。

2. 营业成本的会计核算

企业在销售商品过程中，一方面减少了库存的存货，另一方面作为取得主营业务收入而垫支的资金，表明企业发生了费用，我们把这项费用称为主营业务成本(也称销售成本)。销售发出的商品成本转为主营业务成本，应遵循配比原则的要求，主营业务成本的结转应与主

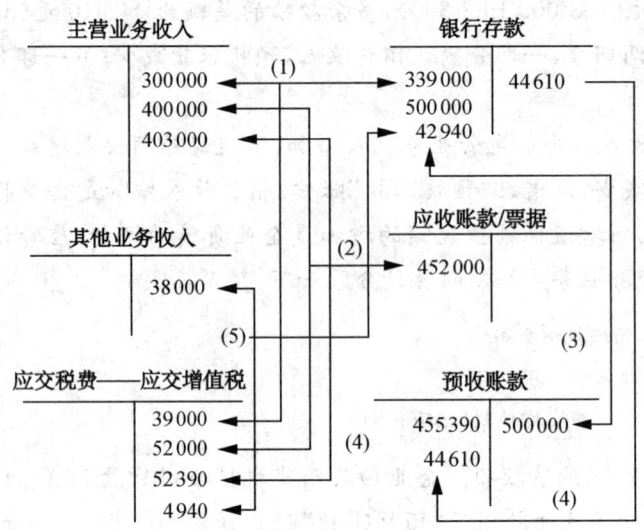

图 7-7 营业收入确认的账务处理

图 7-7 说明：(1)为[例 7-35]实现销售同时收取货款，存入银行；(2)为[例 7-36]赊销方式实现销售，确认主营业务收入；(3)为[例 7-38]按合同预收款项，存入银行；(4)为[例 7-40]履行预收款项义务，退还多余款项；(5)为[例 7-41]销售材料，确认其他业务收入。

营业务收入在同一会计期间加以确认，且应与主营业务收入在数量上保持一致。

$$主营业务成本 = 本期销售商品的数量 \times 单位商品的生产成本$$

单位商品生产成本的确定，应考虑期初库存的商品成本和本期入库商品的成本情况，可分别采用先进先出法、月末一次加权平均法和个别计价法等来确定（发出存货的计价方法在上一节进行了详细讲解），方法一经确定，不得随意变动。

【例 7-42】 烟台兴茂机械制造有限公司期末结转已销甲产品 3 100 件，乙产品 2 200 件的销售成本。甲产品实际成本为每件 185 元，乙产品为每件 110 元。

首先需要计算甲乙两种产品的销售成本。甲产品销售成本 573 500 元，乙产品销售成本 242 000 元。该项经济业务的发生，一方面使企业的销售成本增加 815 500 元（573 500 + 242 000），另一方面使企业的库存商品成本减少。因此，该项业务涉及"主营业务成本""库存商品"。商品销售成本的增加是费用成本的增加，应借记"主营业务成本"账户；库存商品成本的减少是资产的减少，应贷记"库存商品"账户。这项经济业务应编制的会计分录如下：

借：主营业务成本——甲产品　　　　　　　　　　　　　　　　　　　　　573 500
　　　　　　　　——乙产品　　　　　　　　　　　　　　　　　　　　　242 000
　贷：库存商品——甲产品　　　　　　　　　　　　　　　　　　　　　　573 500
　　　　　　　——乙产品　　　　　　　　　　　　　　　　　　　　　　242 000

【例 7-43】 烟台兴茂机械制造有限公司期末结转已销原材料的成本 16 000 元。

该项经济业务的发生，一方面使企业的其他业务成本增加 16 000 元，另一方面使企业的库存原材料成本减少。因此，该项业务涉及"其他业务成本""原材料"。材料销售成本的增加是费用成本的增加,应借记"其他业务成本"账户;库存材料成本的减少是资产的减少,应贷记"原材料"账户。这项经济业务应编制的会计分录如下:

借:主营业务成本　　　　　　　　　　　　　　　　　　　　　　　　16 000
　　贷:原材料　　　　　　　　　　　　　　　　　　　　　　　　　　　16 000

营业成本业务核算的总分类核算,如图7-8所示。

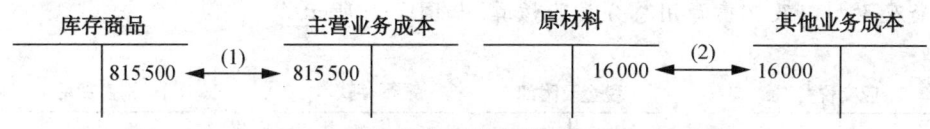

**图7-8　结转营业成本的账务处理**

图7-8说明:(1)为[例7-42]结转主营业务成本;(2)为[例7-43]结转其他业务成本。

**3. 税金及附加的会计核算**

企业销售商品持有特定财产或发生特定行为,就应该向国家税务机关交纳相应的税金及附加,主要反映企业经营主要业务应负担的消费税、城市维护建设税、资源税、教育费附加及房产税、城镇土地使用税、车船税、印花税等,但不包括增值税。由于这些税金及附加大多是在当月计算,而在下个月缴纳的,因而计算税金及附加时,一方面作为企业发生的一项费用支出,另一方面形成企业的一项负债。

**【例7-44】** 烟台兴茂机械制造有限公司经计算,本月应缴纳的消费税5 300元,城建税3 200元,教育费附加1 200元。

该项经济业务的发生,一方面使企业的税金及附加增加9 700元,另一方面使企业的应交税费增加。因此,该项业务涉及"税金及附加""应交税费"账户。税金及附加的增加是费用的增加,应借记"税金及附加"账户;应交税费的增加是负债的增加,应贷记"应交税费"账户。这项经济业务应编制的会计分录如下:

借:税金及附加　　　　　　　　　　　　　　　　　　　　　　　　　9 700
　　贷:应交税费——应交消费税　　　　　　　　　　　　　　　　　　5 300
　　　　　　　　——应交城建税　　　　　　　　　　　　　　　　　　3 200
　　　　　　　　——应交教育费附加　　　　　　　　　　　　　　　　1 200

**4. 销售费用的会计核算**

企业在销售过程中,为了销售产品,还要发生各种销售费用,包括由企业负担的包装费、运输费、广告费、装卸费、保险费、委托代销手续费、展览费、租赁费和销售服务费、销售部门固定资产折旧费等。按照《企业会计准则》规定,销售费用不作为销售收入的抵减项目,而是作为期间费用直接计入当期损益。

**【例7-45】** 烟台兴茂机械制造有限公司以银行存款支付广告费1 600元,现金支付销售部业务费420元。

该项经济业务的发生,一方面使企业销售费用增加2 020元,另一方面使企业银行存款减少。因此该项经济业务涉及"销售费用""银行存款"两个账户。销售费用的增加是费用的

增加,应借记"销售费用"账户;银行存款的减少是资产的减少,应贷记"银行存款"账户。这项经济业务应编制的会计分录如下:

借:销售费用　　　　　　　　　　　　　　　　　　　　　　　　　　2 020
　　贷:银行存款　　　　　　　　　　　　　　　　　　　　　　　　1 600
　　　　库存现金　　　　　　　　　　　　　　　　　　　　　　　　　420

税金及附加以及销售费用总分类账核算,如图7-9所示。

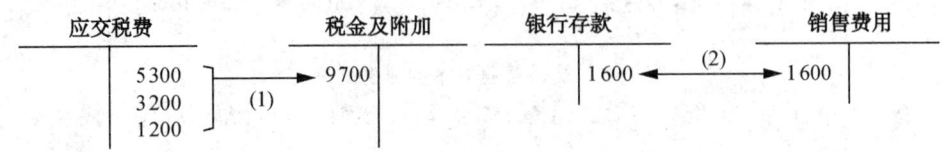

图 7-9　税金及附加以及销售费用的账务处理

图7-9说明:(1)为[例7-44]企业计算应缴纳的各项税费;(2)为[例7-45]企业支付的销售费用。

## 第六节　利润形成与分配业务的会计核算

### 一、利润的形成

企业作为一个独立的经济实体,其经营活动的主要目的就是不断提高企业的盈利水平,增强企业的活力能力。利润是一个反映企业获利能力的综合指标,利润水平的高低不仅反映企业的盈利水平,而且还反映企业对整个社会所做贡献的大小,同时还是各有关方面对本企业进行财务预测和投资决策的重要依据。

**(一) 利润形成过程的主要经济业务**

利润是企业一定期间内从事经济活动取得的经营成果,是企业全部收入抵扣全部费用后的总成果。收入大于费用支出的差额部分为利润,反之则为亏损。企业各方面的情况,诸如劳动生产率的高低,产品是否适销对路,产品成本和期间费用的节约与否,都会通过利润指标得到综合反应,因此获取利润就成为企业生产经营的主要目的之一。利润分为营业利润、利润总额和净利润。

1. 营业利润

营业利润是企业获得的经营业务范围内的利润。

企业在生产经营过程中取得并确认的主营业务收入和其他业务收入,共同构成营业收入;与收入配比的主营业务成本和其他业务成本,共同组成营业成本。

期间费用是企业本期发生的不能直接或间接归入某种产品成本的,而应直接计入损益的各项费用,包括销售费用、管理费用和财务费用。期间费用不同于生产费用,生产费用计入产品成本,随产品销售作为产品成本的生产费用和销售收入相配比计入销售当期的损益,而期间费用则在发生当期直接计入当期损益。

营业成本、期间费用与营业收入相配比,得到营业利润的主要组成部分。

企业生产经营持有的各项资产,由于各种原因发生减值,如应收账款无法收回导致的坏账损失,企业应按期估计本期可能发生的资产减值损失,计入当期损益。

企业的经济活动包含很多种内容,除生产经营以外的日常经营活动,企业也可以进行对外投资等活动,形成相应的投资收益(或投资损失),如企业利用部分资金或其他资产通过直接出资或购买股票、债券等方式,对外投资取得的投资损益。

企业按公允价值计价的特定资产或负债,其受公允价值变动影响产生的损益也应计入发生当期的损益。

企业按规定出售或处置固定资产、无形资产等非流动资产产生的利得或损失,也应计入当期损益。

以上分析,我们可以总结出企业营业利润的计算公式如下:

$$\begin{aligned}营业利润 =\ &营业收入 - 营业成本 - 税金及附加 - 销售费用 - 管理费用 - 财务费用 - 研发费用 \\ &- 资产减值损失 - 信用减值损失 \pm 公允价值变动损益 \pm 投资损益 \pm 资产处置损益\end{aligned}$$

### 2. 利润总额

利润总额是指税前会计利润。

企业发生的除营业利润以外的收益作为营业外收入,增加企业的利润总额。营业外收入主要包括接受捐赠的利得、债务重组利得、罚款利得等,是企业的一种纯收入,不需要也不可能与有关费用进行配比。事实上,企业为此并没有付出代价,因此在会计核算中,应严格区分营业外收入与营业收入的界限。

企业发生的除营业利润以外的支出作为营业外支出,减少企业的利润总额。营业外支出主要包括固定资产盘亏支出、非常损失、债务重组损失、公益性捐赠支出、罚款支出等。营业外收入与营业外支出应当分别核算,不能以营业外支出直接冲减营业外收入。

以上分析,我们可以总结出企业利润总额的计算公式如下:

$$利润总额 = 营业利润 + 营业外收入 - 营业外支出$$

### 3. 净利润

净利润是指扣除所得税之后的利润。

利润总额计算出来之后,形成了企业在一定会计期间的所得,针对这个所得,要按照税法的规定计算缴纳所得税费用。

以上分析,我们可以总结出企业净利润的计算公式如下:

$$净利润 = 利润总额 - 所得税费用$$

### 4. 主要核算业务

利润总额和净利润的构成中,营业利润的内容,我们在销售过程核算中已经做了部分介绍,本节要重点对营业利润构成项目中的期间费用、投资收益;利润总额构成项目中的营业外收入和营业外支出;净利润构成项目中的所得税费用进行会计核算,即各损益类账户的具体核算。

期末对损益类账户进行结转,运用"本年利润"账户,结算出企业本期的利润总额和净利润。

**(二) 利润形成过程的业务核算**

1. 账户设置

(1)"本年利润"账户。该账户用来核算企业实现的净利润或发生的净亏损。账户性质为所有者权益类账户。账户结构为贷方登记期末从损益类账户转入的利润增加项目的金额,如主营业务收入、投资收益、营业外收入等;借方登记期末从损益类账户转入的利润减少项目的金额,如主营业务成本、管理费用、营业外支出等。结转后账户的贷方余额为当期实现的净利润,借方余额为当期发生的净亏损。年度终了,将本年实现的净利润,从"本年利润"账户的借方结转至"利润分配"账户。年末结转后,该账户没有余额。

(2)"资产减值损失"账户。该账户核算企业计提各项资产减值准备所形成的损失。账户性质为损益类账户。账户结构为借方登记计提的各项资产减值损失;贷方登记原已计提的减值准备范围内,资产价值恢复增加的金额。注意,部分资产减值一经计提不得转回。期末将本账户余额结转至本年利润账户,结转后,账户没有余额。本账户一般按资产减值损失的项目设置明细账户,进行明细分类核算。

(3)"信用减值损失"账户。该账户核算企业金融资产计提减值准备所形成的预期信用损失。账户性质为损益类账户。账户结构为借方登记计提的各项金融资产减值损失,贷方登记减值恢复的金额。信用减值损失与资产减值损失反映的情况一致,只是对应的事项不同。应收账款等金融资产减值对应"信用减值损失"账户,存货和固定资产等资产对应"资产减值损失"账户。

(4)"坏账准备"账户。该账户核算企业应收款项的坏账准备。账户性质为资产类账户,是"应收账款"的备抵账户。账户结构为贷方登记按照规定估计的应收款项发生减值的金额;借方登记已确认减值的恢复金额。期末贷方余额反映企业已计提的坏账准备。本账户一般按应收款项的类别设置明细账户,进行明细分类核算。

(5)"投资收益"账户。该账户核算企业对外投资所获得收益的实现或损失的发生及其结转情况。账户性质为损益类账户。账户结构为贷方登记实现的投资收益和期末转入"本年利润"账户的投资净损失;借方登记发生的投资损失和期末转入"本年利润"账户的投资净收益。期末结转后,该账户没有余额。本账户一般按照投资的种类设置明细账户,进行明细分类核算。

(6)"公允价值变动损益"账户。该账户核算企业以公允价值计量的资产,由于公允价值变动形成的,应计入当期损益的利得或损失。账户性质为损益类账户。账户结构为贷方登记确认的公允价值变动收益,借方登记确认的公允价值变动损失。期末将本账户余额结转至"本年利润"账户,结转后,账户没有余额。本账户一般按特定的资产或负债项目,设置明细账户,进行明细分类核算。

(7)"营业外收入"账户。该账户核算企业发生的除营业利润以外的利得,主要包括与企业日常活动无关的政府补助、盘盈利得、捐赠利得等。账户性质为损益类账户。账户结构为贷方登记营业外收入的实现,即营业外收入的增加;借方登记期末转入"本年利润"账户的营业外收入额。该账户期末结转后,没有余额。本账户一般按照收入的具体项目设置明细账户进行明细分类核算。

(8)"营业外支出"账户。该账户核算企业发生的除营业利润以外的支出,主要包括公益性捐赠支出、非常损失、盘亏损失、非流动资产毁损、报废损失等。账户性质为损益类账户。账户结构为借方登记营业外支出的发生,即营业外支出的增加;贷方登记期末转入"本年利润"账户的营业外支出额。该账户期末结转后,没有余额。本账户一般按照支出的具体项目设置明细账户,进行明细分类核算。

(9)"所得税费用"账户。该账户核算企业按照有关规定应在当期损益中扣除的所得税费用的计算及结转情况。账户性质为损益类账户。账户结构为借方登记按照应纳税所得额计算出的所得税费用额;贷方登记期末转入"本年利润"账户的所得税费用额。该账户期末结转后,没有余额。

2. 业务处理

1) 各损益类账户的核算

企业利润的形成,除主营业务利润外,还有其他业务利润、投资收益、营业外收入、营业外支出等。因此理解损益类账户的具体核算,是进行利润形成核算的基础。利润计算公式中的部分项目,如资产减值损失、信用减值损失、投资收益、公允价值变动损益、资产处置损益等部分项目,本教材只做简单介绍,具体内容将会于中级财务会计课程中重点进行讲解。

【例 7-46】 烟台兴茂机械制造有限公司收到国债利息收入 20 000 元,已存入银行。

该项经济业务的发生,一方面使企业的银行存款增加,另一方面使企业对外投资的收益增加。因此,该业务涉及"银行存款"和"投资收益"两个账户。银行存款的增加是资产的增加,应借记"银行存款"账户;投资收益的增加是企业收入的增加,应贷记"投资收益"账户。这项经济业务应编制的会计分录如下:

借:银行存款　　　　　　　　　　　　　　　　　　　　　　　　20 000
　　贷:投资收益　　　　　　　　　　　　　　　　　　　　　　　　20 000

【例 7-47】 烟台兴茂机械制造有限公司因违反有关环保条例,按规定支付 4 000 元罚款,已用银行存款支付完成。

企业的罚款支出属于营业外支出。该项经济业务的发生,一方面使企业的银行存款减少,另一方面使企业的营业外支出增加。因此,该业务涉及"银行存款"和"营业外支出"两个账户。营业外支出的增加是企业费用支出的增加,应借记"营业外支出"账户;银行存款的减少是资产的减少,应贷记"银行存款"账户。这项经济业务应编制的会计分录如下:

借：营业外支出 4 000
　　贷：银行存款 4 000

**【例 7-48】** 烟台兴茂机械制造有限公司收到对方单位的违约金 10 000 元，存入银行。

企业的违约金收入属于营业外收入。该项经济业务的发生，一方面使企业的银行存款增加，另一方面使企业的营业外收入增加。因此，该业务涉及"银行存款"和"营业外收入"两个账户。银行存款的增加是资产的增加，应借记"银行存款"账户；营业外收入的增加是企业收入的增加，应贷记"营业外收入"账户。这项经济业务应编制的会计分录如下：

借：银行存款 10 000
　　贷：营业外收入 10 000

**【例 7-49】** 烟台兴茂机械制造有限公司持有的某公司 10 000 股股票（作为交易性金融资产核算），12 月 31 日每股市价上涨 3 元。

持有目的是为了交易的有价证券属于以公允价值计量且其变动计入当期损益的金融资产，计入"交易性金融资产"账户。这一类金融资产，应在期末（资产负债表日）按最新的公允价值调整其账面价值，将差额确定为公允价值变动损益。该项经济业务的发生，一方面使企业的有价证券价值增加，另一方面形成金融资产相关的公允价值变动收益。因此，该业务涉及"交易性金融资产"和"公允价值变动损益"两个账户。交易性金融资产价值的增加是资产的增加，应借记"交易性金融资产"账户；公允价值变动收益的增加是企业收入的增加，应贷记"公允价值变动损益"账户。这项经济业务应编制的会计分录如下：

借：交易性金融资产 30 000
　　贷：公允价值变动损益 30 000

**【例 7-50】** 12 月 31 日，烟台兴茂机械制造有限公司根据应收账款的余额计提坏账准备 26 000 元。

坏账准备是应收账款的备抵账户，计提坏账准备实质上是确认应收账款的减值损失，使应收账款账面价值减少，那么该项业务的发生，使企业的坏账准备和减值损失同时增加。由于应收账款等金融资产减值损失属于信用减值损失，因此该业务涉及"坏账准备"和"信用减值损失"两个账户。减值损失的增加是企业费用的增加，应借记"信用减值损失"；坏账准备的增加是企业资产备抵账户的增加，应贷记"坏账准备"账户。这项经济业务应编制的会计分录如下：

借：信用减值损失 26 000
　　贷：坏账准备 26 000

资产减值损失的核算与信用减值的损失类似，常见于存货、固定资产、无形资产等资产的减值。此处不做详细说明。

2）利润形成的核算

期末，企业对各损益类账户进行结转，首先结转各项收入、收益，即结转收入类账户记入

"本年利润"账户贷方;同时结转各项成本、费用、支出,即结转费用类账户记入"本年利润"借方。经过初步结转,全部收支反映到"本年利润"账户中,得出企业利润总额。接下来需根据"本年利润"账户形成的利润总额计算企业所得税费用,结转所得税费用至"本年利润"账户,计算出本期净利润。经过结转后,各损益类账户期末均无余额。

【例7-51】 烟台兴茂机械制造有限公司2020年12月末,有关损益类账户的余额,如表7-10所示。将损益类账户的发生额进行结转,计算企业本期的利润总额。

表7-10　　　　烟台兴茂机械制造有限公司损益类账户期末余额表　　　　单位:元

| 账户名称 | 借方余额 | 贷方余额 |
| --- | --- | --- |
| 主营业务收入 |  | 3 200 000 |
| 投资收益 |  | 20 000 |
| 公允价值变动损益 |  | 30 000 |
| 营业外收入 |  | 10 000 |
| 主营业务成本 | 1 000 000 |  |
| 税金及附加 | 70 000 |  |
| 销售费用 | 30 000 |  |
| 管理费用 | 220 000 |  |
| 财务费用 | 40 000 |  |
| 信用减值损失 | 26 000 |  |
| 营业外支出 | 4 000 |  |

(1) 将本期所发生的各项收入,结转至"本年利润"账户。

该项经济业务的发生,一方面使得公司的有关损益类账户所记录的各种收入减少了,另一方面使公司的利润增加。因此,该业务涉及"主营业务收入""投资收益""公允价值变动损益""营业外收入""本年利润"共五个账户。各项收入的结转是收入的减少,应借记"主营业务收入""投资收益""公允价值变动损益""营业外收入"四个账户,换言之以上损益类账户的发生额在贷方,要通过借方结转至"本年利润";收入的转入使企业利润增加,利润增加使企业所有者权益增加,应贷记"本年利润"账户。这项经济业务应编制的会计分录如下:

借:主营业务收入　　　　　　　　　　　　　　　　　　　　　　　3 200 000
　　投资收益　　　　　　　　　　　　　　　　　　　　　　　　　　　20 000
　　公允价值变动损益　　　　　　　　　　　　　　　　　　　　　　　30 000
　　营业外收入　　　　　　　　　　　　　　　　　　　　　　　　　　10 000
　贷:本年利润　　　　　　　　　　　　　　　　　　　　　　　　　3 260 000

(2) 将本期发生的各项费用,结转至"本年利润"账户。

该项经济业务的发生,一方面需要将记录在有关损益类账户中的各项费用予以转销,另一方面结转费用会使公司的利润减少,因此该业务涉及"本年利润""主营业务成本""税金及附加""销售费用""管理费用""财务费用""信用减值损失""营业外支出"八个账户。各项支出发生额的结转是企业费用支出的减少,应贷记"主营业务成本""税金及附加""销售费用""管理费用""财务费用""信用减值损失""营业外支出"七个账户,换言之以上损益类账户的发生额在借方,应通过贷方结转至"本年利润";费用的转入使利润减少,利润的减少是所有者权益的减少,应借记"本年利润"账户。这项经济业务应编制的会计分录如下:

借:本年利润　　　　　　　　　　　　　　　　　　　　　1 390 000
　　贷:主营业务成本　　　　　　　　　　　　　　　　　　　　1 000 000
　　　　税金及附加　　　　　　　　　　　　　　　　　　　　　　70 000
　　　　销售费用　　　　　　　　　　　　　　　　　　　　　　　30 000
　　　　管理费用　　　　　　　　　　　　　　　　　　　　　　　220 000
　　　　财务费用　　　　　　　　　　　　　　　　　　　　　　　40 000
　　　　信用减值损失　　　　　　　　　　　　　　　　　　　　　26 000
　　　　营业外支出　　　　　　　　　　　　　　　　　　　　　　4 000

(3) 计算利润总额。

利润总额 = 3 260 000 - 1 390 000 = 1 870 000(元)

【例 7-52】 烟台兴茂机械制造有限公司按本年实现利润的 25% 计算应交所得税(假定不考虑纳税调整因素)。

烟台兴茂机械制造有限公司本期计算出的所得税费用为 467 500 元(1 870 000×25%)。该项经济业务的发生,一方面使得企业的所得税费用增加,另一方面使企业的应交税费增加。因此该业务涉及"所得税费用""应交税费——应交所得税"两个账户。所得税费用的增加是企业费用支出的增加,应借记"所得税费用"账户;应交税费的增加是企业负债的增加,应贷记"应交税费——应交所得税"账户。这项经济业务应编制的会计分录如下:

借:所得税费用　　　　　　　　　　　　　　　　　　　　　　467 500
　　贷:应交税费——应交所得税　　　　　　　　　　　　　　　467 500

【例 7-53】 承[例 7-52],烟台兴茂机械制造有限公司将本年发生的所得税费用结转到"本年利润"账户。

该项经济业务的发生,一方面使得企业的所得税费用减少,另一方面使企业的利润额减少。因此该业务涉及"所得税费用""本年利润"两个账户。利润的减少是企业所有者权益的减少,应借记"本年利润"账户;所得税费用的减少是企业费用支出的减少,应贷记"所得税费用"账户,换言之损益类账户借方有发生额,应从贷方结转至"本年利润"账户。这项经济业务应编制的会计分录如下:

借:本年利润　　　　　　　　　　　　　　　　　　　　　　　467 500
　　贷:所得税费用　　　　　　　　　　　　　　　　　　　　　467 500

利润形成的总分类账核算,如图 7-10 所示。

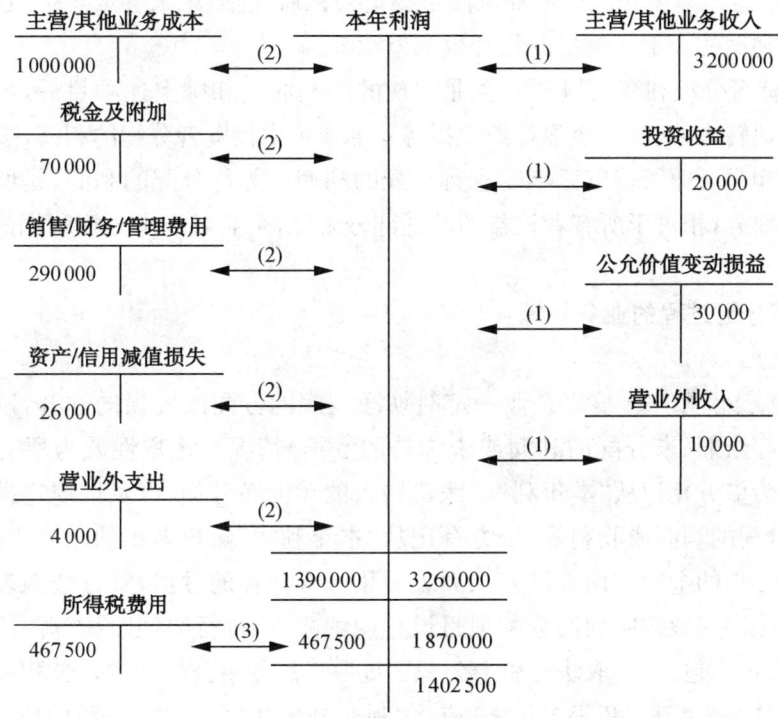

图 7-10　利润形成的账务处理

图 7-10 说明：(1)为[例 7-51]将本期所发生的各项收入转入"本年利润"账户；(2)为[例 7-51]将本期所发生的各项支出转入"本年利润"账户；(3)为[例 7-53]将所得税费用转入"本年利润"账户。

## 二、利润的分配

### (一)利润分配过程的主要经济业务

投资者投入企业的资金作为股本或实收资本,参与企业的生产经营活动,企业在生产经营活动过程中取得的各种收入,补偿了各项消耗之后形成盈利,按照国家规定交纳所得税费用,形成企业的净利润,即税后利润,对于税后利润需要按照规定在各有关方面进行合理的分配。

企业净利润分配的去向主要有以利润的形式分配给投资者,作为投资者对企业投资的回报；以公积金的形式留给企业,用于企业扩大生产经营；以未分配利润的形式留存于企业,以备将来分配之用。利润分配的过程与结果,关系到所有者的合法权益能否得到保护,企业能否长期稳定发展的重要问题,为此企业必须加强利润分配的管理和核算。根据《公司法》等有关法律、法规的规定,企业当年实现的净利润,首先应弥补以前年度尚未弥补的亏损,对于剩余部分应按照下列顺序进行分配：

(1)提取法定盈余公积。按照公司法有关规定,公司制企业应按净利润的 10% 提取法定盈余公积；非公司制企业可以根据自行确定法定盈余公积提取比例,但不得低于 10%。企业提取的法定盈余公积金累计额,超过注册资本50%以上的,可以不再提取。

(2)提取任意盈余公积。企业提取法定盈余公积后,经股东大会或类似权力机构决议,还可以按照净利润的一定比例提取任意盈余公积金。

(3)向投资者分配利润或股利。企业实现的净利润在扣除上述项目后,再加上年初未分配利润和其他转入数(公积金弥补的亏损等),形成可供投资者分配的利润,按顺序分配。

未分配利润是企业留待以后年度进行分配的利润或等待分配的利润,是所有者权益的一个重要组成部分,相对于所有者权益的其他部分来说,企业对于未分配利润的使用具有较大的自主权。

**(二)利润分配过程的业务核算**

1. 账户设置

(1)"利润分配"账户。核算企业一定时期净利润的分配或亏损的弥补,以及历年分配或弥补后的结存余额(未分配的利润或未弥补的亏损)情况。账户性质为所有者权益类账户。账户结构为借方登记从"本年利润"账户转入的年度净亏损,以及按规定提取的盈余公积,向投资者分配的利润或股利等;贷方登记从"本年利润"账户转入的年度净利润,以及用盈余公积弥补亏损的金额。期末借方余额表示累计未弥补的亏损,贷方余额表示累计未分配的利润。本账户一般按照利润分配项目设置明细账户,进行明细账核算。注意,"利润分配"账户的明细账户包括"提取法定盈余公积""提取任意盈余公积""盈余公积补亏""应付现金股利或利润""未分配利润"等。年末,应将"利润分配"账户下的其他明细账户的余额,转入"未分配利润"明细账户,经过结转后,除"未分配利润"明细账户有余额外,其他各个明细账户均无余额(部分明细账户将于《中级财务会计》课程重点学习)。

(2)"盈余公积"账户。该账户核算企业从税后利润中提取的盈余公积金,包括法定盈余公积、任意盈余公积的增减变动及其结余情况。账户性质为所有者权益类账户。账户结构为贷方登记提取的盈余公积,即盈余公积金的增加;借方登记实际使用的盈余公积,即盈余公积金的减少。期末余额在贷方,反映企业盈余公积的余额。本账户按"法定盈余公积""任意盈余公积"设置明细账户,来进行明细分类核算。

(3)"应付股利"账户。该账户核算企业按照股东大会或类似权力机构决议分配给投资者股利(现金股利)或利润的增减变动及其结余情况。账户性质为负债类账户。账户结构为贷方登记应付给投资人股利(现金股利)或利润的增加,借方登记实际支付给投资人的股利(现金股利)或利润,即应付股利的减少。期末余额在贷方,反映企业尚未支付的股利(现金股利)或利润。本账户一般按照股东或投资者的名称设置明细账户,进行明细账核算。

2. 业务处理

前文已具体讲解了利润分配的具体顺序,由于利润分配的核算内容比较复杂,政策性较强,其中有些内容如弥补亏损等的会计核算,将在中级财务会计的课程中进行和介绍。本教材仅介绍利润分配中的提取盈余公积和向投资者分配利润的核算内容。

在利润形成过程中,企业通过"本年利润"账户反映企业一定时期实现的净利润数据,但如果继续通过该账户进行利润分配的核算,则需要在"本年利润"账户借方登记,此时"本年利润"

账户贷方余额只能够表示实现的利润额减去分配利润额后的差额,即未分配的利润额,而不能提供本年累计实现的净利润额,但同时累计净利润指标是企业管理上非常重要的指标。

为了使"本年利润"能够充分反映与企业一定时期的累计净利润,需要一个账户提供企业利润分配情况以及未分配利润数据,在会计核算中,我们专门设置了"利润分配"账户,用以提供企业利润分配情况。

利润分配业务核算第一步,需要将"本年利润"账户中本期的净利润结转至"利润分配"账户,再进行下一步提取盈余公积以及分配股利或利润的业务核算。

【例7-54】 承[例7-51]、[例7-53],烟台兴茂机械制造有限公司将本年实现的利润结转到"利润分配"账户。

$$净利润 = 1\ 870\ 000 - 467\ 500 = 1\ 402\ 500(元)$$

该项经济业务的发生,将"本年利润"账户中的净利润结转至"利润分配——未分配利润"账户中,两个账户均为所有者权益类账户。本年利润转出,应借记"本年利润"账户;利润分配账户转入额,使未分配利润增加,应贷记"利润分配"账户。这项经济业务应编制的会计分录如下:

借:本年利润　　　　　　　　　　　　　　　　　　　　　　　1 402 500
　　贷:利润分配——未分配利润　　　　　　　　　　　　　　　　1 402 500

【例7-55】 烟台兴茂机械制造有限公司经股东大会批准,按净利润的10%提取法定盈余公积。

根据[例7-54]可知,烟台兴茂机械制造有限公司本年实现的净利润为1 402 500元,因而提取的法定盈余公积金为140 250元。企业提取盈余公积金业务的发生,一方面使得公司的已分配的利润额增加,另一方面使得公司的盈余公积金增加了。因此,该项业务涉及"利润分配"和"盈余公积"两个账户。已分配利润额的增加使所有者权益减少,应借记"利润分配"账户,盈余公积金的增加是所有者权益的增加,应贷记"盈余公积"账户。这项经济业务应编制的会计分录如下:

借:利润分配——提取法定盈余公积　　　　　　　　　　　　　　140 250
　　贷:盈余公积　　　　　　　　　　　　　　　　　　　　　　　140 250

【例7-56】 烟台兴茂机械制造有限公司经股东大会决议,分配给股东的现金股利70 000元。这项经济业务的发生,使得公司已分配的利润额增加70 000元,另一方面,现金股利已经决议分配给股东,但在分配的当时并不实际支付,所以形成公司的一项负债。因此该业务涉及"利润分配"和"应付股利"两个账户。已分配利润的增加是所有者权益的减少,应借记"利润分配"账户;应付未付股利的增加是负债的增加,应贷记"应付股利"账户。这项经济业务应编制的会计分录如下:

借:利润分配——应付现金股利　　　　　　　　　　　　　　　　70 000
　　贷:应付股利　　　　　　　　　　　　　　　　　　　　　　　70 000

**【例 7-57】** 烟台兴茂机械制造有限公司在会计期末,结清利润分配账户所属的各有关明细账户。

通过[例 7-55]、[例 7-56]、[例 7-57]有关经济业务的处理,可以确定烟台兴茂机械制造有限公司"利润分配"账户所属有关明细账户的记录分别为:"提取法定盈余公积"明细账户余额为 140 250 元;"应付现金股利"的明细账户余额为 70 000 元。结清时,应将各明细账户的余额从其相反方向分别转入"未分配利润"明细账户中。也就是借方的余额从贷方结转,贷方的余额从借方结转。这项经济业务应编制的会计分录如下:

借:利润分配——未分配利润　　　　　　　　　　　　　　　　210 250
　　贷:利润分配——提取盈余公积　　　　　　　　　　　　　　140 250
　　　　　　　　——应付现金股利　　　　　　　　　　　　　　 70 000

经过结转,"利润分配——未分配利润"账户有贷方余额 1 192 250 元(1 402 500 － 210 250)。

利润分配的总分类账户核算,如图 7-11 所示。

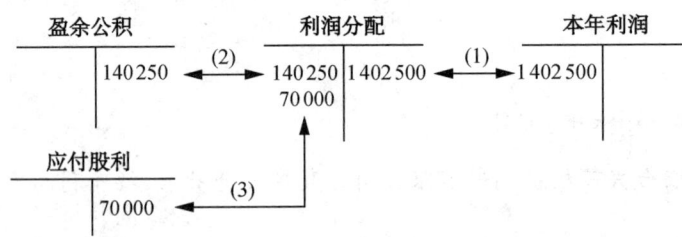

图 7-11　利润分配的账务处理

图 7-11 说明:(1)为[例 7-54]将本年利润结转至利润分配;(2)为[例 7-55]按规定提取法定盈余公积;(3)为[例 7-56]经股东大会决议,宣告分派现金股利。

# 课堂结账测试

班级_____ 姓名_____ 学号_____ 日期_____ 平时分_____

## 一、单项选择题(每小题 5 分,共 20 分)

1. 生产产品发生的间接费用,先归集到(　　)账户,然后在计入产品成本。
   A. 管理费用　　　　　　　　　　　B. 直接费用
   C. 期间费用　　　　　　　　　　　D. 制造费用

2. 下列各项中,不可能与"主营业务收入"账户发生对应关系的账户是(　　)。
   A. 银行存款　　　　　　　　　　　B. 应收账款
   C. 应付账款　　　　　　　　　　　D. 预收账款

3. 下列各项费用中,属于期间费用的是(　　)。
   A. 行政管理部门人员薪酬　　　　　B. 生产工人薪酬
   C. 生产车间管理人员薪酬　　　　　D. 生产车间水电费

4. 年终结转后,"利润分配"的贷方余额表示(　　)。
   A. 本年度实现的利润　　　　　　　B. 未分配的利润
   C. 本年度发生的亏损　　　　　　　D. 未弥补的亏损

## 二、多项选择题(每小题 5 分,共 10 分)

1. 材料采购成本包括(　　)。
   A. 材料的买价　　　　　　　　　　B. 采购过程中发生的采购费用
   C. 运输途中的合理损耗　　　　　　D. 入库前的挑选整理费用

2. 产品生产成本包括(　　)。
   A. 直接材料　　　　　　　　　　　B. 直接人工
   C. 管理费用　　　　　　　　　　　D. 制造费用

## 三、判断题(每小题 5 分,共 20 分)

1. 企业采购时,已经支付货款而取得所有权的材料,若尚未运达企业,则根据存货确认原则,不属于企业存货。(　　)
2. "制造费用"账户通常无余额,"生产成本"账户通常有余额。(　　)
3. 营业外收入与营业外支出之间存在因果配比关系。(　　)
4. 利润分配的正确顺序是:提取任意盈余公积,提取法定盈余公积,分配股利或利润。(　　)

**四、业务题**:根据以下资料,编制会计分录。(每个会计分录 2 分,共 50 分)

2020 年 12 月初,烟台兴茂机械制造有限公司"库存商品"账户余额 350 000 元,其中 A 产品 1 250 件,每件 200 元,B 产品 1 000 件,每件 100 元。12 月,烟台兴茂机械制造有限公司发生下列经济业务:

(1) 月初,从银行借入为期 6 个月的贷款 500 000 元存入银行。

(2) 收到甲公司所欠的货款 80 000 元,已存入银行。

(3) 收到乙公司发来的材料 50 000 元,货款已于上月预付给乙公司。材料入库前用银行存款支付运输费 3 000 元。

(4) 车间领用材料 100 000 元,其中 75 000 元用于生产 A 产品,20 000 元用于生产 B 产品。

(5) 采购员王某出差预借差旅费 2 000 元,出纳以现金支付。

(6) 从乙公司购入材料 70 000 元,货款尚未支付,材料已到达并验收入库。

(7) 接受投资人投入设备一台,价值 200 000 元。

(8) 计提本月固定资产折旧 14 000 元,其中车间使用固定资产折旧 11 000 元,管理部门使用固定资产折旧 3 000 元。

(9) 月末结算职工工资,A 产品生产工人工资 40 000 元,B 产品生产工人工资 30 000 元,车间管理人员工资 7 000 元,管理部门职工工资 20 000 元。

(10) 用银行存款支付本月水电费 4 500 元,其中车间耗用 3 000 元,管理部门耗用 1 500 元。

(11) 月末将本月制造费用按生产工人工资比例摊销到 A、B 两种产品成本中。

(12) 本月投产的 A、B 两种产品全部完成并验收入库,入库的 A 产品和 B 产品各 500 件。

(13) 本月取得违约金罚款收入 30 000 元,已存入银行。

(14) 计提应由本月负担的借款利息 5 000 元。

(15) 采购员王某出差回来报销差旅费 2 500 元,以现金 500 元补足采购员垫付的差旅费。

(16) 向丙公司出售 B 产品 1 500 件,每件售价 180 元,货款已于上月提前收到。

(17) 向丁公司出售 A 产品 1 000 件,每件售价 250 元,货款尚未收到。

(18) 计提本月应缴纳城建税税金 33 000 元。

(19) 按照先进先出法结转本月销售产品的成本。

(20) 结转 12 月份各损益类账户余额。

(21) 计提 12 月份的所得税。

(22) 结转"本年利润"账户期末净利润至"利润分配"账户。

(23) 按本年净利润的 10% 提取盈余公积。

# 第八章　账务处理程序

**知识导航**

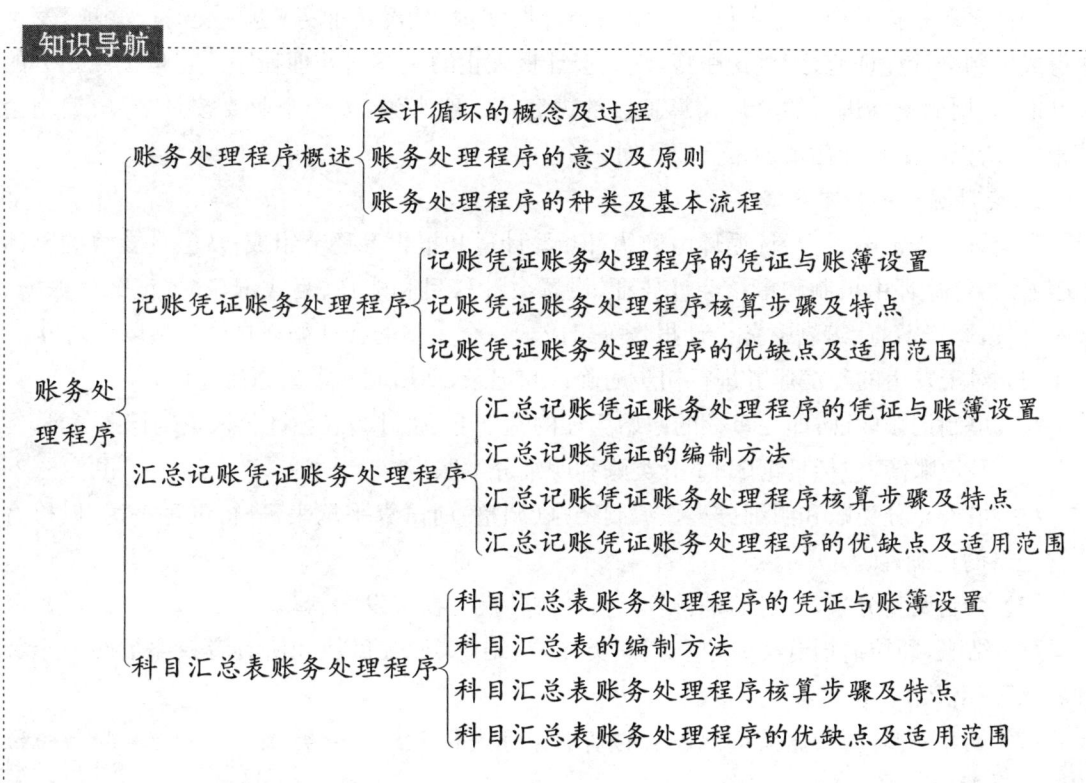

## 学习目标

1. 了解会计循环的概念及过程
2. 了解账务处理程序的种类及步骤
3. 理解汇总记账凭证账务处理程序
4. 掌握记账凭证账务处理程序
5. 掌握科目汇总表账务处理程序
6. 区分不同账务处理程序的步骤、优缺点及适用范围

## 第一节　账务处理程序概述

账簿组织、记账程序和记账方法及其不同的结合方式,形成了不同种类的账务处理程

序。企业根据其规模大小、经济业务量多少,对其发生的经济业务的处理、登记总分类账户就有着不同的做法。

## 一、会计循环的概念及过程

1. 会计循环的概念

会计循环是指一个会计主体在一定的会计期间内,从经济业务(也称交易或事项)发生取得或填制会计凭证起,到登记账簿,编制会计报表止的一系列处理程序。它是按照划分的会计期间,周而复始进行的会计核算工作的内容。一般来说,由于企业要按月结账、编制会计报表,所以一个会计循环通常需要历时一个月。

2. 会计循环的基本内容

从会计工作流程看,会计循环由确认、记录、计量和报告等环节组成;从会计核算的具体内容看,会计循环由填制和审核会计凭证、设置会计科目和账户、复式记账、登记会计账簿、成本计算、财产清查、编制财务会计报告等组成。一个完整的会计循环具体包括以下内容:

(1) 对于发生的经济业务进行初步的确认和记录,即填制和审核原始凭证。

(2) 填制记账凭证,即在审核的原始凭证的基础上,通过编制会计分录填制记账凭证。

(3) 登记账簿,包括日记账、总分类账和明细分类账。

(4) 根据总分类账和明细分类账编制结账(调整)前试算平衡表,进行试算平衡,以检查账簿记录的正确性。

(5) 编制调整分录,其目的是将收付实现制转换为权责发生制。

(6) 结账,即结清损益类账户和利润类账户,结出资产、负债和所有者权益类账户余额并转入下期。

(7) 试算平衡,即根据借贷记账法的基本原理进行全部总分类账户的借方与贷方总额的试算平衡。

(8) 编制会计报表和其他财务报告。

以上八个环节,共同构成了一个完整的会计循环,前四个环节属于会计主体日常的会计核算工作内容,后四个环节属于会计主体在会计期末的会计核算工作内容,持续经营的企业,会计循环是通过各种记账凭证的填制、各种账簿的登记和各种会计报表的编制,在每一个会计期间循环往复不断进行的,可以结合图8-1加深对会计循环的理解。

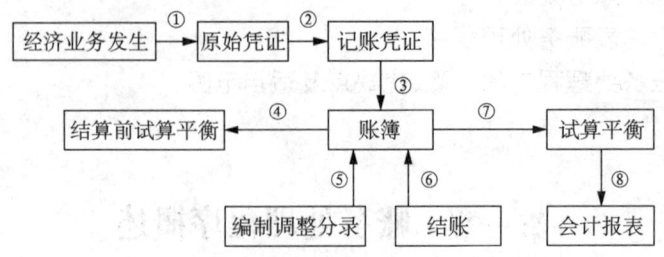

图 8-1 会计循环过程示意图

## 二、账务处理程序的意义及原则

账务处理程序也称为会计核算组织程序或会计核算形式,是指在会计循环中,会计主体所采用的会计凭证、会计账簿、会计报表的种类和格式与一定的记账程序相结合的方式。

1. 账务处理程序的意义

账务处理程序是否科学合理,会对整个会计核算工作产生诸多方面的影响。确定科学合理的账务处理程序,对于保证能够准确、及时地提供系统而完整的会计信息,具有十分重要的意义,也是会计部门和会计人员的一项重要工作。具体意义如下:

(1) 有利于规范账务处理工作。企业的交易或事项的处理是需要会计部门和各类会计人员之间的密切配合,建立科学合理的账务处理程序,形成规范的工作秩序,会计机构和会计人员在进行账务处理的过程中就能够做到有序可循,按照不同的责任分工,有条不紊地处理好各个环节上的工作内容。

(2) 有利于保证企业会计信息质量。保证会计信息质量是对处理交易或事项的最基本要求。会计凭证的取得与填制、账簿的登记和会计报表的编制,每一个环节都与会计信息质量息息相关。建立科学合理的账务处理程序,能够使会计信息的处理置于严密的系统控制之中,是会计信息质量达到规定要求的保障。

(3) 有利于提高账务处理工作效率。按照既定的账务处理程序对交易或事项进行处理,各处理环节分工明确,责任清楚,约束力强,有利于提高账务处理工作的效率,也可以为会计信息的及时报告提供有力保证。

(4) 有利于节约账务处理工作成本。利用会计账务处理程序对交易或事项进行会计处理的过程,也是消耗人力、物力和财力的过程。例如,在手工记账的条件下,所使用的凭证、账簿和报表等都会发生印刷制作或购买等支出。账务处理程序安排得科学合理,选用的会计凭证、会计账簿和会计报表种类适当、格式适用、数量适中,在一定程度上也能够降低成本,节约账务处理方面的支出。

(5) 有利于发挥账务处理工作的作用。账务处理工作的重要作用是对企业发生的交易和事项进行确认、计量、记录和报告,为会计信息使用者进行经济决策提供有用信息。为此,应切实保障会计核算并保证记录的正确性、完整性和合理性,这种作用是通过会计核算和监督职能的发挥而体现出来的。在建立规范账务处理程序的基础上保证了会计核算工作质量,提高了工作效率,就能够在为会计信息使用者提供相关信息、经营管理等方面更好地发挥作用。

2. 账务处理程序的原则

(1) 账务处理原则要与本单位的业务性质、规模大小、繁简程度、经营管理的要求和特点等相适应,有利于加强会计核算工作的分工协作,有利于实现会计核算和监督目标。

(2) 账务处理程序要能正确、及时、完整地提供会计信息使用者需要的会计核算资料。

(3) 账务处理程序要在保证会计核算工作质量的前提下,力求简化核算手续,节约人力和物力,降低会计信息成本,提高会计核算的工作效率。

### 三、账务处理程序的种类及基本流程

1. 账务处理程序的种类

根据账务处理程序设计的基本要求,结合我国会计工作的实际情况,形成了以下三种主要的账务处理程序:①记账凭证账务处理程序。②汇总记账凭证账务处理程序。③科目汇总表账务处理程序。

2. 账务处理程序的基本流程

各种账务处理程序既各有特点,又具有共性,其基本工作流程是:

(1) 根据原始凭证或原始凭证汇总表填制记账凭证。

(2) 根据收款凭证和付款凭证,逐日逐笔序时登记库存现金日记账和银行存款日记账。

(3) 根据收、付、转记账凭证及其所附的原始凭证或原始凭证汇总表登记各种明细分类账。

(4) 根据登记总账的依据登记总分类账。

(5) 按照对账要求,定期将总分类账与日记账、明细分类账相核对。

(6) 根据总分类账和有关明细分类账编制会计报表。

登记总账的依据包括记账凭证、汇总记账凭证、科目汇总表等,根据登记总账的依据不同,形成了不同的账务处理程序。

## 第二节 记账凭证账务处理程序

记账凭证账务处理程序是指对发生的经济业务,先根据原始凭证或汇总原始凭证填制记账凭证,再直接根据记账凭证登记总分类账的一种账务处理程序。记账凭证账务处理程序是最基本的账务处理程序,其他各种账务处理程序都是在此基础上发展而形成的。

### 一、记账凭证账务处理程序的凭证与账簿设置

1. 凭证设置

采用记账凭证账务处理程序时,记账凭证的设置有两种方式:

(1) 采取通用记账凭证。所有经济业务发生后都编制此种记账凭证。

(2) 采用专用记账凭证。可以采用收款凭证、付款凭证和转账凭证三种格式。经济业务发生后,根据经济业务的性质分别编制不同的记账凭证。

2. 账簿设置

采用记账凭证账务处理程序一般应该设置以下账簿:

(1) 日记账。主要是库存现金日记账、银行存款日记账,一般采用三栏式格式的订本账。

(2) 明细分类账。明细分类账应根据单位经济业务的性质和管理的需要而确定,一般

采用三栏式、数量金额式、多栏式等格式的活页账或卡片账。

（3）总分类账。总分类账按规定的会计科目开设账户，一般采用三栏式格式的订本账。

## 二、记账凭证账务处理程序核算步骤及特点

1. 记账凭证账务处理程序的核算步骤

（1）根据原始凭证编制汇总原始凭证。

（2）根据原始凭证或汇总原始凭证，编制记账凭证。

（3）根据收款凭证、付款凭证逐笔登记库存现金日记账和银行存款日记账。

（4）根据原始凭证、汇总原始凭证和记账凭证，登记各种明细分类账。

（5）根据记账凭证逐笔登记总分类账。

（6）期末，库存现金日记账、银行存款日记账和明细分类账的余额同有关总分类账的余额核对相符。

（7）期末，根据总分类账和明细分类账编制会计报表，可以结合图8-2理解记账凭证账务处理程序的核算步骤。

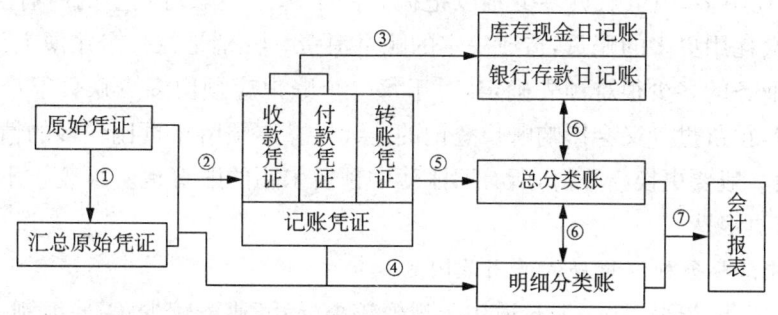

图8-2　记账凭证账务处理程序核算步骤

2. 记账凭证账务处理程序的特点

记账凭证账务处理程序的特点是：直接根据各种记账凭证逐笔登记总分类账。

各种账务处理程序在账务处理的做法上有共同之处，如登记各种日记账和明细分类账，不论是在记账凭证账务处理程序下，还是在其他账务处理程序下，在做法上基本是相同的。将各种账务处理程序相比较，它们的特点主要体现在对总分类账户的登记依据和方法上。直接根据各种记账凭证逐笔登记总分类账，是记账凭证账务处理程序与其他账务处理程序截然不同的做法，是记账凭证账务处理程序的一个鲜明特点。

## 三、记账凭证账务处理程序的优缺点及适用范围

1. 记账凭证账务处理程序的优点

（1）在记账凭证上能够清晰地反映账户之间的对应关系。在记账凭证账务处理程序下，所采用的是专用记账凭证或通用记账凭证，当一笔简单的经济业务发生以后，利用一张

记账凭证就可以编制出该笔经济业务的完整会计分录;而在比较复杂的经济业务发生以后,也可以利用多张凭证为其编制简单分录,或编制涉及两个以上会计科目的复杂分录。因而,在每一张记账凭证上,账户之间的对应关系一目了然。

(2) 总分类账直接根据各种记账凭证逐笔登记,所以总分类账可以较详细地反映经济业务的发生情况。在记账凭证核算组织程序下,不仅对各种日记账和明细分类账采取逐笔登记的方法,对于总分类账的登记方法也是如此。因而,在总分类账上能够详细清晰地反映所发生的经济业务的情况。

(3) 记账凭证账务处理程序的优点是简单明了,易于理解。如上所述,记账凭证账务处理程序直接根据各种记账凭证逐笔登记总分类账,总分类账登记方法与明细分类账的登记方法是一样的,因而也是比较简单的账户登记方法。

2. 记账凭证账务处理程序的缺点

(1) 因为总分类账直接根据各种记账凭证逐笔登记,所以总分类账登记工作量过大。记账凭证账务处理程序下,对发生的每一笔经济业务都要根据记账凭证逐笔在总分类账中进行登记,实际上与日记账和明细分类账登记的内容一致,是一种简单的重复登记,势必要增加登记总分类账的工作量,特别是在经济业务量比较多的情况下更是如此。

(2) 账页耗用多,预留账页多少难以把握。由于总分类账对发生的所有经济业务要重复登记一遍,会耗用更多的账页,造成一定的账页浪费。特别是在一个账簿上设置多个账户时,由于登记业务的多少很难预先确定,对于每一个账户应预留多少账页很难把握,预留过多会造成浪费,预留过少又会影响账户登记的连续性。在预留账页比较多的情况下,由于在新的会计年度一般要更换新账簿,所有旧账簿中预留未用的账页也会被废止不用,在一定程度上形成了账页浪费。

3. 记账凭证账务处理程序的适用范围

记账凭证账务处理程序一般只适用于规模较小、经济业务较少、需要编制记账凭证较少的单位。

## 第三节 汇总记账凭证账务处理程序

汇总记账凭证账务处理程序是根据原始凭证或原始凭证汇总表编制记账凭证,定期根据记账凭证分类编制汇总收款凭证、汇总付款凭证和汇总转账凭证,再根据汇总记账凭证登记总分类账的一种账务处理程序。

### 一、汇总记账凭证账务处理程序的凭证与账簿设置

1. 凭证设置

采用汇总记账凭证账务处理程序时,记账凭证的设置有两种类型:

(1) 设置现金收款凭证、现金付款凭证、银行收款凭证、银行付款凭证和转账凭证据以登记明细分类账。

(2) 设置汇总现金收款凭证、汇总现金付款凭证、汇总银行收款凭证、汇总银行付款凭证和汇总转账凭证据以登记总分类账。

2. 账簿设置

采用汇总记账凭证账务处理程序一般应该设置以下账簿：

(1) 日记账。主要是库存现金日记账、银行存款日记账，一般采用三栏式格式。

(2) 明细分类账。明细分类账应根据单位经济业务的性质和管理的需要而确定，一般采用三栏式、数量金额式、多栏式等格式。

(3) 总分类账。总分类账按规定的会计科目开设账户，一般采用三栏式格式。

## 二、汇总记账凭证的编制方法

汇总记账凭证是在填制的各种专用记账凭证的基础上，按照一定的方法进行汇总编制而成的。汇总记账凭证分为汇总收款凭证、汇总付款凭证和汇总转账凭证三种，它们的汇总编制的方法也有所不同。

1. 汇总收款凭证的编制方法

汇总收款凭证指根据现金、银行存款收款凭证按"库存现金"和"银行存款"科目的借方分别设置，并按对应的贷方科目归类，月末结计其合计数，分别入"库存现金"和"银行存款"总账的借方及各对应账户的贷方的一种汇总记账凭证，其格式如图8-3所示。

**汇 总 收 款 凭 证**

借方科目：　　　　　　　年　月　日　　　　　　　第　号

| 贷方科目 | 金　额 | | | | 总账页数 | |
| --- | --- | --- | --- | --- | --- | --- |
| | 日至 日收款<br>凭证 号至 号 | 日至 日收款<br>凭证 号至 号 | 日至 日收款<br>凭证 号至 号 | 合计 | 借方 | 贷方 |
|  |  |  |  |  |  |  |
|  |  |  |  |  |  |  |
|  |  |  |  |  |  |  |
|  |  |  |  |  |  |  |
| 合计 |  |  |  |  |  |  |

图8-3　汇总收款凭证

汇总收款凭证的编制方法是按日常核算工作中所填制的专用收款凭证中"库存现金"或"银行存款"的借方科目设置汇总收款凭证，按分录中相应的贷方科目定期进行汇总，填入汇总收款凭证中。一般可5天、10天或15天汇总一次，月末计算出合计数，据以登记总分类账。

为了便于编制汇总收款凭证，在日常编制收款凭证时，会计分录的形式最好是一借一贷、一借多贷，不宜多借一贷或多借多贷。这是由于汇总收款凭证是按借方科目设置的，多借一贷或多借多贷的会计分录都会给编制汇总收款凭证带来一定的不便,或者会造成收款凭证在汇总过程中由于被多次重复使用而产生汇总错误,或者造成会计账户之间的对应关系变得模糊难辨。

2. 汇总付款凭证的编制方法

汇总付款凭证指按"库存现金"和"银行存款"科目的贷方分别设置,并按对应的借方科目归类,月末结计其合计数,分别记入"库存现金"和"银行存款"总账的贷方及各对应总账的借方的一种汇总记账凭证,其格式如图 8-4 所示。

## 汇总付款凭证

贷方科目： 年 月 日 第 号

| 借方科目 | 金额 | | | | 总账页数 | |
| --- | --- | --- | --- | --- | --- | --- |
| | 日至 日付款<br>凭证 号至 号 | 日至 日付款<br>凭证 号至 号 | 日至 日付款<br>凭证 号至 号 | 合计 | 借方 | 贷方 |
| | | | | | | |
| | | | | | | |
| | | | | | | |
| | | | | | | |
| 合计 | | | | | | |

图 8-4 汇总付款凭证

汇总付款凭证的编制方法是按日常核算工作中所填制的专用付款凭证中"库存现金"或"银行存款"的贷方科目设置汇总付款凭证,按分录中相应的借方科目定期进行汇总,填入汇总付款凭证中。一般可 5 天、10 天或 15 天汇总一次,月末计算出合计数,据以登记总分类账。

为了便于编制汇总付款凭证,在日常编制付款凭证时,会计分录的形式最好是一借一贷、多借一贷,不宜一借多贷或多借多贷。这是由于汇总付款凭证是按贷方科目设的,一借多贷或多借多贷的会计分录都会给编制汇总付款凭证带来一定的不便,或者会造成付款凭证在汇总过程中由于被多次重复使用而产生汇总错误,或者造成会计账户之间的对应关系变得模糊难辨。

3. 汇总转账凭证的编制方法

汇总转账凭证是指按每一贷方科目分别设置,并按借方科目归类,月末结计其合计数,分别根据汇总转账凭证中应贷账户的贷方及借方记入总账的一种汇总记账凭证。其格式如图 8-5 所示。

汇总转账凭证的编制方法是按日常核算工作中所填制的专用转账凭证中的贷方科目(如原材料、库存商品等)设置汇总转账凭证,按分录中相应的借方科目定期进行汇总,填入汇总转账凭证中。一般可 5 天、10 天或 15 天汇总一次,月末计算出合计数,据以登记总分类账。

## 汇 总 转 账 凭 证

贷方科目：　　　　　　　　　　　　年　月　日　　　　　　　　　　　　第　　号

| 借方科目 | 金额 | | | | 总账页数 | |
|---|---|---|---|---|---|---|
| | 日至 日转账凭证 号至 号 | 日至 日转账凭证 号至 号 | 日至 日转账凭证 号至 号 | 合计 | 借方 | 贷方 |
| | | | | | | |
| | | | | | | |
| | | | | | | |
| | | | | | | |
| | | | | | | |
| 合计 | | | | | | |

图 8-5　汇总转账凭证

为便于进行汇总转账凭证的编制，在日常编制转账凭证时，会计分录的形式最好是一借一贷、一贷多借，不宜一借多贷或多借多贷。这是由于汇总转账凭证是按贷方科目设置的，一借多贷或多借多贷的会计分录都会给编制汇总转账凭证带来一定的不便。

### 三、汇总记账凭证账务处理程序核算步骤及特点

1. 汇总记账凭证账务处理程序核算步骤

（1）汇总记账凭证账务处理程序的核算步骤，根据原始凭证编制汇总原始凭证。

（2）根据原始凭证或汇总原始凭证，编制记账凭证。

（3）根据收款凭证和付款凭证及所附原始凭证，逐笔登记库存现金日记账和银行存款日记账。

（4）根据原始凭证、汇总原始凭证和记账凭证，登记各种明细分类账。

（5）根据各种记账凭证编制有关汇总记账凭证。

（6）根据各种汇总记账凭证登记总分类账。

（7）月末，库存现金日记账、银行存款日记账和各明细分类账的余额与有关总分类账的余额相核对。

（8）月末，根据总分类账和明细分类账的有关资料，编制会计报表，可以结合图8-6理解汇总记账凭证账务处理程序的核算步骤。

2. 汇总记账凭证账务处理程序的特点

汇总记账凭证账务处理程序的特点是先定期将记账凭证汇总编制成各种汇总记账凭证，然后根据各种汇总记账凭证登记总分类账。汇总记账凭证账务处理程序是在记账凭证账务处理程序的基础上发展起来的，它与记账凭证账务处理程序的主要区别是在记账凭证和总分类账之间增加了汇总记账凭证。

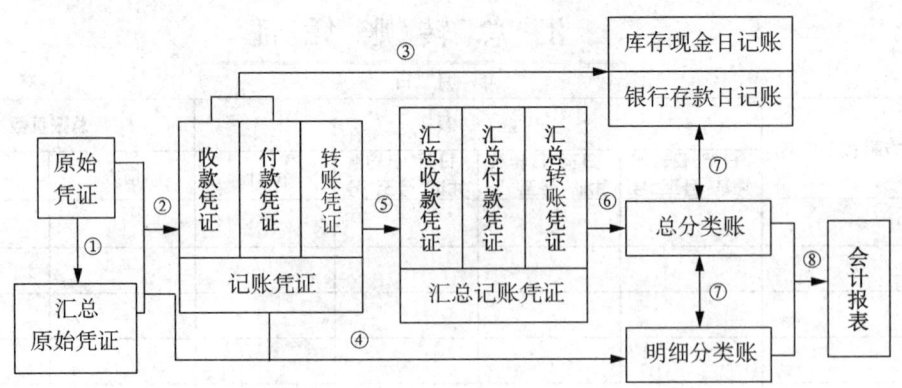

图 8-6　汇总记账凭证账务处理程序的核算步骤

### 四、汇总记账凭证账务处理程序的优缺点及适用范围

1. 汇总记账凭证账务处理程序的优点

（1）在汇总记账凭证账务处理程序中能清晰地反映账户之间的对应关系。在记账凭证账务处理程序中，采用的是专用记账凭证和通用记账凭证。汇总记账凭证是采用的是按会计科目对应关系进行分类汇总的方法，能清晰地反映出有关会计科目之间的对应关系。

（2）可以减轻登记总分类账的工作量。在汇总记账凭证账务处理程序下，可以依据汇总记账凭证上有关账户的汇总发生额，在月份中定期或月末一次性登记总分类账，因此减轻了登记总分类账的工作量。

2. 汇总记账凭证账务处理程序的缺点

（1）定期的编制汇总记账凭证的工作量比较大。对发生的经济业务首先要填制专用记账凭证，还要定期分类对专用记账凭证进行汇总，编制作为登记总分类账依据的汇总记账凭证。

（2）对汇总过程中可能存在的错误不容易发现。编制汇总记账凭证是一项比较复杂的工作，容易产生错误，而且汇总记账凭证本身又不能体现出有关数字之间的平衡关系，即使存在汇总错误也不容易发现。

3. 汇总记账凭证账务处理程序的适用范围

汇总记账凭证账务处理程序的适用于规模较大、经济业务较多，专用记账凭证也比较多的单位。

## 第四节　科目汇总表账务处理程序

科目汇总表账务处理程序又称记账凭证汇总表账务处理程序，是指根据记账凭证定期编制科目汇总表，再根据科目汇总表登记总分类账的一种账务处理程序。

## 一、科目汇总表账务处理程序的凭证与账簿设置

1. 凭证设置

采用科目汇总表账务处理程序时,记账凭证的设置有两种方式:

(1) 采取通用记账凭证。所有经济业务发生后都编制此种记账凭证。

(2) 采用专用记账凭证。可以采用收款凭证、付款凭证和转账凭证三种格式。经济业务发生后,根据经济业务的性质分别编制不同的记账凭证,同时还应该设置科目汇总表。

2. 账簿设置

采用科目汇总表账务处理程序一般应该设置以下账簿:

(1) 日记账。主要是库存现金日记账、银行存款日记账,一般采用三栏式格式。

(2) 明细分类账。明细分类账应根据单位经济业务的性质和管理的需要而确定,一般采用三栏式、数量金额式、多栏式等格式。

(3) 总分类账。总分类账按规定的会计科目开设账户,一般采用三栏式格式。

## 二、科目汇总表的编制方法

科目汇总表,又称记账凭证汇总表,是定期对全部记账凭证进行汇总,按各个会计科目列示其借方发生额和贷方发生额的一种汇总凭证。依据借贷记账法的基本原理,科目汇总表中各个会计科目的借方发生额合计与贷方发生额合计应该相等,因此,科目汇总表具有试算平衡的作用。

科目汇总表的编制方法首先要填写记账凭证汇总表的日期、编号和会计科目名称,汇总表的编号一般按年顺序编列,汇总表上会计科目名称的排列与总账科目的序号保持一致,然后将需要汇总的记账凭证,按照相同的会计科目名称进行归类,再将相同会计科目的本期借方发生额和贷方发生额分别加总,求出合计金额,然后把每一会计科目的合计金额填入汇总表的相关栏目,最后结计汇总表的本期借方发生额和本期贷方发生额合计,双方合计数应相等。科目汇总表的编制时间可以是5天、10天、15天、1个月汇总一次,具体情况视经济业务量而定。

## 三、科目汇总表账务处理程序核算步骤及特点

1. 科目汇总表账务处理程序核算步骤

(1) 根据原始凭证填制汇总原始凭证。

(2) 根据原始凭证或汇总原始凭证填制记账凭证。

(3) 根据收款凭证、付款凭证逐笔登记库存现金日记账和银行存款日记账。

(4) 根据原始凭证、汇总原始凭证和记账凭证,登记各种明细分类账。

(5) 根据各种记账凭证编制科目汇总表。

(6) 根据科目汇总表登记总分类账。

(7)期末,将库存现金日记账、银行存款日记账和明细分类账的余额同有关总分类账的余额核对相符。

(8)期末,根据总分类账和明细分类账的记录,编制会计报表,可以结合图8-7理解科目汇总表账务处理程序的核算步骤。

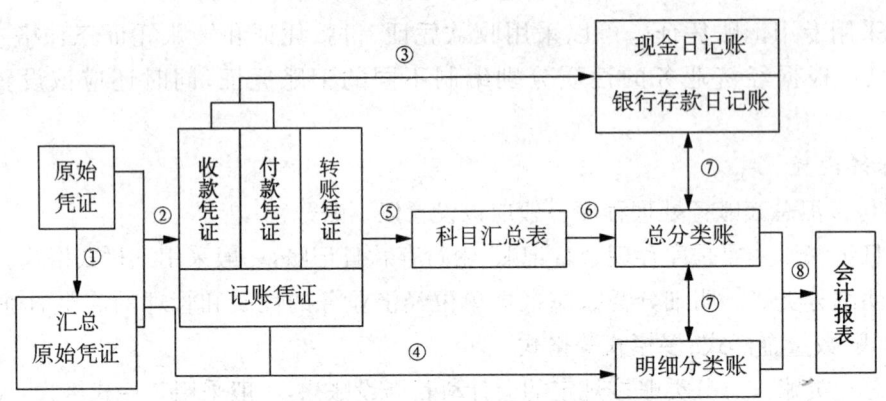

图8-7　科目汇总表账务处理程序的核算步骤

2. 科目汇总表账务处理程序的特点

科目汇总表账务处理程序的特点是登记总分类账的直接依据是科目汇总表,而不是记账凭证,即从记账凭证到总账之间增加了编制科目汇总表这一方法。

【例8-1】 沿用[例4-3]的资料,采用科目汇总表账务处理程序,进行账务处理。

(1)根据经济业务1~7编制记账凭证,如图8-8至图8-14所示。

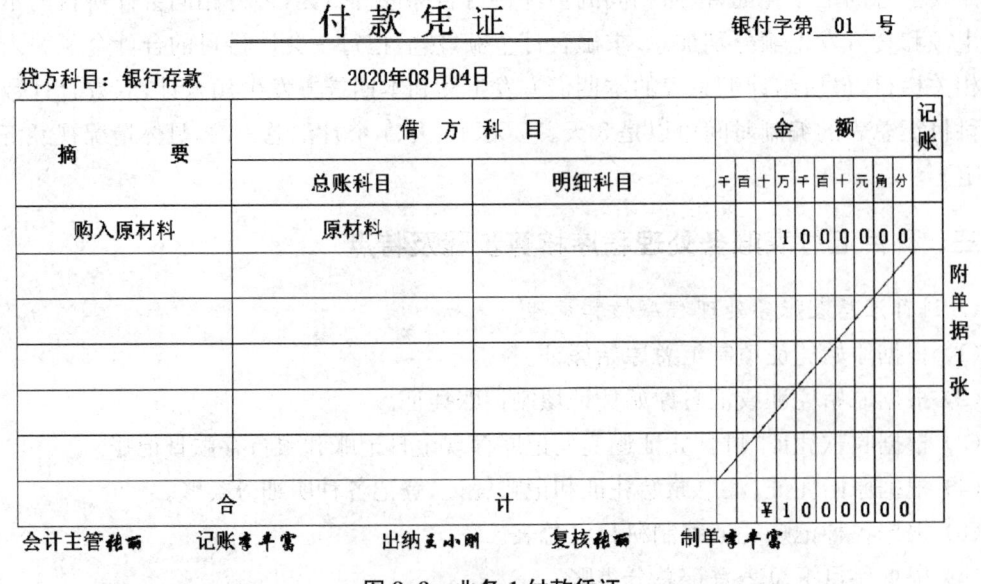

图8-8　业务1付款凭证

### 转 账 凭 证

转字第 01 号

2020年08月08日

| 摘要 | 一级科目 | 二级及明细科目 | 借方金额 千百十万千百十元角分 | 贷方金额 千百十万千百十元角分 | 记账 |
|---|---|---|---|---|---|
| 结转到期无力偿还的票据 | 应付票据 |  | 2 0 0 0 0 0 0 |  |  |
|  | 应付账款 |  |  | 2 0 0 0 0 0 0 |  |
|  |  |  |  |  |  |
|  |  |  |  |  |  |
|  |  |  |  |  |  |
| 合 计 |  |  | ¥ 2 0 0 0 0 0 0 | ¥ 2 0 0 0 0 0 0 |  |

附单据 1 张

会计主管 张丽    记账 李平富    复核 张丽    制单 李平富

图 8-9  业务 2 转账凭证

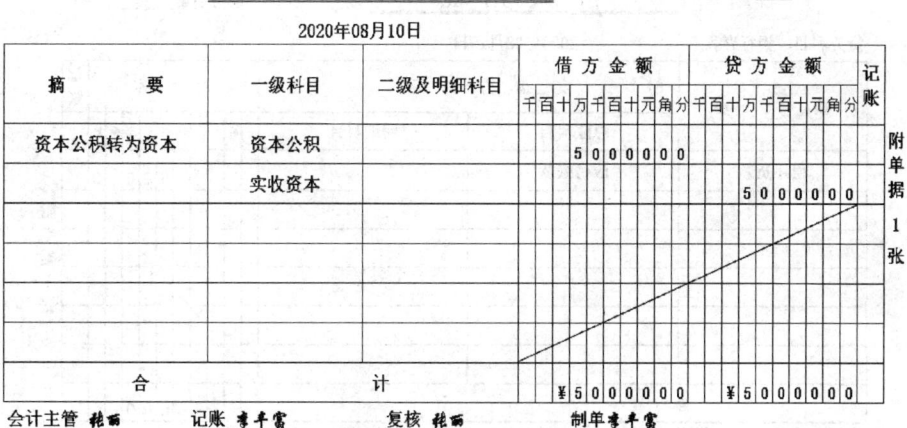

图 8-10  业务 3 转账凭证

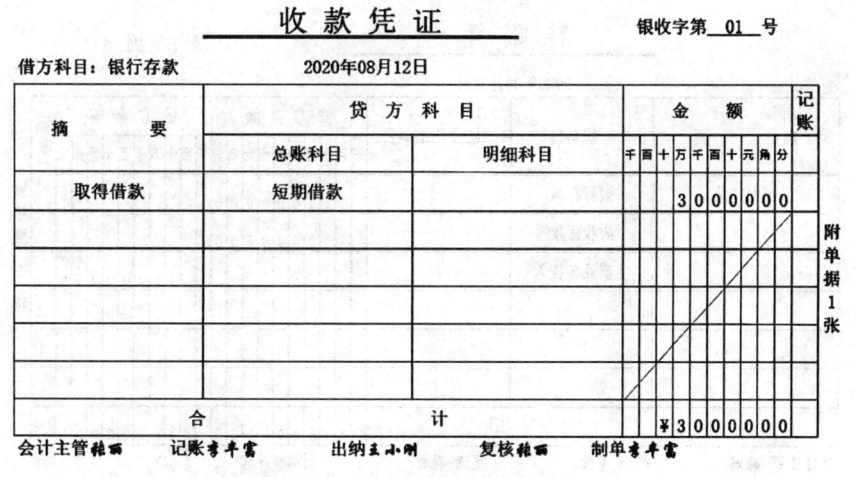

图 8-11  业务 4 收款凭证

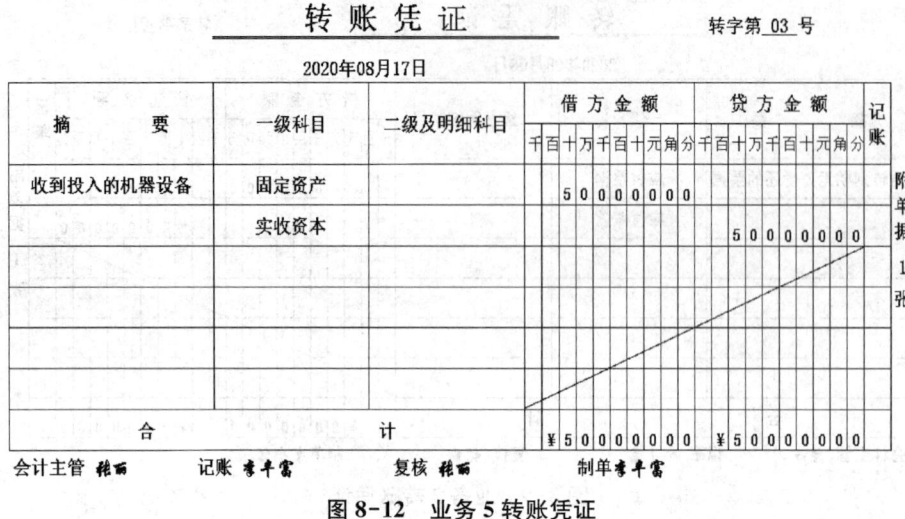

图 8-12 业务 5 转账凭证

图 8-13 业务 6 付款凭证

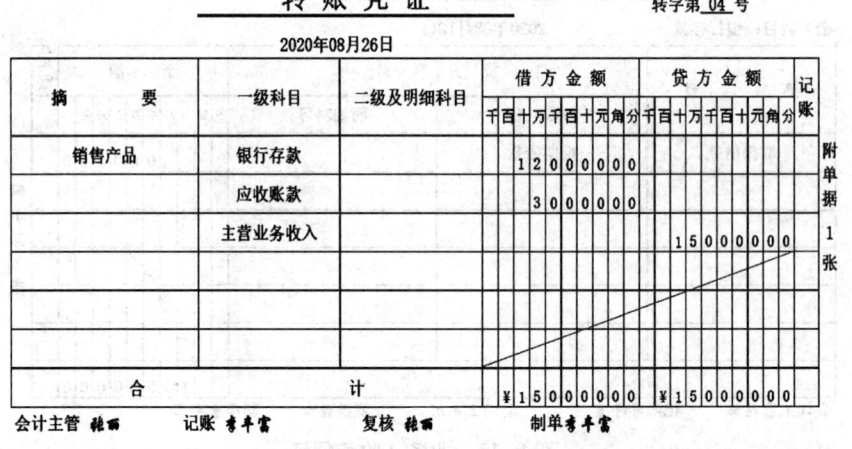

图 8-14 业务 7 转账凭证

(2) 根据本月发生的收付款业务逐笔登记库存现金日记账和银行存款日记账。

(3) 根据本月发生的业务和期初相关明细账资料,登记原材料、应付票据、应付账款、资本公积、实收资本、短期借款、固定资产、应收账款和主营业务收入明细账。限于篇幅,此处不列示各类日记账及明细账。

(4) 编制科目汇总表。如表 8-1 所示。

表 8-1　　　　　　　　　　　　　科目汇总表

2020 年 8 月 1 日至 31 日　　　　　　　　　　　　科汇字第 1 号

| 会计科目 | 本期发生额 | | 总账页数 |
|---|---|---|---|
| | 借方金额 | 贷方金额 | |
| 银行存款 | 150 000 | 90 000 | 略 |
| 原材料 | 10 000 | | |
| 应收账款 | 30 000 | | |
| 固定资产 | 500 000 | | |
| 短期借款 | | 30 000 | |
| 应付账款 | 80 000 | 20 000 | |
| 应付票据 | 20 000 | | |
| 实收资本 | | 550 000 | |
| 资本公积 | 50 000 | | |
| 主营业务收入 | | 150 000 | |
| 合计 | 840 000 | 840 000 | |

(5) 根据科目汇总表登记总分类账,并编制总分类账户本期发生额及余额试算平衡表。总分类账在此不做列示,余额试算平衡表见本书第四章表 4-5。

(6) 编制资产负债表及利润表。限于篇幅,资产负债表及利润表在此不再列示。

## 四、科目汇总表账务处理程序的优缺点及适用范围

1. 科目汇总表账务处理程序的优点

(1) 减轻登记总账的工作量。在科目汇总表账务处理程序下,可根据科目汇总表上有关账户的汇总发生额,在月中定期或月末一次性地登记总分类账,可以使登记总分类账的工作量大为减轻。

(2) 科目汇总表具有试算平衡的作用,保证总分类账登记的正确性。在科目汇总表上的汇总结果体现了一定会计期间所有账户的借方发生额和贷方发生额之间的相等关系,利用这种发生额的相等关系,可以进行全部账户记录的试算平衡。

(3) 科目汇总表编制比较容易、简便,适用性强,任何规模的会计主体都可以采用。

2. 科目汇总表账务处理程序的缺点

不分对应科目进行汇总,不能反映各科目的对应关系,不便于对经济业务的来龙去脉进行分析和检查,当记账凭证较多时,根据记账凭证编制科目汇总表也较为复杂,当记账凭证较少时,运用科目汇总表登记总账又起不到简化登记总账的作用。

3. 科目汇总表账务处理程序的适用范围

科目汇总表账务处理程序一般适用于规模较大、经济业务较多的企业和单位。

# 课堂结账测试

班级_____ 姓名_____ 学号_____ 日期_____ 平时分_____

## 一、单选题(每小题4分,共20分)

1. 下列各项中,(　　)的主要特点是直接根据记账凭证逐笔登记总分类账。
   A. 记账凭证账务处理程序　　　　B. 汇总记账凭证账务处理程序
   C. 科目汇总表账务处理程序　　　D. 多栏式日记账账务处理程序

2. 各种会计账务处理程序之间的主要区别在于(　　)。
   A. 总账的格式不同　　　　　　　B. 登记总账的依据不同
   C. 会计凭证的种类不同　　　　　D. 编制会计报表的依据不同

3. 汇总收款凭证是根据(　　)汇总编制而成的。
   A. 原始凭证　　B. 汇总原始凭证　　C. 付款凭证　　D. 收款凭证

4. 科目汇总表的汇总范围是(　　)。
   A. 全部科目的借方余额　　　　　B. 全部科目的贷方余额
   C. 全部科目的借、贷方发生额　　D. 部分科目的借、贷方发生额

5. (　　)是一种最基本的账务处理程序,也是其他账务处理程序的基础。
   A. 记账凭证账务处理程序　　　　B. 汇总记账凭证账务处理程序
   C. 科目汇总表账务处理程序　　　D. 多栏式日记账账务处理程序

## 二、多选题(每小题5分,共20分)

1. 下列各项中,属于记账凭证账务处理程序优点的有(　　)。
   A. 简单明了,手续简便
   B. 便于了解账户之间的对应关系
   C. 减轻了登记总分类账的工作量
   D. 适用于规模较大、业务量较多、记账凭证较多的单位

2. 汇总记账凭证包括(　　)。
   A. 汇总收款凭证　　B. 汇总转账凭证　　C. 汇总付款凭证　　D. 汇总原始凭证

3. 汇总记账凭证账务处理程序下,编制汇总付款凭证时一般可以采用的会计分录形式有(　　)。
   A. 一借一贷　　　B. 一借多贷　　　C. 多借一贷　　　D. 多借多贷

4. 下列各项中,属于汇总记账凭证账务处理程序缺点的有(　　)。

A. 难以反映账户之间的对应关系　　　　B. 登记总分类账的工作量较大

C. 编制汇总记账凭证的工作量较大　　　D. 难以发现汇总过程中存在的错误

### 三、判断题(每小题 4 分，共 20 分)

1. 记账凭证账务处理程序适用于规模小、业务量多、凭证也较多的单位。（　）
2. 在日常编制转账凭证时，会计分录的形式最好是一借一贷、一贷多借，不宜一借多贷或多借多贷。（　）
3. 科目汇总表账务处理程序下，总分类账需逐日逐笔登记。（　）
4. 汇总记账凭证是按贷方科目设置，按借方科目归类，定期汇总，按月编制的。（　）
5. 科目汇总表账务处理程序下，总分类账均应依据科目汇总表登记。（　）

### 四、业务题(每小题 20 分，共 40 分)

(一) 编制会计分录。(每个分录 4 分，共 20 分)

烟台兴茂机械有限公司 2020 年 1 月发生以下业务：

1. 1 日，签发一张支票，从中国农业银行提取现金 2 500 元备用。
2. 7 日，一笔 200 000 元的中国农业银行短期借款到期，用企业网上银行偿还该项借款。
3. 9 日，开出转账支票向烟台市儿童福利院捐赠 10 000 元。
4. 12 日，销售给济南西城机械有限公司抗性消音器，并开出增值税专用发票，列明价款 314 340.00 元，增值税额 40 864.20 元货已发出，货款尚未收到。
5. 23 日，收到济南西城机械有限公司转账支票一张，金额为 355 204.20 元，付讫 1 月 12 日货款。

要求：根据业务 1～5 的填制相关记账凭证。

(二) 根据题(一)中业务 1～5 编制科目汇总表，如表 8-2 所示。(共 20 分)

表 8-2　　　　　　　　　科目汇总表

　　　　　　　　　年　月　日至　日　　　　　　　　　　　科汇字第　号

| 会计科目 | 本期发生额 | | 总账页数 |
|---|---|---|---|
| | 借方金额 | 贷方金额 | |
| 库存现金 | | | |
| 银行存款 | | | |
| 应收账款 | | | |
| 短期借款 | | | |
| 应交税费 | | | |
| 主营业务收入 | | | |
| 营业外支出 | | | |
| 合计 | | | |

# 第九章 财产清查

> **知识导航**
>
> 财产清查
> ├─ 财产清查概述
> │   ├─ 财产清查的概念
> │   ├─ 财产清查的意义
> │   ├─ 财产清查的分类
> │   └─ 财产清查的程序
> ├─ 财产清查的内容和方法
> │   ├─ 货币资金的清查方法
> │   ├─ 实物资产清查
> │   └─ 往来款项清查
> └─ 财产清查结果的处理
>     ├─ 财产清查结果处理的要求
>     ├─ 财产清查结果的处理步骤
>     └─ 财产清查结果的会计处理

## 学习目标

1. 了解财产清查的基本概念、意义与分类
2. 明确财产清查的内容与方法
3. 熟练掌握财产清查结果的账务处理

## 第一节 财产清查概述

### 一、财产清查的概念

根据各单位财产物资管理的要求,各单位应通过账簿记录来反映和监督各项资产物资的增减变化和结存情况,因此各单位应加强会计凭证的日常审核,定期核对各账簿记录,做到账证相符、账账相符。原则上这一过程能保证账簿记录的正确性,真实反映企业各项财产物资的实有数额,各项财产物资的账存数和实存数应该是一致的。在实际工作中由于种种原因,账簿记录会发生差错,各项财产物资的实际结存数也会发生差错,最终导致账存数与实存数发生差异。

造成账实不符的原因是多方面的,概括起来主要包括:

(1) 财产物资在保管和运输过程中发生自然损耗,如燃煤在运输过程中的撒漏。

(2) 由于不可抗力而导致的非常损失。

(3) 由于有关凭证未到,形成未达账项,造成结算双方账实不符。

(4) 在财产收发过程中,由于计量或检验不准确而造成的多收或少收的差错,以及品种、数量上的差错。

(5) 由于管理不善或制度不严、工作人员失职造成的财产物资的损坏、丢失、被盗。

(6) 在账簿记录过程中发生的重记、漏记、错记。

(7) 由于取得财产、领用财产等经济业务发生后,没有填制或取得凭证而造成的账目无记录。

以上账实不符原因中,前3条原因是客观因素,不能完全避免;后面4条原因是人为主观造成的,是可以避免的。由于存在这些原因,影响了账实的一致性。我国《会计法》明确规定,各单位应定期将会计账簿记录与实物、款项及有关资料相互核对,保证:①会计账簿记录与实物及款项的实有数额相符。②会计账簿记录与会计凭证的有关内容相符。③会计账簿之间相对应的记录相符。因此为了保证会计账簿记录的真实、准确、可靠,必须在账簿记录的基础上运用财产清查这一会计核算方法,对会计主体的各项财产物资进行定期或不定期的清查,并与账簿记录核对,做到账实相符。

综上所述,财产清查是指通过对库存现金、银行存款等货币资金,存货、固定资产等实物资产和应收账款等往来款项的财产物资进行盘点或核对,确定其实存数,查明账存数与实存数是否相符的一种专门方法。如果账实不符,应根据具体情况,查明责任进行处理。

## 二、财产清查的意义

财产清查不仅是会计核算的专门方法,也是内部控制制度中针对财产物资管理的一项重要控制制度。通过财产清查可以发现账面结存数和实际结存数是否存在差异,进而采用相应的会计方法进行调整,以保证账实相符,从一定程度上保证了会计信息的真实性和可靠性。财产清查,可以充分发挥会计工作在经济活动中的监督作用,对会计核算和经营管理具有重要意义,其意义具体表现在以下几方面:

(1) 通过财产清查,保证财产安全完整。通过财产清查可以查明各项财产物资的收发、领取或保管情况,是否存在由于管理不善造成的收发差错,财产损坏、丢失、霉变或非法挪用、贪污盗窃等情况,以便采取相应的措施加强财产物资的管理,保护本单位的财产物资的安全完整。企业应当建立实物资产管理的岗位责任制度,对实物资产的验收、入库、领用、发出、盘点、保管及处置等关键环节进行控制,防止各种实物资产被盗、毁损和流失,改进各项财产管理工作,建立健全各级责任制,以确保财产物资的安全和完整。

(2) 通过财产清查,保证会计资料真实。会计核算是通过填制和审核凭证、登记入账等一系列方法进行的,而在实际工作中,由于客观的或人为的原因,可能会使财产物资的实存数与账存数发生差异。通过财产清查,确定各项财产物资,货币资金及债权债务的实存数,并与账存数进行对比,找出两者的差异,确定盘盈、盘亏,并及时调整账簿记录,做到账实相符,以保证账簿记录的真实性,为经营管理提供真实可靠的会计数据资料。

(3) 通过财产清查,提高物资使用效率。通过财产清查,可以了解财产物资的储备、保管和使用情况;了解各项财产物资占用资金的合理程度;了解是否有储备不足或储备过多库存积压的情况;了解是否有财产物资大幅度贬值的情况;了解是否有长期拖欠拒付往来款项及未达账项的情况。充分了解情况后,可以及时为经营管理提供信息资料,充分挖掘财产物资的潜力,减少资金占用,加速资金周转,提高资金使用效率。

(4) 通过财产清查,提高经营管理水平。通过财产清查,了解有关资产物资验收、保管、收发、报废及往来款项结算制度的制定及执行情况,以便及时发现问题,促进企业采取有效措施,建立健全有关财产物资的管理与核算制度,明确经济上财务上的责任制度,从而提高经营管理水平。

### 三、财产清查的分类

财产清查按照清查范围,分为全面清查和局部清查;按照清查的时间,分为定期清查和不定期清查;按照清查的执行系统,分为内部清查和外部清查。

#### (一) 按照清查的范围分类

1. 全面清查

全面清查是指对所有的财产进行全面的盘点和核对。全面清查的对象一般包括:

(1) 货币资金,包括现金、银行存款、其他货币资金等。

(2) 财产物资,包括本单位的所有固定资产、库存商品、原材料、包装物、低值易耗品、在产品、在建工程等;包括属于本单位但在途中的各种在途物资,委托其他单位加工保管的材料物资;包括存放在本单位的代销商品、材料物资等。

(3) 债权债务,包括各项应收款项、应付和应交款项以及银行借款等。

全面清查可以准确地掌握本单位各项财产物资、货币资金、债权债务等的真实情况,但全面清查内容多,范围广,参加人员较多,花费时间较长,因此需要进行全面清查的情况通常有:①企业年终决算前。②企业合并、撤销或改变隶属关系前。③中外合资,国内合资前。④股份制改造前。⑤开展全面的资产评估,清产核资前。⑥单位主要领导调离工作前等。

2. 局部清查

局部清查是指根据需要只对部分财产进行盘点和核对。局部清查范围小,涉及人员少,但专业性较强。局部清查的范围和对象应根据业务需要和相关具体情况而定,主要在以下情况下进行:

(1) 对于流动性较大的财产物资,如原材料、在产品、产成品,应根据需要随时轮流盘点或重点抽查。

(2) 对于贵重财产物资,每月都要进行清查盘点。

(3) 对于库存现金每日终了应由出纳人员进行清点核对。

(4) 对于银行存款,企业至少每月同银行核对一次。

(5) 对于债权债务,企业应每年至少同债权人债务人核对一次。

### (二) 按照清查的时间分类

1. 定期清查

定期清查是指按照预先计划安排的时间,对财产进行的盘点和核对。定期清查,一般在年末、季末、月末进行。这种清查对象的范围可以是全面清查,也可以是局部清查。

2. 不定期清查

不定期清查是指事前不规定清查日期,而是根据特殊需要临时进行的盘点和核对。不定期清查,主要在以下情况下进行:

(1) 财产物资、库存现金保管人员更换时,要对有关人员保管的财产物资、库存现金进行清查,以分清经济责任,便于办理交接手续。

(2) 发生自然灾害和意外损失时,要对受损失的财产物资进行清查,以查明损失情况。

(3) 上级主管、财政、审计和银行等部门对本单位进行会计检查,应按检查的要求和范围对财产物资进行清查,以验证会计资料的可靠性。

(4) 进行临时性清产核资时,要对本单位的财产物资进行清查,以便摸清家底。

### (三) 按照清查的执行系统分类

1. 内部清查

内部清查是指由本单位内部自行组织清查工作小组所进行的财产清查工作,大多数财产清查都是内部清查。内部清查可以是全面清查,也可以是局部清查;可以是定期清查,也可以是不定期清查,根据实际情况和具体要求来确定。

2. 外部清查

外部清查是指由上级主管部门、审计机关、司法部门、注册会计师等,根据国家有关规定或情况需要对本单位进行的财产清查。进行外部清查时,应由本单位相关人员参加,如企业清产合资、重组等过程中的资产评估都属于外部清查。

## 四、财产清查的程序

财产清查是一项涉及面广,工作量大,既复杂又细致的工作。为了保证财产清查的质量,达到财产清查的目的,应按科学合理的程序进行财产清查。财产清查一般包括准备阶段、清查阶段和报告阶段。

### (一) 准备阶段

1. 组织准备

为了使财产清查工作顺利地进行,会计、财产保管和相关部门应密切配合,做好清查前的各方面准备工作:

(1) 抽调有关专业人员组成清查小组。

(2）清查人员应学习有关政策规定,掌握有关法律法规和相关业务知识,提高财产清查工作的质量。

(3）确定清查对象、范围,明确清查任务。

(4）制定清查方案,具体安排清查内容、时间、步骤、方法以及必要的清查前准备。

2. 业务准备

会计部门在清查之前,应将所有经济业务入账,并核对总账和所属明细账,保证账证相符、账账相符。财产保管部门将截至清查日的所有经济业务登记实物账,结出实存数。财产规范放置整齐,排列标明品种规格和结存数量。相关部门要准备好计量的器具,并准备好有关清查用的登记表册。

### (二) 清查阶段

清查时本着先清查数量,核对有关账簿记录等,后认定质量的原则进行。清查工作中要注意核定各种实物、货币资金和往来款项的账实是否相符,关注财产的质量并填制盘存单。

### (三) 报告阶段

清查工作完毕,根据盘存清单填制实物资产、往来账项清查结果报告表,将账实相对的结果及其处理意见书面报告有关部门审批,根据审批情况进行账务处理。

## 第二节 财产清查的内容和方法

由于货币资产、实物资产和往来款项等资产各有不同的特点,在进行财产清查时,应采用不同的方法。

### 一、货币资金的清查

#### (一) 库存现金的清查

库存现金的清查采用实地盘点法,确定库存现金的实存数,然后与库存现金日记账的账面余额相核对,确定账实是否相符。

库存现金的清查可以分为：

(1）出纳员自查。在日常的工作中,现金出纳员每日清点库存现金实有数额,并及时与库存现金日记账的余额相核对,这种清查方法实际上是现金出纳员的工作职责。

(2）专门人员清查。库存现金清查一般由主管会计或财务负责人和出纳人员共同清点出各种面值钞票的张数和硬币的个数,并填制库存现金盘点表。对库存现金盘点时,出纳人员必须在场,有关业务必须在库存现金日记账中全部登记完毕。盘点时,一方面要注意账实是否相符,另一方面还要检查现金管理制度的遵守情况,如库存现金有无超过库存现金限额,有无白条抵库、挪用舞弊等情况。

盘点结束后,应根据盘点的结果,填制"库存现金盘点表",作为重要原始凭证。填制完毕,应由盘点人和出纳员共同签章方能生效,库存现金盘点表的格式如表9-1所示。

表 9-1　　　　　　　　　　库存现金盘点表
单位名称：　　　　　　　　　　年　月　日

| 实存金额 | 账存金额 | 实存与账存对比 | | 备注 |
|---|---|---|---|---|
| | | 盘盈 | 盘亏 | |
| | | | | |

盘点人签章：　　　　　　　　　　　　　　　　　　　　　　　　　　出纳员签章：

### (二) 银行存款清查

银行存款的清查是采用与开户银行核对账目的方法进行的，即将本单位银行存款日记账的账簿记录与开户银行转来的对账单逐笔进行核对，查明银行存款的实有数额。

银行存款的清查一般在月末进行，将截止到清查日所有银行存款的收付业务都登记入账后，对发生的错账、漏账应及时查清更正，再与银行的对账单逐笔核对。如果二者余额相符，通常说明没有错误；如果二者余额不相符，则可能是企业或银行一方或双方记账过程中有错误，或者存在未达账项。

所谓未达账项是指企业和银行之间，由于凭证的传递时间不同，导致双方记账时间不一致，即一方收到凭证并已入账，另一方未收到凭证，因而未能入账，由此形成的账款。概括来说，未达账项有两大类型：一是企业已经入账，而银行尚未入账的款项；二是银行已经入账，而企业尚未入账的款项。具体来说，未达账项一般分为以下四种情况：

(1) 企业已收款记账，银行未收款未记账的款项（简称"企业已收、银行未收"）。例如，企业已将收到的购货单位开出的转账支票送存银行并且入账，但是因银行尚未办妥转账收款手续而没有入账。

(2) 企业已付款记账，银行未付款未记账的款项（简称"企业已付、银行未付"）。例如，企业开出的转账支票已经入账，但是因收款单位尚未到银行办理转账手续，或银行尚未办妥转账付款手续而没有入账。

(3) 银行已收款记账，企业未收款未记账的款项（简称"银行已收，企业未收"）。例如，企业委托银行代收的款项，银行已经办妥收款手续并且入账，但是因收款通知尚未到达企业而使企业没有入账。

(4) 银行已付款记账，企业未付款未记账的款项（简称"银行已付，企业未付"）。例如，企业付给银行的借款利息，银行已经办妥付款手续并且入账，但是因付款通知尚未到达企业，而使企业没有入账。

上述任何一种未达账项的存在，都会使企业银行存款日记账的余额与银行开出的对账单的余额不符。所以在与银行对账时，首先应查明是否存在未达账项，如果存在未达账项就应当编制"银行存款余额调节表"，据以调节双方的账面余额，确定银行存款实有数。

银行存款余额调节表的编制是以双方账面余额为基础,各自分别加上对方已收款入账而己方未收未入账的数额减去对方已付款入账,而己方尚未入账的数额及计算公式如下:

$$\begin{matrix} 企业银行存款 \\ 日记账余额 \end{matrix} + \begin{matrix} 银行已收 \\ 企业未收款 \end{matrix} - \begin{matrix} 银行已付 \\ 企业未付款 \end{matrix} = \begin{matrix} 银行对账单 \\ 存款余额 \end{matrix} + \begin{matrix} 企业已收 \\ 银行未收款 \end{matrix} - \begin{matrix} 企业已付 \\ 银行未付款 \end{matrix}$$

现举例说明银行存款余额调节表的编制方法。

**【例 9-1】** 甲公司 2020 年 9 月 30 日银行存款日记账余额为 6 400 000 元,银行转来对账单的余额为 7 300 000 元。经逐笔核对,发现以下未达账项:

(1) 企业送存转账支票 650 000 元,并已登记银行存款增加,但银行尚未记账。

(2) 企业开出转账支票 720 000 元,并已登记银行存款减少,但持票单位尚未到银行办理转账,银行尚未记账。

(3) 企业委托银行代收某公司购货款 880 000 元,银行已收妥并登记入账,但企业未收到收款通知,尚未记账。

(4) 银行代企业支付水电费 50 000 元,银行已登记减少企业银行存款,但企业未收到银行付款通知,尚未记账。

根据上述资料编制"银行存款余额调节表"如表 9-2 所示。

表 9-2　　　　　　　　　　　　银行存款余额调节表
2020 年 9 月 30 日　　　　　　　　　　　　　　　　　　　单位:元

| 项目 | 金额 | 项目 | 金额 |
| --- | --- | --- | --- |
| 企业银行存款日记账余额 | 6 400 000 | 银行对账单余额 | 7 300 000 |
| 加:银行已收,企业未收 | 880 000 | 加:企业已收,银行未收 | 650 000 |
| 减:银行已付,企业未付 | 50 000 | 减:企业已付,银行未付 | 720 000 |
| 调节后的存款余额 | 7 230 000 | 调节后的存款余额 | 7 230 000 |

表 9-2 中的"调节后的存款余额",只表明企业可以实际动用的银行存款数,并非企业银行存款的实际数。需要注意,"银行存款余额调节表"只是为了核对账目,不能作为调整企业银行存款账面记录的记账依据。银行存款日记账的登记,必须在收到有关原始凭证后再进行。

## 二、实物资产清查

### (一) 实物资产盘存制度

财产物资的盘存制度有永续盘存制和实地盘存制两种。这是企业用来确定财产物资账面结存数量的依据。

1. 永续盘存制

永续盘存制也称账面盘存制,是指通过设置各种财产物资明细账,对财产物资的收入与发出,逐笔或逐日连续登记,并随时结出账面结存数的核算方法。采用这种方法时,财产物资的明细账应按每一种品名规格设置在明细账中,平时要登记各项财产物资的增加数、减少数,并随时结出账面余额。

永续盘存制下,根据下述公式结出账面余额:

$$期末账面余额 = 期初账面余额 + 本期增加数 - 本期减少(发出)数$$

永续盘存制要求对财产物资有严格的进出管理手续。其优点是便于加强会计监督,随时掌握财产物资的占用情况及其动态,有利于加强对财产物资的管理。在这种制度下,还可以将明细账上的结存数与预定的最高和最低库存限额进行比较,以便取得库存不足或库存积压的详细资料,及时组织库存财产物资的购销或处理,加速资金周转。其缺点是登记明细账的工作量较大。

由于自然损耗、管理疏漏等各种主客观原因的存在,采用永续盘存制需定期进行实物盘点,至少每年实地盘点一次,以便核对账存数和实存数是否相符,如出现账实不符,应查明原因及时进行处理。

由于永续盘存制具有严格控制、保护财产安全的优点,为了加强对财产物资的管理,实际工作中永续盘存制得到了广泛地运用。

2. 实地盘存制

实地盘存制是通过设置各种财产物资明细账,平时在明细账上登记收入数,不登记发出数,期末结账时根据实际盘点的结存数倒挤出发出数,并据以登记入账的核算方法,在这种方法下实际盘点的结存数就是期末账存数。

实地盘存制下,根据下述公式结出账面余额:

$$本期减少(发出)数 = 期初账面余额 + 本期增加数 - 期末实际结存数$$

实地盘存制的优点是,根据期末实际盘点得出的财产物资结存数作为账存数,倒推出本期减少(发出)数并登记有关账簿,不会出现账实不符的情况,可以简化会计核算工作。但是实地盘存制的缺点也十分明显:①在这种方法下,账存数实际上也就是实存数,两者之间无法进行控制与核对。②实地盘存不能随时进行,因而无法随时反映库存财产物资的收入、发出与结存的动态情况。③由于是"以存计耗"或"以存计销"倒推耗用成本或销售成本时,容易将非耗用或非销售的存货损耗,全部计入耗用成本或销售成本中,如由于管理不善而导致的贪污、盗窃和非正常损耗,全部混入发出成本到核算中,从而削弱了对存货的控制,影响了成本计算的正确性。④实地盘存制只能定期结转耗用成本或销售成本,不能随时结转耗用成本和销售成本。

由于实地盘存制存在上述缺点,其适用范围一般只适用于一些价值低、品种杂、交易频繁的财产物资和一些损耗大、数量不稳定的鲜活商品。如果企业采用实地盘存制,要注意完善相应的财产物资管理措施。

(二) 实物清查常用方法

1. 实地盘点法

实地盘点法是指在财产物资堆放现场进行逐一点数,或用过磅、量、尺等计量仪器来确定实存数量的一种方法。这种方法适用于大多数财产物资的清查,除适用于实物资产清查,也适用于现金等货币资金的清查。它的适用范围较广,要求严格,数字准确可靠,清查质量较高,但工作量大,要求事先根据财产物资的实物形态进行科学地放置。

2. 技术推算盘点法

技术推算法是指利用技术方法对大量成堆,难以逐一清点的财产物资的实存数量进行推算的一种方法。例如,露天存放的煤矿石等的实存数量,可以采用这种方法进行清查。

3. 抽查盘点法

对于价值小,数量多,重量比较均匀的,已经包装好的材料和商品等,一般不便于逐一清点,可以采用抽查盘点的方法,然后确定其总数量。

在清查过程中要检查财产物资的质量,了解其储存、利用情况,以及在收发、保管等方面是否存在问题。为了明确经济责任,盘点时实物保管人员必须在场并参加盘点,将盘点结果如实登记在"盘存单"上,并由盘点人员和实物保管人员签章生效。"盘存单"是记录各项财产物资盘点实存数的书面证明,也是财产清查工作的原始凭证之一,其一般格式如表 9-3 所示。

表 9-3　　　　　　　　　　　　　　盘存单

单位名称：　　　　　　　　　　盘点时间：　　　　　　　　　　编号：
财产名称：　　　　　　　　　　存放地点：　　　　　　　　　　金额单位：

| 编号 | 名称 | 计量单位 | 实存数量 | 单价 | 金额 | 备注 |
|------|------|----------|----------|------|------|------|
|      |      |          |          |      |      |      |
|      |      |          |          |      |      |      |
|      |      |          |          |      |      |      |
|      |      |          |          |      |      |      |

盘点人(签章)：　　　　　　　　　　　　　　　　　　实物保管人(签章)：

盘存单的"实存数量"栏应在清查时如实填写。"单价"栏一般按有明细账记录的单价填写,如果是账外财产物资或单价无据可查,可以按同类或类似资产的市场价格或估计价格填写;如果该项财产物资是残旧物品或已变质毁损,则应按质论价,确定单价金额填写。"金额"栏根据实有数量和单价计算填列。"备注"栏应注明财产物资储备不足或超储积压、呆滞、不配套及质量等情况。

盘点完毕,将盘存单中所记录的实存数与账面结存数相核对,如发现实物盘点结果与账面结存结果不相符时,应根据盘存单和有关账簿记录填制"实存账存对比表",以确定实物财产的盘盈数或盘亏数。"实存账存对比表"是记录财产清查结果的原始凭证,是分析盈亏原因、明确经济责任以及进行账务处理的重要依据,其一般格式如表 9-4 所示。

表 9-4　　　　　　　　　　实存账存对比表

单位(部门)名称：　　　　　　　　　年　月　日

| 编号 | 名称 | 计量单位 | 单价 | 实存 | | 账存 | | 对比结果 | | | | 备注 |
|---|---|---|---|---|---|---|---|---|---|---|---|---|
| | | | | | | | | 盘盈 | | 盘亏 | | |
| | | | | 数量 | 金额 | 数量 | 金额 | 数量 | 金额 | 数量 | 金额 | |
| | | | | | | | | | | | | |
| | | | | | | | | | | | | |
| | | | | | | | | | | | | |

制表人：　　　　　　　　　　财务负责人：　　　　　　　　　　公司负责人：

### 三、往来款项清查

往来款项的清查是指对本单位发生的各种债权债务等结算业务进行清查,如对应收账款、应付账款、预付账款、预收账款、其他应收款、其他应付款等进行清查。

往来款项的清查方法,一般采用"询证核对法",如采用信函查询、电话查询方式,向对方进行账目核对。其具体步骤是在检查本单位各项往来结算账目正确完整的基础上,按每一个经济业务往来单位填制一式两联的"往来款项对账单",其中一联送交对方单位核对账目,另一联作为回联单,对方单位经过核对相符后,在回联单上加盖公章退回,表示已核对;如有数字不符,对方单位应在对账单中注明情况后退回本单位。"往来款项对账单"的一般格式如表 9-5 所示。

表 9-5　　　　　　　　　　往来款项对账单

×××单位：
　　贵单位 2020 年×月×日在我公司购入甲商品 100 件,货款 13 000 元尚未支付,请核对后将回联单寄回。

　　　　　　　　　　　　　　　　　　　　　　　　×××清查单位(盖章)
　　　　　　　　　　　　　　　　　　　　　　　　　　　2020 年×月×日

沿此虚线裁开,将以下回联单寄回

往来款项对账单(回联)
×××清查单位：
　　贵单位寄来的"往来款项对账单"已收到,经核对相符无误。

　　　　　　　　　　　　　　　　　　　　　　　　　　×××单位(盖章)
　　　　　　　　　　　　　　　　　　　　　　　　　　2020 年×月×日

本单位进一步查明原因,再核对编制"往来款项清查报告表",并填入各项债权债务的余额。"往来款项清查报告表"一般格式如表 9-6 所示。

表 9-6　　　　　　　　　　往来款项清查报告表

总分类账户名称：　　　　　　　　　　年　月　日

| 明细分类账户 | | 清查结果 | | 核对不符的原因分析 | | | 备注 |
|---|---|---|---|---|---|---|---|
| 名称 | 账面余额 | 核对相符金额 | 核对不符金额 | 未达账项金额 | 有争议款项金额 | 其他 | |
| | | | | | | | |
| | | | | | | | |
| | | | | | | | |
| | | | | | | | |
| | | | | | | | |

清查人员签章：　　　　　　　　　　　　　　　　　　　　　　　　经管人员签章：

通过往来款项的清查,要及时催收该收回的款项,偿还该支付的款项,对呆账、有争执的款项及无法收回的款项,应在报告单上详细列明情况,以便及时采取措施进行处理,避免或减少坏账损失。

## 第三节　财产清查结果的处理

### 一、财产清查结果处理的要求

财产清查结果的处理是指对清查过程中发现的账面结存数和实际结存数不相符的情况进行有关的会计处理。对于财产清查中发现的问题,如财产物资的盘盈、盘亏、毁损或其他各种损失,应核实情况,调查分析产生的原因,按照国家有关法律法规的规定进行相应的处理,具体要求为:

(1) 分析产生差异的原因和性质,并提出处理建议。对于财产清查中所发现的盘盈、盘亏,应及时查明原因,明确经济责任,并根据相关规定进一步处理。对于合理的物资损耗,在规定的损耗标准和范围内,会计人员可按照规定作出处理。对于超出规定职权范围,会计人员无权自行处理的,应及时报请单位负责人做处理。一般而言,个人造成的损失由个人赔偿;因管理不善造成的损失,应作为企业管理费用入账;因自然灾害造成的非常损失,列入企业的营业外支出。

(2) 积极处理多余积压财产,清理往来款项。对于财产清查中发现的多余积压物资,属于盲目采购或盲目生产等原因造成的积压,一方面积极利用或改造出售,另一方面要停止采购或生产。对于往来款项与对方单位核对确认后,超出结算时限的,应积极采取措施予以清理。

(3) 总结经验教训,建立健全各项管理制度。针对财产清查后发现企业存在的问题和不足,应积极总结经验和教训,采取必要的措施,建立健全财产管理制度,进一步提高财产管理水平。

(4) 及时调整账簿记录，保证账实相符。对于财产清查中发现的盘盈和盘亏，根据清查中取得的原始凭证填制记账凭证，登记有关账簿，及时调整账面记录，使得各种财产物资的账存数与实存数相一致。

## 二、财产清查结果的处理步骤

企业对财产清查的结果，应当按照国家有关会计准则制度的规定进行，认真处理财产清查中发现的盘盈和盘亏等问题。首先要核准金额，然后按规定的程序报经主管领导批准后，才能进行会计处理，主要步骤如下：

(1) 核准金额，查明原因。在对财产清查结果进行具体的处理之前，应对有关原始凭证中所记录的盈亏数据，全面核实及核准货币资金、财产物资和债权资产的盈亏金额，并对各项差异的性质及其原因进行分析，以便针对不同原因所造成的盈亏确定处理方法，提出处理意见，报送有关领导和部门批准。

(2) 调整账簿记录，做到账实相符。在核实财产清查中发现的财产物资的盘盈、盘亏、毁损或其他各种损失情况的前提下，为了做到账实相符，保证会计信息真实准确，应根据"盘点报告表""清查结果报告表（实存账存对比表）"等已查实的数据资料，填制记账凭证，记入有关账簿，使账簿记录与实际盘存数相符。

(3) 经批准后做账务处理。根据管理权限将处理建议报股东大会或董事会，或经理会议或类似机构批准，在有关领导部门对所呈报的财产清查结果处理意见做出批示后，企业应严格按照批复意见，编制有关的记账凭证，登记有关账簿，及时进行批准后的账务处理。

财产清查产生的损溢，企业应于期末前查明原因，并根据企业的管理权限，经股东大会或董事会或类似机构批准后，在期末结账前处理完毕。如果在期末结账前尚未经批准，在对外提供财务报表时，先按上述规定进行处理，并在附注中作出说明；其后批准处理的金额与已处理的金额不一致时，调整财务报表相关项目的期初数。

## 三、财产清查结果的会计处理

### （一）账户设置

为了核算和监督财产清查中查明的各种财产的盘盈、盘亏和毁损及其处理情况，应设置"待处理财产损溢"账户。该账户用来核算企业在财产清查过程中发现的各项财产物资的盘盈数、盘亏数以及经批准后的转销数。账户结构为借方登记财产物资的盘亏数和经批准盘盈的转销数，贷方登记清查中发现的财产物资的盘盈数和经过批准后盘亏的转销数。企业清查的各种财产的损溢应于期末前查明原因，并按管理权限规定的程序报批后，在期末结账前处理完毕，因此该账户期末通常无余额。为了分别反映企业固定资产和流动资产的清查情况，在"待处理财产损溢"总账账户下，可以按照资产的类别和项目分别核算，可分别设置"待处理流动资产损溢"和"待处理固定资产损溢"两个明细账户进行核算。

"待处理财产损溢"账户的结构如下所示：

| 借方 | 待处理财产损溢 | 贷方 |
|---|---|---|
| 1. 发生待处理财产的盘亏数和毁损数<br>2. 结转经批准处理的财产盘盈数 | | 1. 发生待处理财产的盘盈数<br>2. 结转经批准处理的财产盘亏数和毁损数 |

"待处理财产损溢"账户只用于反映货币资金和财产物资的清查结果,往来款项的清查结果不通过该账户核算。

**(二)库存现金清查结果的处理**

库存现金清查中发现库存现金溢余或短缺时,应根据"库存现金盘点报告表"及时进行账务处理,调整账簿记录,同时查明盈余或短缺的原因,报经批准后,按批准的处理意见再进行账务处理。

1. 现金溢余(长款)的账务处理

第一步,调账。对于库存现金溢余,按实际溢余的金额,借记"库存现金"账户,贷记"待处理财产损溢——待处理流动资产损溢"账户。

第二步,查明原因、报经批准。属于应支付给有关人员或单位的,应借记"待处理财产损溢——待处理流动资产损溢"账户,贷记"其他应付款"账户。属于无法查明原因的库存现金溢余,经批准后,借记"待处理财产损溢——待处理流动资产损溢"账户,贷记"营业外收入"账户。

**【例9-2】** 烟台兴茂机械制造有限公司2020年12月31日,在财产清查中发现库存现金溢余50元,根据"库存现金盘点报告表"编制会计分录如下:

(1) 报批前,调账。

借:库存现金　　　　　　　　　　　　　　　　　　　　　　50
　　贷:待处理财产损溢——待处理流动资产损溢　　　　　　　　　50

经反复核查,未查明原因,报经批准转作营业外收入。

(2) 批准后账务处理。

借:待处理财产损溢——待处理流动资产损溢　　　　　　　　50
　　贷:营业外收入　　　　　　　　　　　　　　　　　　　　　　50

2. 现金短缺(现金短款)账务处理

第一步,调账。对于库存现金短缺,按实际短缺的金额,借记"待处理财产损溢——待处理流动资产损溢"账户,贷记"库存现金"账户。

第二步,查明原因、报经批准。属于应由责任人赔偿的部分,借记"其他应收款""库存现金"等账户,贷记"待处理财产损溢——待处理流动资产损溢"账户。属于应由保险公司赔偿的部分,借记"其他应收款——应收保险赔款"账户,贷记"待处理财产损溢——待处理流动资产损溢"账户。属于无法查明的其他原因,根据管理权限报经批准后处理,借记"管理费用"账户,贷记"待处理财产损溢——待处理流动资产损溢"账户。

**【例 9-3】** 烟台兴茂机械制造有限公司 2020 年 12 月 31 日,在财产清查中发现库存现金短缺 1 500 元,根据"库存现金盘点报告表"编制会计分录如下:

(1) 报经批准前,调账。

借:待处理财产损溢——待处理流动资产损溢　　　　　　　　　　　　1 500
　　贷:库存现金　　　　　　　　　　　　　　　　　　　　　　　　　 1 500

经反复核查,该现金短缺中 300 元属于出纳员王小刚的责任,应由出纳员赔偿;另外 1 200 元无法查明原因,报经批准转做管理费用处理。编制会计分录如下:

(2) 批准处理后账务处理。

借:其他应收款——王小刚　　　　　　　　　　　　　　　　　　　　　300
　　管理费用　　　　　　　　　　　　　　　　　　　　　　　　　　　1 200
　　贷:待处理财产损溢——待处理流动资产损溢　　　　　　　　　　　1 500

### (三) 存货清查结果的处理

存货清查是通过对存货的实地盘点,确定存货的持有数量,并与账面结存数核对,从而确定存货实存数与账面结存数是否相符的一种专门方法。

由于存货种类繁多,收发频繁,在日常收发过程中可能发生计量错误、自然损耗,还可能发生损坏变质以及贪污、盗窃等情况,造成账实不符,形成存货的盘亏或者盘盈。对于存货的盘盈、盘亏应填写存货盘点报告,如"实存账存对比表",及时查明原因,按照规定程序报批处理。

#### 1. 存货盘盈的账务处理

企业发生存货盘盈时,按实际盘盈存货额金额,借记"原材料""库存商品"等账户,贷记"待处理财产损溢——待处理流动资产损溢"账户;按管理权限报经批准后,借记"待处理财产损溢——待处理流动资产损溢"科目,贷记"管理费用"科目。

**【例 9-4】** 烟台兴茂机械制造有限公司在财产清查中,盘盈 A 材料 100 千克,实际每千克成本 60 元,根据"实存账存对比表"所确定的盘盈数量及金额,编制会计分录如下:

(1) 批准处理前,调账。

借:原材料——A 材料　　　　　　　　　　　　　　　　　　　　　　6 000
　　贷:待处理财产损溢——待处理流动资产损溢　　　　　　　　　　6 000

经核查,属于材料收发计量方面的错误,报经批准,盘盈 A 种材料冲减管理费用,编制会计分录如下:

(2) 批准处理后的账务处理。

借:待处理财产损溢——待处理流动资产损溢　　　　　　　　　　　　6 000
　　贷:管理费用　　　　　　　　　　　　　　　　　　　　　　　　 6 000

#### 2. 存货盘亏及毁损的账务处理

企业发生存货盘亏或毁损时,按实际盘亏、毁损存货的金额,借记"待处理财产损溢——待处理流动资产损溢"科目,贷记"原材料""库存商品"等账户。

按管理权限报经批准后,需区别情况做如下账务处理:

(1) 属于运输途中或由于计量器具造成的合理损耗,应计入有关存货的采购成本,借记"原材料"的账户,贷记"待处理财产损溢——待处理流动资产损溢"账户。

(2) 属于应由保险公司和过失人的赔款,借记"其他应收款"账户,贷记"待处理财产损溢——待处理流动资产损溢"账户。

(3) 属于超出定额的自然损耗或者自然灾害等造成的非常损失,按能够收取的残料和或净残值,借记"原材料""银行存款"等账户;按应由保险公司赔偿的部分,借记"其他应收款"账户;按扣除残料价值和应由保险公司过失人赔偿后的净损失,一般经营损失的部分,借记"管理费用"账户,贷记"待处理财产损溢——待处理流动资产损溢"账户。

(4) 属于非常损失所造成的存货毁损,扣除保险公司赔款和残料价值后,借记"营业外支出"账户;贷记"待处理财产损溢——待处理流动资产损溢"账户。

【例 9-5】 烟台兴茂机械制造有限公司在财产清查中发现盘亏 B 材料 500 千克,实际成本为 100 000 元,相关增值税专用发票上注明的增值税额为 13 000 元,经查系管理不善而造成的丢失,属于一般经营损失,应编制会计分录如下:

(1) 批准处理前,调账。

借:待处理财产损溢——待处理流动资产损溢　　　　　　　　　　　　　113 000
　　贷:原材料——B 材料　　　　　　　　　　　　　　　　　　　　　　100 000
　　　　应交税费——应交增值税(进项税额转出)　　　　　　　　　　　　13 000

(2) 批准处理后的账务处理。

借:管理费用　　　　　　　　　　　　　　　　　　　　　　　　　　　113 000
　　贷:待处理财产损溢——待处理流动资产损溢　　　　　　　　　　　　113 000

【例 9-6】 烟台兴茂机械制造有限公司在财产清查中发现毁损 C 材料 200 千克,实际成本为 30 000 元,相关增值税专用发票上注明的增值税额为 3 900 元,经查属于材料保管员的过失造成的,按规定由个人赔偿 20 000 元,毁损材料残值 300 元,应编制会计分录如下:

(1) 批准处理前,调账。

借:待处理财产损溢——待处理流动资产损溢　　　　　　　　　　　　　33 900
　　贷:原材料——C 材料　　　　　　　　　　　　　　　　　　　　　　30 000
　　　　应交税费——应交增值税(进项税额转出)　　　　　　　　　　　　3 900

(2) 批准处理后的账务处理。

① 由过失人赔款部分:

借:其他应收款　　　　　　　　　　　　　　　　　　　　　　　　　　20 000
　　贷:待处理财产损溢——待处理流动资产损溢　　　　　　　　　　　　20 000

② 残料作价入库:

借:原材料——C 材料　　　　　　　　　　　　　　　　　　　　　　　　300
　　贷:待处理财产损溢——待处理流动资产损溢　　　　　　　　　　　　　300

③ 材料毁损净损失：

借：管理费用　　　　　　　　　　　　　　　　　　　　　　　　　13 090
　　贷：待处理财产损溢——待处理流动资产损溢　　　　　　　　　　13 090

【例9-7】 烟台兴茂机械制造有限公司为增值税一般纳税人，因台风造成一批库存材料毁损，实际成本为60 000元，相关增值税专用发票上注明的增值税额为7 800元，根据保险合同约定，应由保险公司赔偿50 000元，甲公司应编制会计分录如下：

(1) 批准处理前，调账。

借：待处理财产损溢——待处理流动资产损溢　　　　　　　　　　　60 000
　　贷：原材料　　　　　　　　　　　　　　　　　　　　　　　　60 000

(2) 批准处理后的账务处理。

借：其他应收款　　　　　　　　　　　　　　　　　　　　　　　　50 000
　　营业外支出——非常损失　　　　　　　　　　　　　　　　　　10 000
　　贷：待处理财产损溢——待处理流动资产损溢　　　　　　　　　60 000

属于自然灾害等非常原因造成的存货毁损，不需要进行存货进项税额转出。非正常损失是指因管理不善造成存货被盗丢失、霉烂变质以及因违反法规，造成货物或者不动产被依法没收销毁拆除的情形，这些非正常损失是由纳税人自身原因造成，导致征税对象实体的灭失，为保证税负公平，其损失不应由国家承担，因而不能进行进项税额抵扣。

### (四) 固定资产清查结果的处理

企业应当定期或者至少于每年年末对固定资产进行清查盘点，以保证固定资产核算的真实性，充分挖掘企业现有固定资产的潜力。在固定资产清查过程中，如果发现盘盈、盘亏的固定资产，应当填制"固定资产盘盈盘亏报告表"或"实存账存对比表"。清查固定资产的损益应当及时查明原因，并按照规定程序报批处理。

1. 固定资产盘盈的账务处理

企业在财产清查中盘盈的固定资产，根据准则规定，应当作为重要的前期差错进行会计处理。企业在财产清查中盘盈的固定资产，在按管理权限报经批准处理前，应先通过"以前年度损益调整"账户核算。盘盈的固定资产应按重置成本确定其入账价值，借记"固定资产"账户，贷记"以前年度损益调整"账户。

2. 固定资产盘亏的账务处理

企业在财产清查中盘亏的固定资产，按照盘亏固定资产的账面价值，借记"待处理财产损溢"账户，按照已计提的累计折旧，借记"累计折旧"账户，按照固定资产的原价，贷记"固定资产"账户。

按照管理权限报经批准后，按其损失数额，借记"营业外支出"账户，贷记"待处理财产损溢"账户。由于自然灾害造成固定资产盘亏和毁损，应按向保险公司收取的保险赔偿款，借记"其他应收款"账户，所收回的材料入库或变卖收入，借记"原材料""银行存款"等账户，其净损失借记"营业外支出"账户，贷记"待处理财产损溢"账户。

**【例 9-8】** 烟台兴茂机械制造有限公司在财产清查中,盘亏机器设备一台,账面原值为 10 000 元,已计提折旧 7 000 元,购入时增值税额为 1 300 元。编制会计分录如下:

(1) 批准处理前,调账。

 借:待处理财产损溢——待处理固定资产损溢           3 000
   累计折旧                         7 000
   贷:固定资产                      10 000
 借:待处理财产损溢——待处理固定资产损溢            390
   贷:应交税费——应交增值税(进项税额转出)         390

(2) 批准处理后的账务处理。

 借:营业外支出                        3 390
   贷:待处理财产损溢——待处理固定资产损溢         3 390

**【例 9-9】** 烟台兴茂机械制造有限公司在财产清查中,盘亏笔记本一台,账面原值为 8 000 元,已计提折旧 2 000 元,假定不考虑增值税。编制会计分录如下:

(1) 批准处理前,调账。

 借:待处理财产损溢——待处理固定资产损溢           6 000
   累计折旧                         2 000
   贷:固定资产                        8 000

经查明,上述盘亏的笔记本是因火灾所烧毁,保险公司应赔偿 50%,残值变卖取得现金 500 元。编制会计分录如下:

(2) 批准处理后的账务处理。

 借:其他应收款——应收保险公司赔款              3 000
   库存现金                          500
   营业外支出                         2 500
   贷:待处理财产损溢——待处理固定资产损溢         6 000

### (五) 往来款项清查结果的账务处理

**1. 应收账款清查结果的处理**

在财产清查中,应及时清理应收款项。财产清查过程中发现的确实无法收回的应收账款,不通过"待处理财产损溢"账户来核算,而是在原来账面记录的基础上,按规定程序报,经批准后直接处理。无法收回的应收账款称为坏账,由于发生坏账而造成的损失称为坏账损失,由于企业采用备抵法核算坏账损失,即按期提取坏账准备,因此核销坏账时,应冲减坏账准备并核销应收账款。

**【例 9-10】** 烟台兴茂机械制造有限公司在财产清查中,应收甲公司货款 2 000 元,已查明该单位因遭受火灾,生产经营受到重大损失,所欠款项无法收回。经批准核销,编制会计分录如下:

借：坏账准备 2 000
　　贷：应收账款——甲公司 2 000

2. 应付账款清查的处理

在财产清查中,应及时清理应付账款。由于债权单位撤销或不存在等原因造成的应付而无法支付的款项,经批准予以核销。无法支付的款项在批准前不做处理,不通过"待处理财产损溢"账户核算,按规定程序批准转销后,直接核销应付账款,并转作营业外收入处理。

【例9-11】 烟台兴茂机械制造有限公司在财产清查中发现,由于供货单位乙公司已被注销,货款15 000元确实无法支付。经批准予以转销,编制会计分录如下：

借：应付账款——乙公司 15 000
　　贷：营业外收入 15 000

# 课堂结账测试

班级_____ 姓名_____ 学号_____ 日期_____ 平时分_____

## 一、单项选择题(每小题 4 分,共 20 分)

1. 一般来说,在企业撤销、合并和改变隶属关系时,应对财产进行( )。
   A. 全面清查　　　　　　　　　　B. 局部清查
   C. 实地盘点　　　　　　　　　　D. 定期清查

2. 银行存款清查的方法是( )。
   A. 日记账与总分类账核对　　　　B. 日记账与收款凭证核对
   C. 日记账与银行对账单核对　　　D. 银行存款明细账与总账核对

3. 对往来款项的清查应采用的方法是( )。
   A. 实地盘点法　　　　　　　　　B. 抽样盘点法
   C. 技术推算法　　　　　　　　　D. 询证核对法

4. 对于大量堆积的煤炭的清查,一般采用( )方法进行。
   A. 实地盘点法　　　　　　　　　B. 技术推算法
   C. 抽样盘点法　　　　　　　　　D. 询证核对法

5. "待处理财产损溢"账户未转销的借方余额表示( )。
   A. 待处理的财产盘盈　　　　　　B. 待处理的财产盘亏
   C. 转销的财产物资盘亏数　　　　D. 转销的财产物资盘盈数

## 二、多项选择题(每小题 4 分,共 20 分)

1. 财产物资的盘存制度有( )。
   A. 权责发生制　　　　　　　　　B. 收付实现制
   C. 实地盘存制　　　　　　　　　D. 永续盘存制

2. 对于盘亏的财产物资,经批准后进行账务处理,可能涉及的借方账户有( )。
   A. 管理费用　　　　　　　　　　B. 营业外收入
   C. 营业外支出　　　　　　　　　D. 其他应收款

3. 下列资产中,需要从数量和质量两个方面进行清查的有( )。
   A. 银行存款　　　　　　　　　　B. 原材料
   C. 产成品　　　　　　　　　　　D. 应收账款

4. 下列清查事项中,属于不定期清查的有( )。

  A. 发生意外灾害　　　　　　　　B. 清产核资前
  C. 临时性检查　　　　　　　　　D. 现金的清查
 5. 采用实地盘点法进行清查的项目有（　　）。
  A. 固定资产　　　　　　　　　　B. 银行存款
  C. 现金　　　　　　　　　　　　D. 库存商品

### 三、判断题（每小题 4 分，共 20 分）

1. 不论采用何种盘存制度，账面上都应反映存货的增减变动及结存情况。（　　）
2. 银行存款余额调节表既起到对账作用，又可以作为调节银行存款日记账账面余额的凭证。
  （　　）
3. 固定资产盘亏时，企业应将固定资产原值，计入"待处理财产损溢"账户。（　　）
4. 定期清查可以使全面清查，也可以是局部清查。（　　）
5. 通过财产清查，可以挖掘财产物资的潜力，有效利用财产物资，加速资金周转。（　　）

### 四、业务题（40 分）

  资料：烟台兴茂机械制造有限公司 2020 年 10 月 30 日银行存款日记账的账面余额为 32 000 元，银行对账单的余额为 35 000 元，经逐笔核对，发现有下列未达账项：
 （1）企业销售产品收到转账支票 3 000 元，将支票存入银行，银行尚未办理入账手续。
 （2）企业采购原材料开出转账支票 1 000 元，企业已记银行存款付出，银行尚未入账。
 （3）企业开出现金支票 250 元，银行尚未入账。
 （4）银行代企业收回货款 7 000 元，收款通知尚未到达企业。
 （5）银行代付电费 1 650 元，付款通知尚未到达企业。
 （6）银行代付水费 600 元，付款通知尚未到达企业。
  根据以上资料编制银行存款余额调节表，如表 9-7 所示。

表 9-7　　　　　　　　　　　银行存款余额调节表
2020 年 10 月 30 日　　　　　　　　　　　　　　　　　　　　　　单位：元

| 项目 | 金额 | 项目 | 金额 |
| --- | --- | --- | --- |
| 企业银行存款日记账余额 | 32 000 | 银行对账单余额 | 35 000 |
| 加：<br>银行已收，企业未收 | | 加：<br>企业已收，银行未收 | |
| 减：<br>银行已付，企业未付 | | 减：<br>企业已付，银行未付 | |
| 调节后余额 | | 调节后余额 | |

# 第十章 财务报告

**知识导航**

```
                        ┌ 财务报告的概念与构成
            ┌ 财务报告概述┤ 财务报告的作用
            │            │ 财务报表的定义与种类
            │            └ 财务报表列报的基本要求
            │            ┌ 资产负债表概述
            │ 资产负债表 ┤ 资产负债表的列示
            │            └ 资产负债表的编制
  财务报告 ─┤            ┌ 利润表概述
            │ 利润表     ┤ 利润表的列示
            │            └ 利润表的编制
            │ 现金流量表 ┌ 现金流量表概述
            │            └ 现金流量表的列示
            │ 其他报表   ┌ 所有者权益变动表
                         └ 报表附注
```

**学习目标**

1. 了解财务报告的构成、作用及财务报表列报的基本要求
2. 掌握资产负债表的内容及填列方法
3. 掌握利润表的内容及填列方法
4. 了解现金流量表及所有者权益变动表的概念及格式

## 第一节 财务报告概述

### 一、财务报告的概念与构成

财务报告是指企业对外提供的反映企业某一特定日期的财务状况和某一会计期间的经营成果、现金流量等会计信息的文件。

财务报告包括会计报表及其附注和其他应当在财务会计报告中披露的相关信息和资料。会计报表至少应当包括资产负债表、利润表、现金流量表等。小企业编制的会计报表可以不包括现金流量表。可以结合图10-1来加深对财务报告的构成的理解。

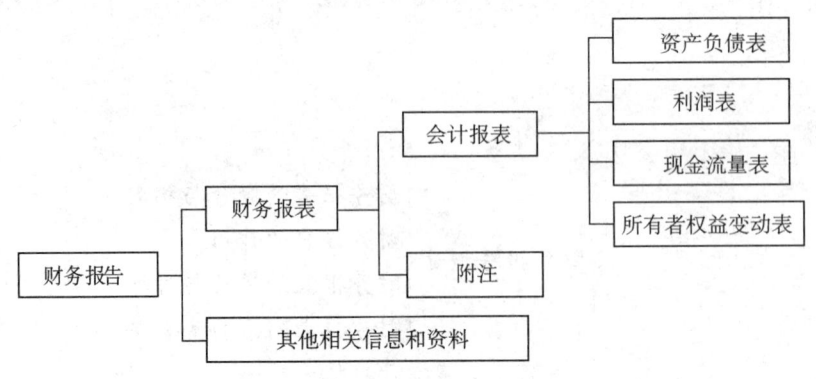

图10-1 财务报告的构成

## 二、财务报告的作用

企业编制财务报告的主要目标是向财务报告使用者提供对其经济决策有用的会计信息。财务报告的使用者包括企业的管理人员、职工、投资者、债权人、政府及相关机构、社会公众等,不同的财务报告使用者对财务报告提供信息的要求各有侧重。

1. 从企业自身的角度出发

财务报告提供的信息,可以用来考核企业资金、成本、利润等计划指标完成程度,便于管理层总结和分析企业经营管理中的成绩和不足,为下一步经营决策提供依据;企业将财务报告在本企业职工代表大会发布,职工可以从各方面提出改进意见,促进企业提高经济效益。

2. 从债权人和投资者的角度出发

企业经营资金主要来源为投资者和债权人。作为投资者,可以通过企业提供的财务报告,了解、掌握其所投资企业的财务状况和经营成果等信息,并考核企业管理层履行受托责任情况,有助于投资者作出相应的投资决策;作为债权人,可以通过企业提供的财务报告,计算相应的财务指标,以评价企业的偿债能力,作为其做出相应经济决策的依据。

3. 从政府及相关监管部门的角度出发

财务报告能够为宏观经济管理部门提供资源分配等方面的信息,有助于政府经济管理部门进行宏观经济调控,加强宏观经济管理;财税部门可以通过企业提供的财务报告,了解企业资金筹集和运用是否合理,检查企业税收情况,以更好地发挥财税部门的监督职能;审计部门可以了解企业财务及经营情况、相关政策法规的遵守情况,为审计工作提供必要的资料。

4. 从社会公众的角度出发

供应商和客户作为企业所处行业的上下游,与企业也有着密切关系。供应商在为企业供货时,企业提供的财务报告可以为其做出货款结算方式等决策提供依据;客户在购买企业产品时,除考虑产品质量外,也要考虑企业的售后服务体系是否安全等,进而做出是否购买企业产品的决策。

### 三、财务报表的定义与种类

财务报表是对企业财务状况、经营成果和现金流量的结构性表述。财务报表至少应当包括下列组成部分:①资产负债表。②利润表。③现金流量表。④所有者权益(或股东权益,下同)变动表。⑤附注。

财务报表可以按照不同的标准进行分类:

(1) 按财务报表编报期间的不同,可以分为中期财务报表和年度财务报表。中期财务报表是以短于一个完整会计年度的报告期间为基础编制的财务报表,包括月报、季报和半年报等。

(2) 按财务报表编报主体的不同,可以分为个别财务报表和合并财务报表。个别财务报表是由企业在自身会计核算基础上对账簿记录进行加工而编制的财务报表,它主要用以反映企业自身的财务状况、经营成果和现金流量情况。合并财务报表是以母公司和子公司组成的企业集团为会计主体,根据母公司和所属子公司的财务报表,由母公司编制的综合反映企业集团财务状况、经营成果及现金流量的财务报表。

### 四、财务报表列报的基本要求

1. 依据会计准则进行确认和计量

企业发生的交易和事项,应当按照《企业会计准则》的规定进行确认和计量,并据此编制财务报表,且应在附注中对这一情况作出声明。但是,在附注中披露并不能代替对交易和事项的确认和计量,不恰当的确认和计量也不能通过充分披露相关会计政策而纠正。如果按照各项会计准则规定披露的信息不足以让报表使用者了解特定交易或事项对企业财务状况和经营成果的影响时,企业还应当披露其他的必要信息。

2. 以持续经营作为列报基础

持续经营是会计的基本前提,也是会计确认、计量及编制财务报表的基础。《企业会计准则》规范的是企业持续经营基础上的财务报表列报。因此,在编制财务报表的过程中,企业管理层应当利用其所有可获得的信息来评价其自报告期末起至少 12 个月的持续经营能力。

企业存在以下情况之一的,通常表明企业处于非持续经营状态:

(1) 企业已在当期进行清算或停止营业。

(2) 企业已经正式决定在下一个会计期间进行清算或停止营业。

(3) 企业已确定在当期或下一个会计期间没有其他可供选择的方案而将被迫进行清算或停止营业。

企业处于非持续经营状态时,应当采用其他基础编制财务报表。例如,企业处于破产状态时,其资产应当采用可变现净值计量、负债应当按照其预计的结算金额计量等。在非持续经营情况下,企业应当在附注中声明财务报表未以持续经营为基础列报,披露未以持续经营为基础列报的原因以及财务报表的编制基础。

3. 遵循列报的一致性要求

一致性要求财务报表项目的列报应当在各个会计期间保持一致,不得随意变更。但下列情况除外:

(1) 会计准则要求改变财务报表项目的列报。

(2) 企业经营业务的性质发生重大变化或对企业经营影响较大的交易或事项发生后,变更财务报表项目的列报能够提供更可靠、更相关的会计信息。

4. 依据重要性原则进行单独或汇总列报

重要性是指在合理预期下,财务报表某项目的省略或错报会影响使用者据此作出经济决策的,该项目具有重要性。重要性应当根据企业所处的具体环境,从项目的性质和金额两方面予以判断。对各项目重要性的判断标准一经确定,不得随意变更。

(1) 判断项目性质的重要性,应当考虑该项目在性质上是否属于企业日常活动,是否显著影响企业的财务状况、经营成果和现金流量等因素。

(2) 判断项目金额大小的重要性,应当考虑该项目金额占资产总额、负债总额、所有者权益总额、营业收入总额、营业成本总额、净利润、综合收益总额等直接相关项目金额的比重或所属报表单列项目金额的比重。

5. 财务报表项目金额间的相互抵销

财务报表应当以总额列报,资产和负债、收入和费用、直接计入当期利润的利得和损失项目的金额不能相互抵销,即不得以净额列报,例如,企业欠A客户的"应付账款"不得与B客户欠本企业的"应收账款"相抵销,如果相互抵销就掩盖了交易实质。

下列三种情况不属于抵销,可以以净额列示:①一组类似交易形成的利得和损失应当以净额列示,但具有重要性的除外。例如,汇兑损益应当以净额列报。②资产或负债项目按扣除备抵项目后的净额列示,不属于抵销。例如:对资产计提减值准备,表明资产的价值确实已经发生减损,按扣除减值准备后的净额列示,才反映资产当时的真实价值。③非日常活动产生的利得和损失,以同一交易形成的收益扣减相关费用后的净额列示更能反映交易实质的,不属于抵销。

6. 比较信息的列报

企业在列报当期财务报表时,至少应当提供所有列报项目上一个可比会计期间的比较数据,以及与理解当期财务报表相关的说明,目的是向报表使用者提供对比数据,提高信息在会计期间的可比性,供使用者进行判断和决策。在财务报表项目的列报确需发生变更的情况下,应当至少对可比期间的数据按照当期的列报要求进行调整,并在附注中披露调整的原因、性质及金额。在某些情况下,对可比期间比较数据进行调整是不切实可行的,则应当在附注中披露不能调整的原因。

7. 财务报表表首的列报要求

财务报表一般分为表首、正表两部分。企业应当在表首部分概括地说明下列基本信息:

①编报企业的名称。②资产负债表日和利润表、现金流量表、所有者权益变动表涵盖的会计期间。③人民币金额单位,如人民币元、人民币万元等。④财务报表是合并财务报表的,应当予以标明。

8. 对报告期间的要求

企业至少应当按年编制财务报表。根据《中华人民共和国会计法》的规定,会计年度自公历1月1日起至12月31日止。当存在年度财务报表涵盖的期间短于1年的情况,比如企业在年度中间成立时,企业应当披露年度财务报表的实际涵盖期间及其短于1年的原因,并说明由此引起的财务报表项目与比较数据不具可比性这一事实。

# 第二节 资产负债表

## 一、资产负债表概述

资产负债表是指反映企业在某一特定日期的财务状况的会计报表。它反映企业在某一特定日期所拥有或控制的经济资源、所承担的现时义务和所有者对净资产的要求权。具体来说,资产负债表可以提供以下信息:

(1) 可以提供某一日期资产的总额及其结构,表明企业拥有或控制的资源及其分布情况,使用者可以一目了然地从资产负债表上了解企业在某一特定日期所拥有的资产总量及其结构。

(2) 可以提供某一日期的负债总额及其结构,表明企业未来需要用多少资产或劳务清偿债务以及清偿时间。

(3) 可以反映所有者所拥有的权益,据以判断资本保值、增值的情况以及对负债的保障程度。

(4) 资产负债表还可以提供进行财务分析的基本资料。例如,通过报表中的速动资产和流动负债数据,可以计算出速动比率,可以判断企业的变现能力、偿债能力和资金周转能力,从而有助于报表使用者作出经济决策。

## 二、资产负债表的列示

### (一) 资产负债表列示的总体要求

(1) 分类别列示。资产负债表应当按照资产、负债和所有者权益分类别进行列示。

(2) 资产和负债按流动性列示。资产应当按照流动性,分为流动资产和非流动资产两大类,在资产负债表中左方列示,再进一步按其性质分项列示。负债应当按照流动性,分为流动负债和非流动负债两大类在资产负债表中右方列示,再进一步按其性质分项列示。

(3) 所有者权益按组成项目列示。资产负债表中的所有者权益一般按照净资产的不同来源和特定用途进行分类,应当按照实收资本(或股本)、资本公积、其他综合收益、盈余公积和未分配利润等分别列示。

## (二) 资产负债表的列示格式

资产负债表的基本列示格式,一般有账户式和报告式两种。在我国,资产负债表采用账户式结构,报表分为左右两方,左方列示资产各项目,反映全部资产的分布及存在形态;右方列示负债和所有者权益各项目,反映全部负债和所有者权益的内容及构成情况。资产负债表左右双平衡,即"资产＝负债＋所有者权益"。在此基础上,资产负债表就各项目再分为"期末余额"和"上年年末余额"两栏分别填列,通过提供比较期间的信息,使报表使用者掌握企业财务状况的变动情况及发展趋势。资产负债表的具体格式如表10-1所示。

表 10-1　　　　　　　　　　　　　资产负债表　　　　　　　　　　　　　会企01表

编制单位：　　　　　　　　　　　　　年　月　日　　　　　　　　　　　　　单位：元

| 资产 | 期末余额 | 上年年末余额 | 负债和所有者权益（或股东权益） | 期末余额 | 上年年末余额 |
|---|---|---|---|---|---|
| 流动资产： | | | 流动负债： | | |
| 　货币资金 | | | 　短期借款 | | |
| 　交易性金融资产 | | | 　交易性金融负债 | | |
| 　应收票据 | | | 　应付票据 | | |
| 　应收账款 | | | 　应付账款 | | |
| 　应收款项融资 | | | 　预收款项 | | |
| 　预付款项 | | | 　合同负债 | | |
| 　其他应收款 | | | 　应付职工薪酬 | | |
| 　存货 | | | 　应交税费 | | |
| 　合同资产 | | | 　其他应付款 | | |
| 　持有待售资产 | | | 　1年内到期的非流动负债 | | |
| 　1年内到期的非流动资产 | | | 　其他流动负债 | | |
| 　其他流动资产 | | | 　流动负债合计 | | |
| 　流动资产合计 | | | 非流动负债： | | |
| 非流动资产： | | | 　长期借款 | | |
| 　债权投资 | | | 　应付债券 | | |
| 　其他债权投资 | | | 　长期应付款 | | |
| 　长期应收款 | | | 　预计负债 | | |
| 　长期股权投资 | | | 　递延收益 | | |

(续表)

| 资产 | 期末余额 | 上年年末余额 | 负债和所有者权益（或股东权益） | 期末余额 | 上年年末余额 |
|---|---|---|---|---|---|
| 其他非流动金融资产 | | | 递延所得税负债 | | |
| 投资性房地产 | | | 其他非流动负债 | | |
| 固定资产 | | | 非流动负债合计 | | |
| 在建工程 | | | 负债合计 | | |
| 生产性生物资产 | | | 所有者权益(或股东权益)： | | |
| 使用权资产 | | | 实收资本(或股本) | | |
| 无形资产 | | | 其他权益工具 | | |
| 开发支出 | | | 资本公积 | | |
| 商誉 | | | 减：库存股 | | |
| 长期待摊费用 | | | 其他综合收益 | | |
| 递延所得税资产 | | | 盈余公积 | | |
| 其他非流动资产 | | | 未分配利润 | | |
| 非流动资产合计 | | | 所有者权益(或股东权益)合计 | | |
| 资产总计 | | | 负债和所有者权益（或股东权益）总计 | | |

## 三、资产负债表的编制

### (一) 资产负债表的填列方法

1. "年初余额"的填列方法

资产负债表"年初余额"栏内各项金额，应根据上年年末资产负债表的"期末余额"栏内所列金额填列。如果上年度资产负债表规定的各个项目的名称和内容与本年度不一致，根据比较信息的列报要求，应对上年年末资产负债表各项目的名称和金额按照本年度的规定进行调整，填入本年度"年初余额"栏内。

2. "年末余额"的填列方法

(1) 根据总账科目的余额填列。

(2) 根据有关明细科目的余额计算填列。

(3) 根据总账科目和明细科目的余额计算填列。

(4) 根据有关科目余额减去其备抵科目余额后的净额填列。

(5) 综合运用上述填列方法分析填列。

例如,"应收票据"项目应根据"应收票据"科目的期末余额,减去"坏账准备"科目中相关坏账准备期末余额后的金额分析填列。

(二)资产负债表项目的填列说明

1. 资产项目的填列说明

(1)"货币资金"项目,反映企业库存现金、银行结算户存款、外埠存款、银行汇票存款、银行本票存款、信用卡存款、信用证保证金存款等的合计数。"货币资金"项目应根据"库存现金""银行存款""其他货币资金"科目期末余额的合计数填列。

(2)"交易性金融资产"项目,反映资产负债表日企业分类为以公允价值计量且其变动计入当期损益的金融资产,以及企业持有的指定为以公允价值计量且其变动计入当期损益的金融资产的期末账面价值。"交易性金融资产"项目,应根据"交易性金融资产"科目的相关明细科目的期末余额分析填列。自资产负债表日起超过1年到期且预期持有超过1年的以公允价值计量且其变动计入当期损益的非流动金融资产的期末账面价值,在"其他非流动金融资产"项目反映。

(3)"应收票据"项目,反映资产负债表日以摊余成本计量的、企业因销售商品、提供服务等收到的商业汇票,包括银行承兑汇票和商业承兑汇票。"应收票据"项目应根据"应收票据"科目的期末余额,减去"坏账准备"科目中相关坏账准备期末余额后的金额分析填列。

(4)"应收账款"项目,反映资产负债表日以摊余成本计量的、企业因销售商品、提供服务等经营活动应收取的款项。"应收账款"项目应根据"应收账款"及"预收账款"科目所属的相关明细科目的期末贷方余额合计数,减去"坏账准备"科目中相关坏账准备期末余额后的金额分析填列。

(5)"预付账款"项目,反映企业按照购货合同的规定预付给供应单位的款项等。本项目应根据"预付账款"和"应付账款"科目所属各明细科目的期末借方余额合计数减去"坏账准备"科目中有关预付款项计提的坏账准备期末余额后的金额填列。

(6)"其他应收款"项目,应根据"应收利息""应收股利"和"其他应收款"科目的期末余额合计数,减去"坏账准备"科目中相关坏账准备期末余额后的金额填列。其中的"应收利息"仅反映相关金融工具已到期可收取但于资产负债表日尚未收到的利息。基于实际利率法计提的金融工具的利息应包含在相应金融工具的账面余额中。

(7)"存货"项目,反映企业期末在库、在途和加工中的各种存货的可变现净值或成本(成本与可变现净值孰低)。"存货"项目应根据"材料采购""原材料""库存商品""周转材料""委托加工物资""委托代销商品""受托代销商品""生产成本"等科目的期末余额合计数减去"受托代销商品款""存货跌价准备"科目期末余额后的金额填列。材料采用计划成本核算以及库存商品采用计划成本核算或售价核算的企业,还应按加或减"材料成本差异"或"商品进销差价"后的金额填列。

(8)"1年内到期的非流动资产"项目,通常反映预计自资产负债表日起1年内变现的非流动资产。对于按照相关会计准则采用折旧(或摊销、折耗)方法进行后续计量的固定资产、使用权资产、无形资产和长期待摊费用等非流动资产,折旧(或摊销、折耗)年限(或期限)只剩1年或不足1年的,或预计在1年内(含1年)进行折旧(或摊销、折耗)的部分,不得归类为流动资产,仍在各非流动资产项目中列示,不转入"1年内到期的非流动资产"项目。

(9)"长期应收款"项目,反映企业租赁产生的应收款项和采用递延方式分期收款、实质上具有融资性质的销售商品和提供劳务等经营活动产生的应收款项。"长期应收款"项目应根据"长期应收款"科目的期末余额,减去相应的"未实现融资收益"科目和"坏账准备"科目所属相关明细科目期末余额后的净额填列。

(10)"固定资产"项目,反映资产负债表日企业固定资产的期末账面价值和企业尚未清理完毕的固定资产清理净损益。"固定资产"项目应根据"固定资产"科目的期末余额,加上"固定资产清理"科目的期末余额,减去"累计折旧"和"固定资产减值准备"科目的余额后填列。

(11)"在建工程"项目,反映资产负债表日企业尚未达到可使用状态的在建工程的期末账面价值和企业为在建工程准备的各种物资的期末账面价值。"在建工程"项目应根据"在建工程"科目的期末余额,加上"工程物资"科目的期末余额,减去"在建工程减值准备"及"工程物资减值准备"科目的期末余额后的金额填列。

(12)"无形资产"项目,反映企业持有的无形资产,包括专利权、非专利技术、商标权、著作权、土地使用权等。"无形资产"项目应根据"无形资产"科目的期末余额减去"累计摊销""无形资产减值准备"科目期末余额后的金额填列。

(13)"开发支出"项目,反映企业开发无形资产过程中能够资本化形成无形资产成本的支出部分。"开发支出"项目应根据"研发支出"科目中所属的资本化支出明细科目期末余额填列。

(14)"长期待摊费用"项目,反映企业已经发生但应由本期和以后各期负担的、分摊期限在1年以上的各项费用。长期待摊费用中在1年内(含1年)摊销的部分在资产负债表"1年内到期的非流动资产"项目中填列。"长期待摊费用"项目应根据"长期待摊费用"科目的期末余额减去将于1年内(含1年)摊销的金额后的余额填列。

(15)"其他非流动资产"项目,反映企业除长期股权投资、固定资产、在建工程、无形资产等以外的其他非流动资产。

2. 负债项目的填列说明

(1)"短期借款"项目,反映企业向银行或其他金融机构等借入的,期限在1年以内(含1年)的各种借款。"短期借款"项目应根据"短期借款"科目的期末余额填列。

(2)"交易性金融负债"项目,反映资产负债表日企业承担的交易性金融负债,以及企业持有的指定为公允价值计量且其变动计入当期损益的金融负债的期末账面价值。"交易性金融负债"项目应根据"交易性金融负债"科目的相关明细科目的期末余额填列。

(3)"应付票据"项目,反映资产负债表日以摊余成本计量的、企业因购买材料、商品和接受服务等开出、承兑的商业汇票,包括银行承兑汇票和商业承兑汇票。"应付票据"项目应根据"应付票据"科目的期末余额填列。

(4)"应付账款"项目,反映资产负债表日以摊余成本计量的、企业因购买材料、商品和接受服务等经营活动应支付的款项。"应付账款"项目应根据"应付账款"和"预付账款"科目所属的相关明细科目的期末贷方余额合计数填列。

（5）"预收账款"项目，反映企业按照购货合同的规定预收购货单位的款项。"预收账款"项目应根据"预收账款"和"应收账款"科目所属各明细科目的期末贷方余额合计数填列。

（6）"应付职工薪酬"项目，反映企业为获得职工提供的服务或解除劳动关系而给予的各种形式的报酬或补偿。"应付职工薪酬"项目应根据"应付职工薪酬"科目所属各明细科目的期末贷方余额分析填列。外商投资企业按规定从净利润中提取的职工奖励及福利基金，也在本项目中列示。

（7）"应交税费"项目，反映企业按照税法的规定计算应缴纳的各项税费，包括增值税、所得税、资源税、土地增值税、城市维护建设税、房产税、城镇土地使用税、车船税、教育费附加以及企业代扣代缴的个人所得税。企业所缴纳的税金不需预计应交数的（如印花税、耕地占用税等）不在本项目中列示。"应交税费"项目应根据"应交税费"科目的期末贷方余额填列。如"应交税费"科目期末为借方余额，应以"—"号填列。

（8）"其他应付款"项目，应根据"应付利息""应付股利"和"其他应付款"科目的期末余额合计数填列。其中的"应付利息"仅反映相关金融工具已到期应支付但于资产负债表日尚未支付的利息。基于实际利率法计提的金融工具的利息应包含在相应金融工具的账面余额中。

（9）"1年内到期的非流动负债"项目，反映企业非流动负债中将于资产负债表日后1年内到期部分的金额（如将于1年内偿还的长期借款）。

（10）"长期借款"项目，反映企业向银行或其他金融机构借入的期限在1年以上（不含1年）的各项借款。"长期借款"项目应根据"长期借款"科目的期末余额，扣除"长期借款"科目所属的明细科目中将在资产负债表日起1年内到期且企业不能自主地将清偿义务展期的长期借款后的金额计算填列。

（11）"应付债券"项目，反映企业为筹集长期资金而发行的债券本金和利息。"应付债券"项目应根据"应付债券"科目的期末余额填列。

（12）"长期应付款"项目，反映资产负债表日企业除长期借款和应付债券以外的其他各种长期应付款项的期末账面价值。"长期应付款"项目应根据"长期应付款"及"专项应付款"科目的期末余额合计数，减去"未确认融资费用"科目的期末余额后的金额填列。

（13）"预计负债"项目，反映企业根据或有事项等相关准则确认的各项预计负债，包括对外提供担保、未决诉讼、产品质量保证、重组义务以及固定资产和矿区权益弃置义务等产生的预计负债。"预计负债"项目应根据"预计负债"科目的期末余额填列。

（14）"递延收益"项目中摊销期限只剩1年或不足1年的，或预计在1年内（含1年）进行摊销的部分，不得归类为流动负债，仍在该项目中填列，不转入"1年内到期的非流动负债"项目。

（15）"其他非流动负债"项目，反映企业除以上非流动负债以外的其他非流动负债。"其他非流动负债"项目应根据有关科目的期末余额，减去将于1年内（含1年）到期的非流动负债偿还数后的余额填列。非流动负债各项目中将于1年内（含1年）到期的，应在"1年内到期的非流动负债"项目内单独反映。

3. 所有者权益(或股东权益)的填列说明

(1)"实收资本(或股本)"项目,反映企业各投资者实际投入的资本(或股本)总额。"实收资本(或股本)"项目应根据"实收资本(或股本)"科目的期末余额填列。

(2)"资本公积"项目,反映企业资本公积的期末余额,应根据"资本公积"科目的期末余额填列。

(3)"其他综合收益"项目,反映企业其他综合收益的期末余额,应根据"其他综合收益"科目的期末余额填列。

(4)"专项储备"项目,反映高危行业企业按国家规定提取的安全生产费的期末账面价值。"专项储备"项目应根据"专项储备"科目的期末余额填列。

(5)"盈余公积"项目,反映企业盈余公积的期末余额,应根据"盈余公积"科目的期末余额填列。

(6)"未分配利润"项目,反映企业尚未分配的利润,应根据"本年利润"科目和"利润分配"科目的余额计算填列。未弥补的亏损在本项目内以"一"号填列。

(三)资产负债表项目的填列示例

【例 10-1】 烟台兴茂机械制造有限公司 2020 年 12 月 31 日相关总分类账及明细分类账余额如表 10-2 所示。

表 10-2　　　　烟台兴茂机械制造有限公司相关总账及明细账余额　　　　单位:元

| 总账账户 | 明细账户 | 借方余额 | 贷方余额 | 总账账户 | 明细账户 | 借方余额 | 贷方余额 |
|---|---|---|---|---|---|---|---|
| 库存现金 | | 150 000 | | 短期借款 | | | 50 000 |
| 银行存款 | | 280 000 | | 应付账款 | | | |
| 交易性金融资产 | | 170 000 | | | X 企业 | 50 000 | |
| 应收账款 | | | | | Y 企业 | | 70 000 |
| | A 企业 | 40 000 | | 预收账款 | | | |
| | B 企业 | 80 000 | | | U 企业 | 90 000 | |
| | C 企业 | | 20 000 | | V 企业 | | 15 000 |
| 预付账款 | | | | 其他应付款 | | | 10 000 |
| | D 企业 | 150 000 | | 应付职工薪酬 | | | 63 000 |
| | E 企业 | | 120 000 | 应交税费 | | | 57 000 |
| 其他应收款 | | 10 000 | | 应付股利 | | | 20 000 |
| 原材料 | | 70 000 | | 长期借款 | | | |

(续表)

| 总账账户 | 明细账户 | 借方余额 | 贷方余额 | 总账账户 | 明细账户 | 借方余额 | 贷方余额 |
|---|---|---|---|---|---|---|---|
| 生产成本 | | 60 000 | | M银行 | | | 100 000 |
| 库存商品 | | 50 000 | | N银行 | | | 100 000 |
| 长期股权投资 | | 250 000 | | 实收资本 | | | 700 000 |
| 固定资产 | | 500 000 | | 资本公积 | | | 120 000 |
| 累计折旧 | | | 230 000 | 盈余公积 | | | 158 585 |
| 固定资产减值准备 | | | 10 000 | 利润分配 | 未分配利润 | | 106 415 |

备注:其中,从N银行借款的10万元中,有5万元将于9个月内到期。

根据上表所列示的数据,填列烟台兴茂机械制造有限公司2020年12月31日的资产负债表(简表)如表10-3所示。

表10-3　　　　　　　　　　资产负债表(简表)　　　　　　　　会企01表
编制单位:烟台兴茂机械制造有限公司　　2020年12月31日　　　　　　单位:元

| 资产 | 期末余额 | 上年年末余额(略) | 负债和所有者权益(或股东权益) | 期末余额 | 上年年末余额(略) |
|---|---|---|---|---|---|
| 流动资产: | | | 流动负债: | | |
| 货币资金 | 430 000 | | 短期借款 | 50 000 | |
| 交易性金融资产 | 170 000 | | 应付票据 | | |
| 应收票据 | | | 应付账款 | 190 000 | |
| 应收账款 | 210 000 | | 预收款项 | 35 000 | |
| 应收款项融资 | | | 应付职工薪酬 | 63 000 | |
| 预付款项 | 200 000 | | 应交税费 | 57 000 | |
| 其他应收款 | 10 000 | | 其他应付款 | 30 000 | |
| 存货 | 180 000 | | 一年内到期的非流动负债 | 50 000 | |
| 一年内到期的非流动资产 | | | 其他流动负债 | | |
| 其他流动资产 | | | 流动负债合计 | 475 000 | |
| 流动资产合计 | 1 200 000 | | 非流动负债: | | |
| 非流动资产: | | | 长期借款 | 150 000 | |
| 债权投资 | | | 应付债券 | | |

(续表)

| 资产 | 期末余额 | 上年年末余额(略) | 负债和所有者权益(或股东权益) | 期末余额 | 上年年末余额(略) |
|---|---|---|---|---|---|
| 其他债权投资 | | | 长期应付款 | | |
| 长期应收款 | | | 其他非流动负债 | | |
| 长期股权投资 | 250 000 | | 非流动负债合计 | 150 000 | |
| 其他权益工具投资 | | | 负债合计 | 625 000 | |
| 其他非流动金融资产 | | | 所有者权益(或股东权益): | | |
| 投资性房地产 | | | 实收资本(或股本) | 700 000 | |
| 固定资产 | 260 000 | | 其他权益工具 | | |
| 在建工程 | | | 资本公积 | 120 000 | |
| 其他非流动资产 | | | 减:库存股 | | |
| 非流动资产合计 | 510 000 | | 盈余公积 | 158 585 | |
| | | | 未分配利润 | 106 415 | |
| | | | 所有者权益(或股东权益)合计 | 1 085 000 | |
| 资产总计 | 1 710 000 | | 负债和所有者权益(或股东权益)总计 | 1 710 000 | |

"货币资金"项目金额＝150 000＋280 000＝430 000(元)

"应收账款"项目金额＝40 000＋80 000＋90 000＝210 000(元)

"预付款项"项目金额＝150 000＋50 000＝200 000(元)

"存货"项目金额＝70 000＋60 000＋50 000＝180 000(元)

"固定资产"项目金额＝500 000－230 000－10 000＝260 000(元)

"应付账款"项目金额＝70 000＋120 000＝190 000(元)

"预收款项"项目金额＝15 000＋20 000＝35 000(元)

"其他应付款"项目金额＝10 000＋20 000＝30 000(元)

"长期借款"项目金额＝100 000＋100 000－50 000＝150 000(元)

## 第三节 利润表

### 一、利润表概述

利润表是指反映企业在一定会计期间的经营成果的会计报表。"一定会计期间"是指一个时期,而非一个特定的时间点。这是由于利润表中列示的收入是在一定的会计期间内陆续实现的，所列示的费用也是在一定的会计期间内陆续发生的，即在一定的会计期间内多次发生额累积的结果，而非在某个时间点上一次性实现的。

利润表主要是用来反映企业经营成果，即将企业在一定会计期间内取得的收入与同一会计期间发生的相关费用进行比较的结果。如果收入大于费用，即实现了利润；反之，则发生了亏损。此外，按规定可直接列入利润表的利得和损失，对企业的利润总额会产生一定影响。当利得大于损失，会增加企业的利润总额，反之，则减少企业的利润总额。

利润表的列报应当充分反映企业经营业绩的主要来源和构成，有助于财务报告使用者判断净利润的质量及其风险，预测净利润的持续性，从而做出正确的决策。具体来说，利润表的作用有以下几方面：

（1）可以提供企业一定会计期间的收入和费用信息。财务报告使用者通过利润表，可以了解企业一定期间的收入实现情况，如实现的营业收入、投资收益、营业外收入各有多少，也可以了解该期间内费用的耗费情况，如耗费的营业成本、税金及附加、销售费用、管理费用、研发费用、财务费用、营业外支出各有多少。

（2）可以提供企业一定会计期间的经营成果信息。利润表能够清晰地反映企业利润的构成情况。如企业的日常活动实现的经营成果有多少，非日常活动的营业外收入和营业外支出计入当期利润的情况怎样等。对财务报告使用者而言，既可以掌握企业收入与费用对比产生的净额信息，也可以掌握利得和损失对企业经营成果的影响，据以判断企业资本的保值增值等情况。

（3）可以提供分析企业盈利能力的有关数据资料。通过利润表提供的比较信息，可以使财务报告使用者将企业在不同会计期间的收入、费用和利润之间进行比较；可以与同行业其他企业的利润水平进行对比，分析和预测企业的盈利能力；将利润表与资产负债表提供的信息结合，可以对企业的财务状况更加深入地分析。如将净利润与资产总额进行对比，可以计算出资产收益率。将赊销收入净额与应收账款平均余额进行比较，可以计算出应收账款周转率。通过这些指标可以分析判断企业的盈利能力及资金周转情况，便于财务报告使用者做出相应经济决策。

## 二、利润表的列示

### （一）利润表的列示格式

利润表的列示格式一般分为单步式和多步式两种。我国财务报表列示准则规定，企业应采用多步式利润表，即通过对当期的收入、费用、支出项目按性质加以归类，按利润形成的主要环节列示一些中间性利润指标，分步计算当期净损益，便于使用者理解企业经营成果的不同来源。

根据财务报表列示准则的规定，企业对于费用的列示应当采用功能法，即按照费用在企业中发挥的功能进行分类列示，通常分为营业成本、销售费用、管理费用和财务费用等，并且在利润表上分开列示。功能法通常能够向财务报告使用者提供结构性的费用信息，更加清晰地揭示企业经营业绩的主要来源和构成，所提供的信息与财务报告使用者进行经济决策更为相关。与此同时,为了有助于财务报告使用者预测企业的未来现金流量,对于费用的列报还应当在附注中披露按照性质分类的补充资料,比如可将费用分为耗用的原材料、职工薪酬费用、折旧费用、摊销费用等。

利润表的具体格式如表10-4所示。

表 10-4　　　　　　　　　　　　　　利润表　　　　　　　　　　　　　会企02表

编制单位：　　　　　　　　　　　　　　年　月　　　　　　　　　　　　单位：元

| 项　目 | 本期金额 | 上期金额 |
|---|---|---|
| 一、营业收入 | | |
| 　　减：营业成本 | | |
| 　　　　税金及附加 | | |
| 　　　　销售费用 | | |
| 　　　　管理费用 | | |
| 　　　　研发费用 | | |
| 　　　　财务费用 | | |
| 　　　　其中：利息费用 | | |
| 　　　　　　　利息收入 | | |
| 　　加：其他收益 | | |
| 　　　　投资收益（损失以"－"号填列） | | |
| 　　　　　其中：对联营企业和合营企业的投资收益 | | |
| 　　　　　　　以摊余成本计量的金融资产终止确认收益（损失以"－"号填列） | | |
| 　　　　净敞口套期收益（损失以"－"号填列） | | |
| 　　　　公允价值变动收益（损失以"－"号填列） | | |
| 　　　　信用减值损失 | | |
| 　　　　资产减值损失 | | |
| 　　　　资产处置收益（损失以"－"号填列） | | |
| 二、营业利润（亏损以"－"号填列） | | |
| 　　加：营业外收入 | | |
| 　　减：营业外支出 | | |
| 三、利润总额（亏损总额以"－"号填列） | | |

(续表)

| 项　目 | 本期金额 | 上期金额 |
|---|---|---|
| 减：所得税费用 | | |
| 四、净利润（净亏损以"—"号填列） | | |
| 　（一）持续经营净利润（净亏损以"—"号填列） | | |
| 　（二）终止经营净利润（净亏损以"—"号填列） | | |
| 五、其他综合收益的税后净额 | | |
| 　（一）不能重分类进损益的其他综合收益 | | |
| 　　1. 重新计量设定受益计划变动额 | | |
| 　　2. 权益法下不能转损益的其他综合收益 | | |
| 　　3. 其他权益工具投资公允价值变动 | | |
| 　　4. 企业自身信用风险公允价值变动 | | |
| 　　…… | | |
| 　（二）将重分类进损益的其他综合收益 | | |
| 　　1. 权益法下可转损益的其他综合收益 | | |
| 　　2. 其他债权投资公允价值变动 | | |
| 　　3. 金融资产重分类计入其他综合收益的金额 | | |
| 　　4. 其他债权投资信用减值准备 | | |
| 　　5. 现金流量套期储备 | | |
| 　　6. 外币财务报表折算差额 | | |
| 　　…… | | |
| 六、综合收益总额 | | |
| 七、每股收益： | | |
| 　（一）基本每股收益 | | |
| 　（二）稀释每股收益 | | |

### （二）利润表的列示内容

1. 营业利润

以营业收入为基础减去营业成本、税金及附加、销售费用、管理费用、研发费用、财务费用、资产减值损失、信用减值损失，加上其他收益，加上投资收益（或减去投资损失），加上净敞口套期收益(或减去净敞口套期损失),加上公允价值变动收益(或减去公允价值变动损失),加上资产处置收益(或减去资产处置损失),计算得出营业利润。营业利润的计算公式为:

$$营业利润 = 营业收入 - 营业成本 - 税金及附加 - 销售费用 - 管理费用 - 研发费用 - 财务费用 \\ + 其他收益 \pm 投资损益 \pm 净敞口套期损益 \pm 公允价值变动损益 - 信用减值损失 \\ - 资产减值损失 \pm 资产处置损益$$

2. 利润总额

利润总额是企业计算缴纳所得税费用的基础,一般称为税前利润。以营业利润为基础加上营业外收入减去营业外支出计算出利润总额。利润总额的计算公式为:

$$利润总额 = 营业利润 + 营业外收入 - 营业外支出$$

与企业的主营业务和其他业务实现的收入和发生的费用不同,营业外收入和营业外支出是企业在非日常活动中发生的,并且两者之间也不存在相互配比关系和因果关系。

3. 净利润

净利润是以利润总额为基础,减去所得税费用,计算得出。因此,净利润也称税后利润。净利润的计算公式为:

$$净利润 = 利润总额 - 所得税费用$$

### 三、利润表的编制

#### (一) 利润表的填列方法

1. "上期金额"的填列方法

利润表中的"上期金额"是指上一年度的同期金额,例如,对于月度利润表来说,"上期"并不是指本年度"本月"的上一个月,而是指上一年度的同一月份。因此,本月利润表中的"上期金额"应根据上年同月编制的利润表中的"本期金额"栏所列金额列示。对于年度利润表来说,"上期"就是指上一年度,"上期金额"根据上年年末的利润表"本期金额"填列。如果上期利润表中的项目名称与本期不一致,应对上期利润表各项目的名称和金额按照本期的规定进行调整,填入本期利润表的"上期金额"栏。

2. "本期金额"的填列方法

(1) 根据当期有关总账科目发生额直接填列。
(2) 根据当期有关总账科目发生额和明细科目发生额情况分析填列。
(3) 根据当期明细科目发生额情况分析填列。
(4) 根据有关总账科目发生额加计汇总填列。
(5) 根据本表有关数据计算填列。

#### (二) 利润表的填列说明

(1) "营业收入"项目,反映企业经营主要业务和其他业务所确认的收入总额。该项目应根据"主营业务收入"和"其他业务收入"科目的发生额分析填列。

(2)"营业成本"项目,反映企业经营主要业务和其他业务所发生的成本总额。该项目应根据"主营业务成本"和"其他业务成本"科目的发生额分析填列。

(3)"税金及附加"项目,反映企业经营业务应负担的消费税、城市维护建设税、资源税、土地增值税、教育费附加、房产税、印花税、车船税、城镇土地使用税等。该项目应根据"税金及附加"科目的发生额分析填列。

(4)"销售费用"项目,反映企业在销售商品过程中发生的包装费、广告费等费用和为销售本企业商品而专设的销售机构的职工薪酬、业务费等经营费用。该项目应根据"销售费用"科目的发生额分析填列。

(5)"管理费用"项目,反映企业为组织和管理生产经营发生的管理费用。该项目应根据"管理费用"科目的发生额,扣除明细科目"研发费用"及"无形资产摊销"中自行开发的无形资产的摊销额,分析填列。

(6)"研发费用"项目,反映企业进行研究与开发过程中发生的费用化支出,以及计入管理费用的自行开发无形资产的摊销。"研发费用"项目应根据"管理费用"科目下的"研发费用"明细科目的发生额,以及"管理费用"科目下的"无形资产摊销"明细科目中自行开发的无形资产摊销额分析填列。

(7)"财务费用"项目下的"利息费用"项目,反映企业为筹集生产经营所需资金等而发生的应予费用化的利息支出。该项目应根据"财务费用"科目的相关明细科目的发生额分析填列。作为"财务费用"项目的其中项,以正数填列。

(8)"财务费用"项目下的"利息收入"项目,反映企业按照相关会计准则确认的应冲减财务费用的利息收入。该项目应根据"财务费用"科目的相关明细科目的发生额分析填列。作为"财务费用"项目的其中项,以正数填列。

(9)"其他收益"项目,反映计入其他收益的政府补助,以及其他与日常活动相关且计入其他收益的项目。该项目应根据"其他收益"科目的发生额分析填列。企业作为个人所得税的扣缴义务人,根据《中华人民共和国个人所得税法》收到的扣缴税款手续费,应作为其他与日常活动相关的收益在该项目中填列。

(10)"投资收益"项目,反映企业以各种方式对外投资所取得的收益。该项目应根据"投资收益"科目的发生额分析填列。如为投资损失,以"一"号填列。

(11)"资产处置收益"项目,反映企业出售划分为持有待售的非流动资产或处置组时确认的处置利得或损失,以及处置未划分为持有待售的固定资产、在建工程、生产性生物资产及无形资产而产生的处置利得或损失。债务重组中因处置非流动资产产生的利得或损失和非货币性资产交换中换出非流动资产产生的利得或损失也包括在本项目内。该项目应根据"资产处置损益"科目的发生额分析填列。如为处置损失,以"一"号填列。

(12)"营业外收入"项目,反映企业发生的除营业利润以外的收益,主要包括与企业日常活动无关的政府补助、盘盈利得、捐赠利得(企业接收股东或股东的子公司直接或间接的捐赠,经济实质属于股东对企业的资本性投入的除外)等。该项目应根据"营业外收入"科目的发生额分析填列。

(13)"营业外支出"项目,反映企业发生的除营业利润以外的支出,主要包括公益性捐赠支出、非常损失、盘亏损失、非流动资产毁损报废损失等。该项目应根据"营业外支出"科目的发生额分析填列。非流动资产毁损报废损失通常包括因自然灾害发生毁损、已丧失使用功能等原因而报废清理产生的损失。企业在不同交易中形成的非流动资产毁损报废利得和损失不得相互抵消,应分别在"营业外收入"项目和"营业外支出"项目进行填列。

(14)"所得税费用"项目,反映企业应从当期利润总额中扣除的所得税费用。该项目应根据"所得税费用"科目的发生额分析填列。

(15)"净利润"项目下的"(一)持续经营净利润"和"(二)终止经营净利润"项目,分别反映净利润中与持续经营相关的净利润和与终止经营相关的净利润;如为净亏损,以"一"号填列。该两个项目应按照《企业会计准则第42号——持有待售的非流动资产、处置组和终止经营》的相关规定分别列报。

### (三)利润表的填列示例

【例10-2】 烟台兴茂机械制造有限公司2020年度有关收入、费用类账户的发生额如表10-5所示。

表10-5　　　　烟台兴茂机械制造有限公司2020年损益类账户发生额表　　　　单位:元

| 账户名称 | 借方发生额(净额) | 贷方发生额(净额) |
| --- | --- | --- |
| 主营业务收入 |  | 482 500 |
| 主营业务成本 | 386 000 |  |
| 其他业务收入 |  | 125 000 |
| 其他业务成本 | 75 000 |  |
| 税金及附加 | 14 500 |  |
| 销售费用 | 26 000 |  |
| 管理费用 | 38 000 |  |
| 财务费用 | 3 260 |  |
| 营业外收入 |  | 15 800 |
| 营业外支出 | 17 600 |  |
| 所得税费用 | 15 735 |  |

备注:"管理费用"账户中,"研发费用"明细账户的借方发生额为10 000元。

根据表10-5所列示的数据,填列烟台兴茂机械制造有限公司2020年度的利润表如表10-6所示。

表 10-6　　　　　　　　　　　　　　利润表　　　　　　　　　　　　会企 02 表
编制单位:烟台兴茂机械制造有限公司　　　　2020 年　　　　　　　　　　　　单位:元

| 项目 | 本期金额 | 上期金额(略) |
|---|---|---|
| 一、营业收入 | 607 500 | |
| 　减:营业成本 | 461 000 | |
| 　　　税金及附加 | 14 500 | |
| 　　　销售费用 | 26 000 | |
| 　　　管理费用 | 28 000 | |
| 　　　研发费用 | 10 000 | |
| 　　　财务费用 | 3 260 | |
| 　加:其他收益 | | |
| 　　　投资收益(损失以"—"号填列) | | |
| 　　　公允价值变动收益(损失以"—"号填列) | | |
| 　　　信用减值损失 | | |
| 　　　资产减值损失 | | |
| 　　　资产处置收益(损失以"—"号填列) | | |
| 二、营业利润(亏损以"—"号填列) | 64 740 | |
| 　加:营业外收入 | 15 800 | |
| 　减:营业外支出 | 17 600 | |
| 三、利润总额(亏损总额以"—"号填列) | 62 940 | |
| 　减:所得税费用 | 15 735 | |
| 四、净利润(净亏损以"—"号填列) | 47 205 | |

## 第四节　现金流量表

### 一、现金流量表概述

现金流量表是指反映企业在一定会计期间的现金和现金等价物流入和流出的会计报表。现金流量表按照收付实现制进行编制,将权责发生制下的盈利信息调整为收付实现制下的现金流量信息。现金流量的基础是现金及现金等价物,具体包括以下内容:

(1) 库存现金,是指企业持有的、可随时用于支付的现金。

(2) 银行存款,是指企业存在金融企业、随时可以用于支付的存款,它与银行存款账户核算的银行存款基本一致,主要的区别是编制现金流量表所指的银行存款是可以随时用于支付的银行存款,如通知存单、结算户存款等。

(3) 其他货币资金,是指企业存在金融企业有特定用途的资金,也就是其他货币资金账户核算的银行存款,如外埠存款、银行汇票存款、信用证保证存款等。

(4) 现金等价物,是指企业持有的期限短、流动性强、易于转换为已知金额的现金、价值变动风险很小的投资。这一定义本身包含了判断一项投资是否属于现金等价物的四个条件,即期限短、流动性强、易于转换为已知金额的现金、价值变动风险很小。其中,期限短、流动性强,强调了变现能力;易于转换为已知金额的现金、价值变动风险较小,则强调了支付能力的大小。

现金流量表是动态报表,其编制的主要目的是为财务报告使用者提供企业一定会计期间内现金和现金等价物流入和流出的信息,便于财务报告使用者了解和评价企业获取现金和现金等价物的能力,并据以预测企业未来现金流量。因此,现金流量表不仅可以用来评价企业经营业绩、衡量企业财务资源和财务风险,还可以用于评价偿付能力、分析企业收益质量,进而预测企业未来前景,弥补了资产负债表和利润表提供信息的不足,是非常重要的财务报表。

## 二、现金流量表的列示

### (一) 现金流量表的列示格式

现金流量表分为两部分,第一部分为表首,第二部分为正表。表首概括地说明报表名称、编制单位、报表所属年度、报表编号、货币名称、计量单位等。

正表反映现金流量的各项目内容。正表有以下五部分内容:
(1) 经营活动产生的现金流量。
(2) 投资活动产生的现金流量。
(3) 筹资活动产生的现金流量。
(4) 汇率变动对现金的影响。
(5) 现金及现金等价物净增加额。

现金流量表的列示格式如表 10-7 所示。

表 10-7　　　　　　　　　　现金流量表　　　　　　　　　　会企 03 表
编制单位:　　　　　　　　　　年　月　　　　　　　　　　单位:元

| 项目 | 本期金额 | 上期金额 |
| --- | --- | --- |
| 一、经营活动产生的现金流量: | | |
| 　销售商品、提供劳务收到的现金 | | |
| 　收到的税费返还 | | |
| 　收到其他与经营活动有关的现金 | | |
| 　　经营活动现金流入小计 | | |
| 　购买商品、接受劳务支付的现金 | | |
| 　支付给职工以及为职工支付的现金 | | |
| 　支付各项税费 | | |
| 　支付其他与经营活动有关的现金 | | |
| 　　经营活动现金流出小计 | | |

(续表)

| 项目 | 本期金额 | 上期金额 |
|---|---|---|
| 经营活动产生的现金流量净额 | | |
| 二、投资活动产生的现金流量： | | |
| 　收回投资收到的现金 | | |
| 　取得投资收益收到的现金 | | |
| 　处置固定资产、无形资产和其他长期资产收回的现金净额 | | |
| 　处置子公司及其他营业单位收到的现金净额 | | |
| 　收到其他与投资活动有关的现金 | | |
| 　　投资活动现金流入小计 | | |
| 　购建固定资产、无形资产和其他长期资产支付的现金 | | |
| 　投资支付的现金 | | |
| 　取得子公司及其他营业单位支付的现金净额 | | |
| 　支付其他与投资活动有关的现金 | | |
| 　　投资活动现金流出小计 | | |
| 　　投资活动产生的现金流量净额 | | |
| 三、筹资活动产生的现金流量： | | |
| 　吸收投资收到的现金 | | |
| 　取得借款收到的现金 | | |
| 　收到其他与筹资活动有关的现金 | | |
| 　　筹资活动现金流入小计 | | |
| 　偿还债务支付的现金 | | |
| 　分配股利、利润或偿付利息支付的现金 | | |
| 　支付其他与筹资活动有关的现金 | | |
| 　　筹资活动现金流出小计 | | |
| 　　筹资活动产生的现金流量净额 | | |
| 四、汇率变动对现金及现金等价物的影响 | | |
| 五、现金及现金等价物净增加额 | | |
| 　加：期初现金及现金等价物余额 | | |
| 六、期末现金及现金等价物余额 | | |

**（二）现金流量表的列示内容**

1）经营活动产生的现金流量

经营活动是指企业投资活动和筹资活动以外的所有交易和事项。各类企业由于行业特点不同,对经营活动的认定存在一定差异。就一般的工商企业而言,经营活动主要包括销售商品、提供劳务、购买商品、接受劳务、支付职工薪酬、支付税费等；就证券公司而言,经营活动主要包括自营证券、代理承销证券、代理兑付证券等；就商业银行而言，经营活动主要包括吸收存款、发放贷款、同业存放、同业拆借等。企业实际收到的政府补助，无论是与资产相关还是与收益相关，均在"收到其他与经营活动有关的现金"项目填列。在我国，企业经营活动产生的现金流量应当采用直接法填列。

2) 投资活动产生的现金流量

投资活动是指企业长期资产的构建和不包括在现金等价物范围内的投资及其处置活动。长期资产是指固定资产、无形资产、在建工程、其他资产等持有期限在1年或1个营业周期以上的资产。这里所讲的投资活动，既包括实物资产投资，也包括金融资产投资。不同企业由于行业特点不同，对投资活动的认定也不同。例如：交易性金融资产所产生的现金流量，对于一般的工商企业而言，属于投资活动现金流量，但是对于证券公司而言，属于经营活动现金流量。

3) 筹资活动产生的现金流量

筹资活动是指导致企业资本及债务规模和构成发生变化的活动。这里的资本不仅包括实收资本（股本），还包括资本溢价（股本溢价）；这里的债务，是指对外举债，如向银行借款、发行债券、偿还债务等。值得注意的是，对于企业日常活动之外的，不经常发生的特殊项目，如自然灾害损失、保险赔款，如果属于流动资产损失，则应当列入经营活动产生的现金流量，如果属于固定资产损失，则应当列入投资活动产生的现金流量。

4) 汇率变动对现金及现金等价物的影响

编制现金流量表时，应当将企业外币现金流量以及境外子公司的现金流量折算成记账本位币。外币现金流量以及境外子公司的现金流量，应当采用现金流量发生日的即期汇率或按照系统合理的方法确定的、与现金流量发生日即期汇率近似的汇率折算。需要说明的是，现金流量表中"现金及现金等价物净增加额"项目中外币现金净增加额是按资产负债表日的即期汇率折算的。这两者的差额即为汇率变动对现金的影响。

## 第五节 其他报表

### 一、所有者权益变动表

所有者权益变动表是指反映构成所有者权益各组成部分当期增减变动情况的报表。所有者权益变动表应当全面反映一定时期所有者权益变动的情况，不仅包括所有者权益总量的增减变动，还包括所有者权益增减变动的重要结构性信息，让报表使用者准确理解所有者权益增减变动的根源。

在所有者权益变动表中，综合收益和与所有者（或股东）的资本交易导致的所有者权益的变动，应当分别列示。企业至少应当单独列示反映下列信息的项目：①综合收益总额。②会计政策变更和前期差错更正的累积影响金额。③所有者投入资本和向所有者分配利润等。④提取的盈余公积。⑤所有者权益各组成部分的期初和期末余额及其调节情况。

为了使所有者权益的各组成部分的当期增减变动情况更加清晰,所有者权益变动表采用矩阵的形式列示。与此同时,企业还需提供比较信息,即各项目再分为"本年金额"和"上年金额"两栏分别填列。所有者权益变动表的具体格式如表10-8所示。

## 二、报表附注

附注是指对在会计报表中列示项目所作的进一步说明,以及对未能在这些报表中列示项目的说明等。我国企业会计准则规定的对附注的披露要求是对企业附注披露的最低要求,应当适用于所有类型的企业,企业应当按照各项具体会计准则的规定在附注中披露相关信息。附注一般应当按照下列顺序进行披露:

(1) 企业的基本情况。企业的基本情况至少要披露的内容具体包括:①企业注册地、组织形式和总部地址。②企业的业务性质和主要经营活动。③母公司以及集团最终母公司的名称。④财务报告的批准报出者和财务报告批准报出日,或者以签字人及其签字日期为准。⑤营业期限有限的企业,还应当披露有关其营业期限的信息。

(2) 财务报表的编制基础。

(3) 遵循企业会计准则的声明。企业应当声明编制的财务报表符合企业会计准则的要求,真实、完整地反映了企业的财务状况、经营成果和现金流量等有关信息。

(4) 重要会计政策和会计估计。重要会计政策的说明,包括财务报表项目的计量基础和在运用会计政策过程中所做的重要判断等。重要会计估计的说明,包括可能导致下一个会计期间内资产、负债账面价值重大调整的会计估计的确定依据等。

企业应当披露采用的重要会计政策和会计估计,并结合企业的具体实际披露其重要会计政策的确定依据和财务报表项目的计量基础,及其会计估计所采用的关键假设和不确定因素。

(5) 会计政策和会计估计变更以及差错更正的说明。

企业应当按照《企业会计准则第28号——会计政策、会计估计变更和差错更正》的规定,披露会计政策和会计估计变更以及差错更正的情况。

(6) 报表重要项目的说明。

企业应当按照资产负债表、利润表、现金流量表、所有者权益变动表及其项目列示的顺序,对报表重要项目的说明采用文字和数字描述相结合的方式进行披露。报表重要项目的明细金额合计,应当与报表项目金额相衔接。

企业应当在附注中披露费用按照性质分类的利润表补充资料,可将费用分为耗用的原材料、职工薪酬费用、折旧费用、摊销费用等。

(7) 或有和承诺事项、资产负债表日后非调整事项、关联方关系及其交易等需要说明的事项。

(8) 有助于财务报表使用者评价企业管理资本的目标、政策及程序的信息。

表 10-8　　　　　　　　　　　　　　　**所有者权益变动表**　　　　　　　　　　　　　　　会企 04 表

编制单位：　　　　　　　　　　　　　　　　年度　　　　　　　　　　　　　　　　　　单位：万元

| 项目 | 本年金额 | | | | | | | | | | 上年金额 | | | | | | | | | |
|---|---|---|---|---|---|---|---|---|---|---|---|---|---|---|---|---|---|---|---|---|
| | 实收资本（或股本） | 其他权益工具 | | | 资本公积 | 减：库存股 | 其他综合收益 | 专项储备 | 盈余公积 | 未分配利润 | 所有者权益合计 | 实收资本（或股本） | 其他权益工具 | | | 资本公积 | 减：库存股 | 其他综合收益 | 专项储备 | 盈余公积 | 未分配利润 | 所有者权益合计 |
| | | 优先股 | 永续债 | 其他 | | | | | | | | | 优先股 | 永续债 | 其他 | | | | | | | |
| 一、上年末余额 | | | | | | | | | | | | | | | | | | | | | | |
| 加：会计政策变更 | | | | | | | | | | | | | | | | | | | | | | |
| 前期差错更正 | | | | | | | | | | | | | | | | | | | | | | |
| 其他 | | | | | | | | | | | | | | | | | | | | | | |
| 二、本年初余额 | | | | | | | | | | | | | | | | | | | | | | |
| 三、本年增减变动金额（减少以"—"号填列） | | | | | | | | | | | | | | | | | | | | | | |
| （一）综合收益总额 | | | | | | | | | | | | | | | | | | | | | | |
| （二）所有者投入和减少资本 | | | | | | | | | | | | | | | | | | | | | | |
| 1. 所有者投入的普通股 | | | | | | | | | | | | | | | | | | | | | | |
| 2. 其他权益工具持有者投入资本 | | | | | | | | | | | | | | | | | | | | | | |
| 3. 股份支付计入所有者权益的金额 | | | | | | | | | | | | | | | | | | | | | | |
| 4. 其他 | | | | | | | | | | | | | | | | | | | | | | |

(续表)

| 项目 | 本年金额 | | | | | | | | | 上年金额 | | | | | | | | |
|---|---|---|---|---|---|---|---|---|---|---|---|---|---|---|---|---|---|---|
| | 实收资本（或股本） | 其他权益工具 | | | 资本公积 | 减：库存股 | 其他综合收益 | 专项储备 | 盈余公积 | 未分配利润 | 所有者权益合计 | 实收资本（或股本） | 其他权益工具 | | | 资本公积 | 减：库存股 | 其他综合收益 | 专项储备 | 盈余公积 | 未分配利润 | 所有者权益合计 |
| | | 优先股 | 永续债 | 其他 | | | | | | | | | 优先股 | 永续债 | 其他 | | | | | | | |
| （三）利润分配 | | | | | | | | | | | | | | | | | | | | | | |
| 1. 提取盈余公积 | | | | | | | | | | | | | | | | | | | | | | |
| 2. 对所有者（或股东）的分配 | | | | | | | | | | | | | | | | | | | | | | |
| 3. 其他 | | | | | | | | | | | | | | | | | | | | | | |
| （四）所有者权益内部结转 | | | | | | | | | | | | | | | | | | | | | | |
| 1. 资本公积转增资本（或股本） | | | | | | | | | | | | | | | | | | | | | | |
| 2. 盈余公积转增资本（或股本） | | | | | | | | | | | | | | | | | | | | | | |
| 3. 盈余公积弥补亏损 | | | | | | | | | | | | | | | | | | | | | | |
| 4. 设定受益计划变动额结转留存收益 | | | | | | | | | | | | | | | | | | | | | | |
| 5. 其他综合收益结转留存收益 | | | | | | | | | | | | | | | | | | | | | | |
| 6. 其他 | | | | | | | | | | | | | | | | | | | | | | |
| 四、本年年末余额 | | | | | | | | | | | | | | | | | | | | | | |

# 课堂结账测试

班级_____ 姓名_____ 学号_____ 日期_____ 平时分_____

## 一、业务题(100分)

鸿运公司2020年12月31日有关总分类账和明细账分类账户的余额如表10-9和表10-10所示,损益类科目的本期发生额如表10-11所示,请据此填列该公司2020年12月31日的资产负债表的期末余额如表10-12所示,2020年利润表的本期金额如表10-13所示。

表10-9　　　　　鸿运公司2020年12月31日各总分类账账户余额　　　　　单位:元

| 账户名称 | 借方余额 | 账户名称 | 贷方余额 |
| --- | --- | --- | --- |
| 库存现金 | 5 000 | 短期借款 | 50 000 |
| 银行存款 | 450 000 | 应付账款 | 24 000 |
| 应收账款 | 60 000 | 预收账款 | 22 000 |
| 预付账款 | 40 000 | 应付职工薪酬 | 58 000 |
| 其他应收款 | 3 500 | 应交税费 | 7 000 |
| 原材料 | 68 000 | 应付利息 | 5 000 |
| 生产成本 | 8 000 | 长期借款 | 100 000 |
| 库存商品 | 43 000 | 实收资本 | 700 000 |
| 固定资产 | 650 000 | 盈余公积 | 60 000 |
|  |  | 利润分配 | 225 000 |
|  |  | 累计折旧 | 70 000 |
|  |  | 固定资产减值准备 | 6 500 |
| 合计 | 1 327 500 | 合计 | 1 327 500 |

表10-10　　　　　鸿运公司2020年12月31日有关明细账账户余额　　　　　单位:元

| 账户名称 | 借方余额 | 贷方余额 |
| --- | --- | --- |
| 应收账款——A公司 | 75 000 |  |
| 应收账款——B公司 |  | 15 000 |

(续表)

| 账户名称 | 借方余额 | 贷方余额 |
|---|---|---|
| 预收账款——C公司 | 33 500 | |
| 预收账款——D公司 | | 55 500 |
| 应付账款——E公司 | 4 000 | |
| 应付账款——F公司 | | 28 000 |
| 预付账款——G公司 | 43 000 | |
| 预付账款——H公司 | | 3 000 |
| 利润分配——未分配利润 | | 225 000 |
| 长期借款——农业银行(8个月内到期) | | 50 000 |

表 10-11　　　　鸿运公司 2020 年各损益类账户的本期发生额　　　　单位：元

| 账户名称 | 借方发生额（净额） | 贷方发生额（净额） |
|---|---|---|
| 主营业务收入 | | 898 000 |
| 其他业务收入 | | 36 000 |
| 主营业务成本 | 538 800 | |
| 其他业务成本 | 18 000 | |
| 营业外收入 | | 8 650 |
| 营业外支出 | 650 | |
| 税金及附加 | 44 900 | |
| 销售费用 | 45 100 | |
| 管理费用 | 82 200 | |
| 财务费用 | 25 000 | |
| 所得税费用 | 47 000 | |

备注："管理费用"账户中，"研发费用"明细账户的借方发生额为 12 000 元。

表 10-12　　　　　　　　　资产负债表(简表)　　　　　　　会企 01 表
编制单位：　　　　　　　　2020 年 12 月 31 日　　　　　　　单位：元

| 资产 | 期末余额 | 上年年末余额（略） | 负债和所有者权益（或股东权益） | 期末余额 | 上年年末余额（略） |
|---|---|---|---|---|---|
| 流动资产： | | | 流动负债： | | |
| 货币资金 | | | 短期借款 | | |

(续表)

| 资产 | 期末余额 | 上年年末余额（略） | 负债和所有者权益（或股东权益） | 期末余额 | 上年年末余额（略） |
|---|---|---|---|---|---|
| 交易性金融资产 | | | 应付票据 | | |
| 应收票据 | | | 应付账款 | | |
| 应收账款 | | | 预收款项 | | |
| 应收款项融资 | | | 应付职工薪酬 | | |
| 预付款项 | | | 应交税费 | | |
| 其他应收款 | | | 其他应付款 | | |
| 存货 | | | 1年内到期的非流动负债 | | |
| 1年内到期的非流动资产 | | | 其他流动负债 | | |
| 其他流动资产 | | | 流动负债合计 | | |
| 流动资产合计 | | | 非流动负债： | | |
| 非流动资产： | | | 长期借款 | | |
| 债权投资 | | | 应付债券 | | |
| 其他债权投资 | | | 长期应付款 | | |
| 长期应收款 | | | 其他非流动负债 | | |
| 长期股权投资 | | | 非流动负债合计 | | |
| 其他权益工具投资 | | | 负债合计 | | |
| 其他非流动金融资产 | | | 所有者权益(或股东权益)： | | |
| 投资性房地产 | | | 实收资本(或股本) | | |
| 固定资产 | | | 其他权益工具 | | |
| 在建工程 | | | 资本公积 | | |
| 其他非流动资产 | | | 减：库存股 | | |
| 非流动资产合计 | | | 盈余公积 | | |
| | | | 未分配利润 | | |
| | | | 所有者权益(或股东权益)合计 | | |
| 资产总计 | | | 负债和所有者权益(或股东权益)总计 | | |

**表 10-13**  利润表(简表)  会企 02 表
编制单位：  2020 年  单位：元

| 项目 | 本期金额 | 上期金额(略) |
|---|---|---|
| 一、营业收入 | | |
| 　　减：营业成本 | | |
| 　　　　税金及附加 | | |
| 　　　　销售费用 | | |
| 　　　　管理费用 | | |
| 　　　　研发费用 | | |
| 　　　　财务费用 | | |
| 　　加：其他收益 | | |
| 　　　　投资收益（损失以"—"号填列） | | |
| 　　　　公允价值变动收益（损失以"—"号填列） | | |
| 　　　　信用减值损失 | | |
| 　　　　资产减值损失 | | |
| 　　　　资产处置收益（损失以"—"号填列） | | |
| 二、营业利润（亏损以"—"号填列） | | |
| 　　加：营业外收入 | | |
| 　　减：营业外支出 | | |
| 三、利润总额（亏损总额以"—"号填列） | | |
| 　　减：所得税费用 | | |
| 四、净利润（净亏损以"—"号填列） | | |